Das Jahr In Vier Gesängen: Ein Ländliches Epos Aus Dem Litthauischen Des Christian Donaleitis In Gleichem Versmaass Ins Deutsche Übertragen Von L.j. Rhesa...

Kristijonas Donelaitis

Nabu Public Domain Reprints:

You are holding a reproduction of an original work published before 1923 that is in the public domain in the United States of America, and possibly other countries. You may freely copy and distribute this work as no entity (individual or corporate) has a copyright on the body of the work. This book may contain prior copyright references, and library stamps (as most of these works were scanned from library copies). These have been scanned and retained as part of the historical artifact.

This book may have occasional imperfections such as missing or blurred pages, poor pictures, errant marks, etc. that were either part of the original artifact, or were introduced by the scanning process. We believe this work is culturally important, and despite the imperfections, have elected to bring it back into print as part of our continuing commitment to the preservation of printed works worldwide. We appreciate your understanding of the imperfections in the preservation process, and hope you enjoy this valuable book.

Das

Jahr

in

vier Gesängen,

---

ein

ländliches Epos

aus

dem Litthauischen des Christian Donaleitis,

genannt Donalitius,

in gleichem Versmaaß ins Deutsche übertragen

von

D. L. J. Rhesa,

Prof. d. Theol.

Königsberg 1818,

gedruckt in der Königl. Hartungschen Hofbuchdruckerei.

~~Slav 9325.3~~
~~Balt 9650.74.110~~
Balt 9645.19.100

An

Freiherrn Wilhelm v. Humboldt,

Königl. Preuss. Gesandten am Grossbrittanischen Hofe.

An der Rominta Gestad' umkränzet von grünenden Rauten,
Sang der Sänger, entsprossen uralter Leitonen Geschlechte,
Patriarchalischer Sitten Unschuld und häusliche Tugend,
Schlicht auf ländlicher Flöte die seligen Wonnen des Jahres:
Frühling, Nachtigalsang, Aufspross der Blumen und Saaten;
Arbeitseligen Sommer der bastsohlentragenden Männer,
Gabenspendenden Herbst, Brautkranz, Festjubel und Gastmahl;
Winterflammen am Heerd unter schneebestürmetem Halmdach,
Wenn geschäftig sich regt sammt spinnenden Mägden, die Hausfrau
Also die blühenden Zeiten des sternendurchwandelnden Jahres
Lehrt' er die dörfliche Schaar haushalten in fleissiger Stille,
Gott auch fürchten von Herzen und lieben die Heimath der Väter

Wem nun weihet die Muse des Lied's germanischen Nachhall,
Sammt des lebendigen Worts tonreich' erklungenen Urlaut?
Dir, Thoiskons Weisen, dem Edelsten, welcher in Zungen
Vielerfahren und Sitten der redenden Menschengeschlechter,
Auch des Sanges und Volks, was blüh't an der heiligen Memel,
Kundig, ein Edeler zürnt dem sprachenstürmenden Schwarme,
Der mit dem redenden Laut austilgen die Seele des Volks will. —
Lass der Könige Zwist, des meerbeherrschenden Eilands
Demosthenischen Saal — und die üppige Weisheit des Indus!
Lass die unsterbliche Kunst Athens und der neueren Roma;
Huldvoll neige Dein Ohr dem Lied im Thal der Rominta!

Vorbericht.

§. 1.
Verhältniß des Gedichts zur Literatur.

Die Literatur des litthauischen Volkes hat noch kein besonderes Nationalwerk aufzuweisen, welches als ein bleibendes Denkmal der Sprache, Sitte, Geisteskultur und Verfassung jener Völkerschaft betrachtet werden kann, welche die Ufer des Nimenstromes bewohnet. Daher wage ich es, nachstehendes Gedicht, als das Werk eines in der literärischen Welt noch unbekannten Verfassers, Donaleit oder Donaleitis, dem größeren Publikum zu übergeben. Lange war ich bei mir selbst zweifelhaft, ob dieses Nationalgedicht, welches ursprünglich bloß für die Bewohner von Litthauen geschrieben worden, wegen seines örtlichen Inhalts, es auch verdiente, an das Licht hervorgezogen und den Geisteswerken anderer Nationen an die Seite gestellt zu werden. Aber theils die Aufforderungen in öffentlichen Blättern, theils die Ermunterungen einsichtsvoller Männer im Vaterlande, bewogen mich, die bei der litthauischen Nation vorhandenen literärischen Produkte, welche ich seit mehreren Jahren gesammlet habe, öffentlich bekannt zu machen. Auch dürfte es für die Sprachforschung, Geschicht- und Länderkunde, von manigfaltigem Nutzen seyn, wenn nicht nur die schriftlichen Urkunden eines Volks aus der Verborgenheit hervorgezogen werden, sondern auch alles Uebrige, was der Genius einer Nation hervorgebracht hat: kleine Lieder, Sprichwörter, Mythen und Volkssagen aufgezeichnet und der Nachwelt überliefert werden.

Ich mache demnach den Anfang mit diesem Donaleitischen Werk: das Jahr in vier Gesängen, welchem bei etwanniger Muße eine Sammlung von Dainos, oder Volkslieder folgen sollen, wenn die gelehrte Welt diese kleinen Nationalschätze nicht ganz mit Verachtung von der Hand weisen wollte.

Wenn man dies poetische Erzeugniß der litthauischen Muse auch nicht den Musterwerken eines Homer, Virgil und Horaz, die schon auf die Weltbildung Einfluß haben, gleich stellen kann, so darf man es doch getrost den Denkmälern der neuklassischen Literatur, den Originalproducten der Slavischen, Germanischen und Celtischen Völkerstamme beyzählen, die für ihr Vaterland ein bleibendes Interesse haben. Für die litthauische Nation hat dieses vaterländische Product nicht bloß deswegen einen eigenthümlichen Werth, weil der Dichter aus dem Schoos des Volkes hervorgegangen ist, sondern auch, weil die Sprache an demselben ein bleibendes Denkmal erhält, auf welches die Grammatologen und Lexikographen als auf ein sicheres Fundament bauen können. Denn der litthauische Ausdruck welcher darin herrscht ist rein, volksthümlich und klassisch. Alles Andre was die litthauische Literatur aufzuweisen hat, besteht, mehrentheils aus Uebersetzungen — bis auf einige Originale von geistlichen und weltlichen Liedern, die aber noch keinen festen Punkt in der Literatur begründen. Dieses Werk hingegen kann als ein Muster und Vorbild für litthauische Dichtkunst und Beredsamkeit um so mehr gelten, als der Stempel der Originalität demselben aufgedrückt und nichts aus fremder Literatur hineingetragen ist. Die Gedanken darin sind wahr und kräftig, die Empfindungen welche darin herrschen, athmen den Geist reiner Sittlichkeit, häuslicher Tugend und Vaterlandsliebe, die Vergleichungen sind ungesucht und treffend, die Schilderungen lebhaft, die ganze Darstellung malend, die eingestreuten Lehren kurz und eindringlich — und so ist das Werk aus einem Guß die Schöpfung glücklicher Augenblicke der Begeisterung, in welchen der Genius den Dichter auf höheren Schwingen in das Reich der Wahrheit und Schönheit trug. Unser Dichter verdient um desto mehr Bewunderung, als er ohne irgend ein Muster und Vorbild zu haben, sich durch sein eigenes Talent emporarbeiten und seine eigene Bahn brechen mußte. Es gehöret nämlich sein Werk zu einer Klasse von Gedichten die man weder Idylle noch Epos nennen kann. Es ist vielmehr eine Mittelgattung zwischen beschreibender und belehrender Poesie im epischen Ton, und könnte daher ein didactisches Epos heißen. Man muß es aber durchaus als ein Volksgedicht betrachten, weil die darin redenden Personen nur dem niedern Stande der Dorfbewohner angehören. Der Dichter lebt und webt nur in den Hütten des Landmanns und berührt nur selten, um des Kontrastes Willen, die Sitten der höhern Stände.

Aus einem falschen Gesichtspunkte würde man daher unsern Verfasser beurtheilen, wenn man sein Werk etwa, wegen Aehnlichkeit der Aufschrift, mit Thomsons berühmten Gedicht: die Jahreszeiten, oder wegen entfernter Aehnlichkeit des Inhalts, mit Birgils Lehrgedicht vom Ackerbau, vergleichen wollte. Nicht einmal ein deutsches Original, wie Vossens Luise oder Göthe's Herrmann, läßt sich hier als Seitenstück anführen. Denn die genannten Werke sind nach einem ganz andern Maaßstab, nämlich der griechischen Literatur, und für einen ganz andern Leserkreis, nämlich der wissenschaft- und kunstgebildeten Welt, entworfen. Unser Litthauer aber ist ein eigenes Original, dem weder ein griechisches noch römisches Muster vorschwebte. Ein deutsches Vorbild konnte er noch weniger zum Grunde legen, weil in jener Periode, als der Verfasser schrieb, die deutsche Literatur noch nicht ihr goldenes Zeitalter erlebt, und wenn wir Haller und Hagedorn ausnehmen, noch keinen klassischen Autor hervorgebracht hatte.

§. 2.

Lebensumstände des Dichters.

Unsere Leser werden wünschen, den Mann genauer kennen zu lernen, der seinem Volk ein werthes Denkmal vieljährigen Fleißes und herrlicher Geisteskraft hinterlassen hat. Aber, wie es den Verfassern oft ergeht, deren Werke erst nach ihrem Tode bekannt werden, daß man Weniges aus ihrer Lebensgeschichte weiß, so auch mit unserm Dichter. Zum Glück leben noch einige Personen im Vaterlande, die den Verstorbenen in den letzten Lebensjahren persönlich gekannt, und aus deren Munde ich folgende sichere Nachrichten mitzutheilen im Stande bin.

Christian Donaleiti (sonst Donalitius genannt,) stammt aus einer litthauischen Familie her, die im geistlichen und weltlichen Fach schon bedeutende Beamte dem Staat geliefert hat. Dahin gehören: der Pfarrer Joh. Donalitius, der zu Walterkehmen 1704 starb; der Amtsrath Donalitius in Sommerau, ein Vetter und vertrauter Freund des Verfassers und der Krieges-Rath Donalitius in Königsberg, der 1805 gestorben ist.

VIII *Vorbericht.*

Unser Dichter erblickte im Jahr 1714 am 1. Januar, zu Laspinelen im Amtsbezirk Zirguppenen das Licht der Welt. Sein Vater, ein köllmischer Gutsbesitzer, war in der verderblichen Pest, die in den Jahren 1709 und 10 in Preußen wüthete, durch Vorsicht und gute Haushaltung verschont geblieben. Ueber die Jugendjahre des Sohnes liegt ein Schleyer, der nicht so leicht zu heben ist, weil aus jenen ersten Jahren des 18ten Jahrhunderts weder mündliche noch schriftliche Nachrichten vorhanden sind. Ob er zu Insterburg, wo eine trefliche Schulanstalt blühete, oder zu Tilsit, wo die sogenannte Fürstenschule, von Markgraf Albrecht gestiftet, kenntnißreiche Subjecte zog, seine gründliche wissenschaftliche Bildung erhalten habe, ist unbekannt. Daß er aber bey seinem Fleiß, den Unterricht treflicher Lehrer genossen habe, zeigt der Umstand, daß er es in der griechischen, lateinischen, hebräischen, französischen, litthauischen und deutschen Sprache zu solcher Fertigkeit gebracht hatte, um in jeder derselben Gedichte verfertigen zu können, wovon einige Bruchstücke von Versuchen unter seinen Papieren vorhanden sind. Auf der Universität Königsberg studierte er das geistliche Fach in den Jahren 1732 — 1737 wo er sich des Unterrichts von Quandt, Fr. A. Schulz, Salthenius, Kypke, Arnold und andrer sehr verdienter Lehrer erfreute; auch fand er Gelegenheit als Mitglied des litthauischen Seminarii unter Aufsicht des D. Fr. Alb. Schulz (einer Anstalt, im Jahr 1718 zur Förderung der litthauischen Sprache für Studierende gestiftet) seine Muttersprache regelmäßig und grammatikalisch auszubilden. Nach Vollendung seiner akademischen Studien hielt er sich in seinem Vaterlande, wahrscheinlich als Hauslehrer bis zum Jahr 1740 auf, in welchem er den Ruf zum Rektoramt nach Stallupenen, einer Stadt nicht fern von seinem Geburtsort gelegen, erhielt. Drey Jahre stiftete er in diesem Wirkungskreise von seinen erworbenen wissenschaftlichen Kenntnissen einen bleibenden Nutzen. Nach Verlauf derselben ward er 1743 durch ein Rescript vom Etatsministerio, Königsb. den 25 Oct, ins Predigtamt nach Tolmingkemen bey Gumbinnen berufen. Noch vor Ablauf desselben Jahres geschahe seine öffentliche Einführung am 26. Sonntage nach Trinitatis, durch den Superintendent Hahn zu Insterburg. In diesem Predigtamt, wo er eine litthauische und deutsche Gemeinde zu versehen und in zwei Sprachen zu predigen hatte, lebte und wirkte er unermüdet 37 Jahre lang, führte ein wahrhaft patriarchalisches Leben und genoß die Liebe seiner Gemeinde.

Die häuslichen Beschäftigungen und Nebenarbeiten, womit er seine müßigen Stunden auszufüllen pflegte, werfen noch einiges

Licht auf seinen Charakter. Eine anmuthige Zerstreuung gewährte ihm sein Garten, den er mit den auserlesensten Früchten ausstattete. Noch im späten Alter schreibt er an einen Freund: Ich beschäftige mich mehrere Stunden in meinem Garten mit Pfropfen, Okuliren, Pflanzen ꝛc. ꝛc., und denke: Dandum quandoquidem etiam posteritati aliquid est. Zu seinen Lieblingswissenschaften hatte er sich die praktische Mechanik, Optik und Physik erkohren. Im Schleifen optischer Gläser hatte er es zur großen Fertigkeit gebracht, und seine Barometer und Thermometer, die er verfertigte, waren lange Zeit berühmt. Eine gleiche Geschicklichkeit besaß er in Verfertigung musikalischer Instrumente, von welchen ein Flügelfortepiano, das Zweyte der Art in Preußen, sehr geschätzt wurde. Das Erste verfertigte sein Bruder, der Mechanikus und Goldarbeiter in Königsberg war. Mit dieser Beschäftigung verband er die Liebe zur Musik und große Fertigkeit im Spielen. Was wenigen Dichtern zu gelingen pflegt, ihre Gedichte selbst zu componiren, das gelang ihm; dahin gehören: die Freundschaft Davids und Jonathans, die Haushaltung der ersten Menschen, Glück und Unglück, die Hoffnung; lauter Stücke deren Text und Musik von ihm selbst herrührte, und die er seinen Besuchenden Freunden mit Feuer und Zartheit vortrug. Ein achtungswürdiger Geistlicher, der ihn persönlich gekannt hat, schreibt mir Folgendes: In der Zeit (nämlich im Jahr 1776) machte ich seine persönliche Bekanntschaft, da ich so Viel von ihm gehöret hatte: von seinen mechanischen und optischen Arbeiten, von seinem Glasschleifen, Verfertigen von Barometern, deren ich Eines bei mir, bis vor vier Jahren, besaß und welches ganz vortreflich war; von dem schönen Fortepiano und von zwei Flügeln die er gebauet hatte, und wovon noch Ersteres bei Herrn D. Brück bei Insterburg vorhanden ist, von seinen musikalischen Compositionen, und dergl. Durch das ziemliche Vorlesen und Wohlverstehen der Letzteren, so wie durch das Vorspielen einiger neuen Stücke von mir, hatte ich mich bei ihm sehr empfohlen. Er hielt bei meiner Introduction die litthauische Predigt im Jul. 1779; ich genoß aber nicht lange das Glück seines Umganges, denn es erfolgte leider bald darauf sein Tod." Er starb im Jahr 1780, am 18. Februar, geschätzt von seinen Obern, geliebt von seiner Gemeinde und bedauert von seinen Freunden. Seine Gattin, eben so frommes Sinnes, still und häuslichen Beschäftigungen lebend, beweinte ihn wenige Jahre als Wittwe, und folgte ihm in die Ewigkeit nach. Da ihre Ehe kinderlos gewesen, so ist seine Geschlechtslinie erloschen, aber nicht sein Nahme. Denn dieser wird im dankbaren Andenken fortleben, so lange eine litthauische Nation vorhanden ist.

Vorbericht.

§. 3.
Zweck und innere Beschaffenheit des Werkes.

Schon aus dem Ueberblick des Inhalts vor jedem Gesange, wird es dem Leser in die Augen leuchten, daß der Verfasser sich nicht zum Zweck gemacht habe, eine vollständige Schilderung der einzelnen Jahreszeiten zu liefern, sondern daß nur sein Plan gewesen sey, die Sitten und Gewohnheiten, das Leben und Treiben des litthauischen Landmannes zu schildern. Der Schauplatz auf welchem die Personen des Gedichts handeln, ist nur ein Amtsbezirk in Oberlitthauen, welcher mit ausländischen Kolonisten stark vermischt erscheinet. Mit Fleiß setzte sich der Verfasser diese engen Grenzen, um desto mehr ins Einzelne gehen und die Eigenthümlichkeiten des ihn umgebenden Volksstammes mehr hervorheben zu können.

Eigentlich sollte nur der schaarwerkspflichtige Landmann, unter der ehemaligen Verfassung (welcher aber den größten Theil des Volks ausmacht und den väterlichen Sitten am treusten geblieben ist) der Vorwurf seines Gedichts seyn. Diesen wollte er in seiner Individualität, als Repräsentant des ganzen litthauischen Volks darstellen, diesem zur Lehren geben, wie er seine Felder bestellen und seine Gärten bepflanzen sollte. Diesem ruft er dringende Ermahnungen zu: der väterlichen Tugend treu zu bleiben, die Verführungen der Fremden zu Ausschweifung, Trunk, Spielsucht und anderen Lastern ernstlich zu vermeiden; damit er in seiner Hütte, bei häuslicher Eingezogenheit und frommen Sinn, ein zufriedenes Leben führen könne. Solchen Zweck vorzüglich im Auge behaltend, lieferte also der Verfasser eine Volksidylle oder ein ländliches Gedicht über die Beschäftigung und Haushaltung des ackerbauenden Landmannes. Daher blieben Jagd, Fischerey, Viehzucht und andere Beschäftigungen dieses Volks von seinem Plan ausgeschlossen.

Die innere Einrichtung des Gedichts und der Gang, welchen der Verfasser, bei Anordnung der einzelnen Gesänge nimmt, ist folgender: Gewöhnlich eröffnet einen jeglichen Gesang die Schilderung derjenigen Jahreszeit, welcher das Lied geweihet ist. Die Veränderungen welche mit dem Pflanzenreich und mit der thierischen Schöpfung, bei der Abwechselung von Frühling, Sommer, Herbst und Winter vorgehen, werden mit kurzen Zügen dargestellt. Nach dieser Einleitung, die bei dem Sommer am kürzesten ist (weil sich der Verfasser beim Frühling länger bei Naturschilderungen aufgehalten hat, und beide Jahreszeiten eigentlich nur ein Gemälde

Vorbericht.

liefern) gehet der Dichter zu den Geschäften jeglicher Jahreszeit nach der Reihefolge über, rügt die Mißbräuche, welche dabei vorfallen und lobet die pünktliche Abwartung derselben. Schilderungen der Natur und eingestreute Belehrungen wechseln anmuthig, zwischen den Beschäftigungen, mit einander ab. Den Schluß des Gesanges macht gewöhnlich ein Zuruf an die Männer und Frauen, den väterlichen Tugenden treu zu bleiben und zu der folgenden Jahreszeit mit frommem Hinblick auf Gott, als den großen Haushalter des Weltalls, die gehörigen Anstalten zu treffen.

Die dialogische Form ist in dem ganzen Gedicht vorherrschend und nur selten tritt die rein epische Art des Vortrags ein, wo der Dichter selber spricht. Alle Beschreibungen, Lehren und Erzählungen, werden den sich unterredenden Personen, die nur aus dem Bauernstande sind, in den Mund gelegt. Diese Gesprächsform giebt dem erzählenden Vortrage Lebendigkeit und Bewegung. Die Vergleichungen und Bilder sind alle aus dem Kreise des Landlebens hergenommen. Nur selten kommen Anspielungen auf heidnische Mythologie (der nordischen Völker) und auf die Geschichte der Vorzeit in dem Gedichte vor. Die häufigen Erwähnungen der fremden Ankömmlinge haben, wie in den Anmerkungen gezeigt wird, ihren Grund in der, durch häufige Erfahrung bestätigten Wahrnehmung, daß die Sitten des Volks durch selbige verschlimmert worden sind. Uebrigens herrscht in dem ganzen Werk ein frommer kindlicher Sinn, der dem litthauischen Charakter angemessen ist, eine biedere Denkungsart, die Alles was Unterdrückung oder Unsittlichkeit heißt, verabscheuet, eine reine Vaterlandsliebe und ungeheuchelte Gottesfurcht, so daß wir den Dichter wegen dieser Tugenden, in der einfachen Geradheit und Unschuld seiner Seele, aufrichtig liebgewinnen.

§. 4.

Ausdruck, Versart und Betonung.

In dem litthauischen Ausdruck entwickelt unser Dichter, der die Sprache, nach ihrem ganzen Umfang in seiner Gewalt hat, eine Zierlichkeit, Kraft und Wortfülle, welche die Bewunderung aller Sprachkenner rege machen muß. In dieser Hinsicht erhält das Gedicht einen klassischen Werth und erhebt sich zu einem Musterwerk für die litthauische Nation. Wie ein gewaltiger Strom ergießt sich der Fluß seiner Rede, durch keine rauhe Elision, kein hartes Wort aufgehalten — und reißt den Leser unwillkührlich mit sich fort. Was in der Tiefe des Gemüths erzeugt worden, das gleitet mit Leichtigkeit und Anmuth über die Lippen.

Alles ist ächt litthauisch gedacht und gesagt — so daß der Kenner seine Freude daran hat. Sehr gelungen ist dem Verfasser die Schöpfung neuer Worte und Wendungen, wodurch er die Sprache bereichert; daher geht der Reichthum seines Ausdrucks weit über den Sprachschatz der vorhandenen Wörterbücher hinaus und beyde, der Lexikograph wie der Grammatiker können einst eine reiche Erndte an ihm haben: Selbst in der Nachahmung von Naturlauten, wie bei dem Liede der Nachtigal, in der Bildung malerischer Beyworte, wie bastsohlentragende Männer, schweraufhustende Greise, altergekrümmete Frauen; in witzigen Wortspielen, wie Baudziawa baudzia, das Schaarwerk scheert (oder plagt Ruddenio ruddo, des Herbstes, des herben (eigentlich des v rrosteten) und in sinnreichen Nahmenerfindungen ist der Verfasser überaus glücklich gewesen. In allen diesen feinen Zügen der Sprache wohnt ihm eine Originalität bey, die wahrhaft unnachahmlich heißen kann.

Die griechische Versart des Hexameters ist die einzige fremde Fessel, welche der Dichter seinem Werke angelegt hat. Da er sich aber mit Freiheit und Leichtigkeit darin bewegt, so ist die Fessel in seiner Hand gleichsam ein Blumengürtel geworden, den er mit Anmuth um den litthauischen Ausdruck geschlungen hat. Die spondeenreiche Sprache scheint ganz für den ernsten und feyerlichen Gang dieses Metrums geschaffen zu seyn. Vielleicht ist keine der neueuropäischen Sprachen im Stande den Hexameter und andre griechische Versarten in solcher Vollkommenheit nachzubilden als die Litthauische. Die Menge von Diphtongen und Selbstlautern, der Mangel des Artikels, die kurze Partizipialkonstruction, die Unabhängigkeit der Quantität von Ton und Akzent, die große Freiheit in Elisionen und viele andre Vortheile verschaffen ihr diesen Vorzug. Merkwürdig ist es, daß Donaleit den ersten Versuch gemacht hat, den Hexameter in die litthauische Dichtkunst einzuführen und daß, noch ehe ein Klopstock seine Messiade sang, unser Litthauer schon Gedichte in dieser Versart und mit großem Glück verfertigte. Denn es finden sich Bruchstücke aus den Vierziger Jahren des verflossenen Jahrhunderts vor. Der letzte Gesang vom Winter aber scheint später, in den Funfziger und Sechsziger Jahren geschrieben zu seyn, weil der Verfasser eines großen Brandes zu Königsberg Erwähnung thut. S. Anmerk. z. vierten Gesang.

Die Wortbetonung weicht, wie in der litthauschen Sprache überhaupt, so auch in diesem Gedicht, von der angenommenen Gewohnheit anderer Sprachen ab. Der schwere und scharfe Akzent werden nämlich miteinander verwechselt. Auf schweren und gedehn-

Vorbericht. XIII

ten Sylben stehet das Zeichen des scharfen Akzents (´) auf scharfen und abzustoßenden Sylben dagegen das schwere Tonzeichen (`). Daher ist in dem zweyten Wort des ersten Gesangs, Sauˌlèlė, die betonte Sylbe è nicht kurz abstoßend sondern gedehnt wie ae, das letzte mit einem Punkt versehene ė wie eh oder ee zu lesen. Hingegen erfordert in dem Wort Truſùs, der zweyten Reihe, die betonte Sylbe ùs eine scharf abzustoßende Aussprache. Das auf dem z befindliche Zeichen ist kein Akzent sondern eine Anzeige daß dieser Buchstabe wie das französische j, in jamais, oder das italienische g in Germano, auszusprechen sey, ohne dieses Zeichen ist das z ein sanftes und gelindes s, wie in Seele. Die durchstrichenen oder verhäkelten Buchstaben deuten auf ein weggefallenes n hin und machen die Sylbe lang oder scharfbetont. Der Circumflex, die Apostrophe und andere Zeichen haben dieselbe Bedeutung, als in anderen Sprachen.

Keinen geringen Vortheil schaft es der litthauischen Dichtkunst, daß die Länge der Sylben nicht von den Akzenten abhängig ist, sondern, wie es die Natur der Sprache mit sich bringt, von den langen Vocalen und besonders von den Doppellautern, die in großer Anzahl vorhanden sind. Der Verfasser gebraucht die Wörter lĕbáuti, rĕkáuti, welche Amphibrachen zu seyn scheinen, mit Wegwerfung der Endsylben, als Sponden, lĕbáut' rĕkáut'; welche Messung um so richtiger ist, als die erste Sylbe eine ursprüngliche Länge hat und die Wörter eigentlich leeḃaut' reḃkaut' geschrieben werden sollten. Sehr oft verwandelt er das ursprünglich lange, zusammengezogene ū des Plural-Genitivs, in eine kurze Sylbe und sagt im Ausgang: muſŭ Gadynes. S. Herbst v. 278. Ja, er elidirt bisweilen dies ū und setzt Tĕwe muſ' paṡkaityti. Welch ein Glück für den Dichter, daß die Elision sowohl vor Konsonanten als Vokalen, unbeschadet des Wohllauts, geschehen kann! Hin und her kommt auch in dem Gedicht ein spondeischer Ausgang vor, wenn ein Daktylus vorhergegangen ist, wie in folgendem Verse:

Ir uż Prócę jums | menkay dekawōs iṡſlĕkę;

wo der Ruhepunkt und Einschnitt bey jums statt findet. Ferner im 3ten Gesange V. 277.

Pro Durris | iṡſſókau irgi Namŭ | parſójau,

wo ein doppelter Einschnitt bei Durris und Namŭ sich findet. Höchst selten sind die Fälle, wo die mit Präpositionen zusammengesetzten Zeitwörter den Ton und die Länge auf der ersten Sylbe haben, wie átlĕkę, ideba, S. 4ter Gesang, V. 2 und 4., wo

XIV Vorbericht.

schon die Position eine natürliche Verlängerung bewirkt, denn łveda stehet für indeda. Um die Messung des litthauischen Hexameters genau darzustellen, stehe hier der Anfang des Gedichts mit Bezeichnung der Langen und Kürzen.

Jau Sau|lélé | wèl || at|kópdămă | buddĭnŏ | Swietz

Ir̃ Zie|môs ßalt|ôs Trû|sùs || par|graudămă | jŭkēs'.

Szalczû| Prámo|nès || ſu Le|dais || ſur|gaißti pa|gáwo.

Tû Lau|kùs || û|rai drūn|gni | gai|widami | glôstē.

Ir̃ Zole|lès || wiſ|ſókias | iß Nu|mirruſû | ßaukè.

Aus dieser Bezeichnung der Sylbenlängen thut sich der Spondeasmus des litthauischen Hexameters hinreichend kund; denn in den fünf Versen sind zwanzig Spondeen und acht Daktylen enthalten. In diesen zwanzig Spondeen werden nur 4 Sylben durch die Hebung lang, die übrigen 36 sind alle durch Diphtongen, lange Vocale und Positionen von Natur vollwichtige und schwere Fußglieder. Die Triphtongen iau, iů, iei und uy, wie dziaugiůs bilden eigentlich einen Hyperspondeus, da sie einsylbig und nicht getheilt wie das griechische πελήιάδεω ausgesprochen werden. Rein trochäische Verse, wie sie im Deutschen häufig vorkommen, sind im Litthauischen selten und man hat Mühe unter funfzig Hexametern kaum einen oder zwey dieser Art aufzufinden. Noch ist anzumerken, daß unser Dichter, der an Akzenten sehr reich und fast verschwenderisch ist, bey vielen langen Sylben, statt des schweren Tonzeichens, einen Circumflex gesetzt hat, wo auch keine Zusammenziehung statt findet; z. B. Kûn's, tûl's, miegôt', kruwôn, tâw, dâr u. s. w., für Kún's, túl's miegót', kruwón, táw, dár; die in prosaischen Schriften häufig als unbetonte Wörter erscheinen. Ferner bezeichnet er die einsylbigen Mittelzeiten: ir, kas, ne, wenn sie durch die Hebung in die spondeische Länge kommen, durch den scharfen Akzent ir̃, kàs, nè. Die Wörter, mano, sawo, musu ɾc. wenn sie als Pyrrhichien zur Bildung des Daktylus in den zwey letzten Fußgliedern gebraucht werden, bleiben unbezeichnet, wie die regelmäßigen Pyrrhichien ogi, kone, aża, beje, kagi und andre unbetonte zweysylbigen Mittelzeiten.

§. 5.
Von der deutschen Uebersetzung des Werks.

Die Uebersetzung des litthauischen Hexameters hat viele Schwierigkeiten, wenn man nicht bloß den Sinn übertragen, sondern das Original mit allen seinen Schattirungen nachbilden will. Nachbildungen aber sind, bei originellen Werken der schönen Kunst ein nothwendiges Erforderniß für denjenigen Leser, der die Uebersetzung mit dem Original nicht genau vergleichen kann. Umschreibende Verdolmetschungen nach dem Grundsatz: „So sagt' ich ohngefähr, wenn ich der Autor wär" sind zwar eine leichte Sache — aber auch ein verderbliches Uebel und das Schlimmste, was dem verstorbenen Schriftsteller je wiederfahren kann. Denn nur zu leicht wird man verführt, seine eigenen Gedanken und Empfindungen für das Idiom selbst zu verkaufen. Die Schwierigkeiten des Uebersetzens aus dem Litthauischen ins Deutsche, liegen in dem großen Kontrast, der zwischen beyden Idiomen obwaltet. Denn die litthauische Sprache stehet in Ansehung der Kürze und Einfachheit, noch weiter von der Deutschen ab, als die Lateinische und Griechische, wenn man besonders auf den Partikeln-Reichthum der Letzteren sein Augenmerk richtet. Der Mangel des Artikels im Litthauischen, die Bildung der Hauptzeiten ohne Hülfswörter, die Zusammensetzung der Propositionen mit Zeitwörtern, die Anhäufung der Partizipe und die zahlreichen Elisionen verschaffen der Sprache eine Gedrungenheit und Kürze, die für den Uebersetzer unerreichbar ist. Hiezu kommt noch die Menge der Spondeen, wodurch Gedanken und Ausdruck sehr zusammen gedrängt werden. Aus diesen vorläufigen Bemerkungen wird der Leser schon muthmaßend abnehmen können, wie unvollkommen meine Arbeit ausgefallen seyn muß, da ich versucht habe, das Original in gleicher Zahl der Verse wiederzugeben, und wo möglich auch die Ruhepunkte und Einschnitte des Textes zu beobachten. Die Kenner der Sprache aber werden mir vielleicht jenes Distichon zurufen, was Göthe auf sich selbst verfertiget:

> Deutsch ach, schreib ich! warum verderb ich unglücklicher Dichter
> In dem schlechtesten Stof, leider, nun Leben und Kunst?

Auf diese Frage weiß ich nichts zu antworten, als, daß ich ein solches Werk nie übernommen und ausgeführt hätte, wenn nicht schon vor mehr denn zehn Jahren von mir der Anfang dazu gemacht worden wäre. Nachherige, ernstere Geschäfte des Amts und der Neigung, die Bearbeitung der litthauischen Bibelversion, Reisen und Kränklichkeit, würden mir wahrlich allen Muth benommen haben, an eine Arbeit zu gehen, die vielleicht gar nicht erkannt oder gar getadelt werden wird. Doch wird mich schon das Bewußtseyn lohnen, eine kleine Schuld hiemit dem Vaterlande, welchem ich so viel verdanke, abgetragen und dem litthauischen Volk ein Werk erhalten zu haben, was vielleicht bald seinen Untergang gefunden hätte. Demnach folge hier eine kleine Rechenschaft von meiner Arbeit.

Bei dem litthauischen Text habe ich eine Handschrift zu Grunde gelegt, die von dem Verfasser selbst herrühret. Jedoch waren nur die beyden ersten Gesänge von des Dichters eigner Hand aufzufinden. Die beyden letzten haben, wie ich nach vielem Schreiben und Umhersuchen erfahren, ihren Untergang im französischen Kriege erlitten. Zum Glück ist das ganze Werk in einer Abschrift vorhanden, das dem Pfarrer Hohlfeldt zugehöret und welches ich der Güte des Superintendent Jordan verdanke. Da die ersten beyden Gesänge mit dem Urtext Wort für Wort übereinstimmen, so ist mit Sicherheit zu schließen, daß auch die beyden Letztern mit dem Original vollkommen gleichlautend sind. Für den dritten und vierten Gesang dienten noch andere Quellen, nämlich die Briefe des Verfassers an seine Freunde, in deren Beilagen Bruchstücke von den Jahreszeiten enthalten sind. Der Verstorbene hatte nämlich die Gewohnheit, einzelne Abschnitte seines Gedichts, sobald er sie verfertigt hatte, seinen vertrautesten Freunden, die Liebhaber der Dichtkunst waren, zu übersenden. Aus einem solchen Blatt sind unter Andern, zehn Verse im dritten Gesang, V. 613—622, die sich von des Verfassers eigener Hand zierlich abgeschrieben vorfanden, an der gehörigen Stelle eingeschaltet worden. Freunde der litthauischen Dichtkunst werden sich über das kleine Gemälde, was so einfach und wahr in diesen zehn Verse ndargestellt ist, aufrichtig freuen und ihre Erhaltung billigen. Dagegen sind an anderen Orten einige Verse weggelassen worden, die in zweyen Gesängen doppelt vorkamen. Die Orthographie des Verfassers habe ich in den ersten beyden Gesängen auf den Rath einiger sachkundigen Freunde, bis auf einige Verdoppelungen der Consonanten, beybehalten. In den beyden letzten Gesängen aber ist die neue Orthographie, deren sich der Abschreiber bedient hat, angewendet worden; daher der Text nicht so sehr überladen mit Akzenten und anderen Zeichen erscheinet. Nur hin und her, wo ein Fuß im Hexameter zu fehlen schien, ist nach Analogie der ersten beyden Gesänge, irgend ein Wort oder Versglied gehörig eingeschaltet, um die Lücke auszufüllen. Die Verszahlen an der Seite des Textes, welche in der Urschrift mangelten, schienen mir nothwendig, damit die Anmerkungen, welche sich darauf beziehen, gehörig verglichen und künftige Citationen des Werks erleichtert würden.

Vorbericht.

Was die Uebersetzung anbelangt so ist, wo möglich dafür gesorgt worden, daß jeder Gedanke des litthauischen Verses auch mit dem Ablauf des gegenüberstehenden deutschen Hexameters erschöpft worden. Daher nirgend der Fall hat eintreten dürfen, daß Worte und Redensarten zum ersten Verse gehörig, in den folgenden zweyten Vers haben hinübergetragen werden dürfen. Bey dem Verfasser ist nämlich mit dem Ausgang eines jeden Hexameters der Sinn gewöhnlich geschlossen. Denn niemals dehnet er einen Gedanken durch zwey bis drey Verse verlängernd aus, sondern drängt nicht selten mehrere Sätze, wenn sie zusammengehören, in einen Hexameter zusammen. Ausgenommen sind Nachsätze, Folgerungen und dergleichen, die aber immer einen neuen Gedanken bilden. Oft wäre freylich bey Hinüberziehung eines Wortes in den folgenden Vers mancher Vortheil für das Metrum erreicht worden, aber die Nachbildung des Originals hätte dabey gelitten und der Rythmus des Hexameters wäre verlohren gegangen; denn ohnstreitig erwartet das Ohr beim Ausgang des Verses auch jedes Mal den Schluß des Gedankens. Bilder, Vergleichungen und eigenthümliche Wendungen habe ich nicht gewagt mit andern Redensarten zu vertauschen, um die litthauische Farbe nicht zu verwischen. Einige unübersetzbare Wörter, wie Alus, Marginne ꝛc. sind zwar beybehalten, aber in den Anmerkungen erklärt worden. Selbst solche Verse, in denen eine Malerey sichtbar ist, oder wo der Dichter Naturlaute nachahmen wollte, deren Zahl nicht gering seyn dürfte, habe ich versucht, durch ähnliche malende Ausdrücke einigermaaßen zu erreichen. Wie sehr die Uebersetzung hier unter dem Original zurückgeblieben ist, können Sprachkundige am Besten beurtheilen. Dergleichen Hexameter sind im ersten Gesang V. 107. und 141 von der Nachtigalstimme; S. darüber Anmerk. 5. im Anhange; imgleichen V. 399. also lautend:

Per Riemùs pamaźi waźinēdams kirkina Rata.
Langsam karr't er von Dorf zu Dorf hinwälzend die Räder;

wo der Dichter durch die Ausdrücke (pamaźi waźinēdams) das langsame Herumkarren vor Augen stellen wollte. Das gleichfalls malende Zeitwort kirkina heißt eigentlich zergen, durch Reiz wozu bringen. Eine ähnliche Beschreibung kommt im dritten Gesange V. 16. vor:

Ratas ant Aśiès braźkēdams sukkasi sunkiey;
Knarrend hinrasselt das Rad schwerwälzend die theerlose Achse;

wo nicht nur das Wortspiel sukkasi sunkiey sehr sinnreich ist, sondern auch das Wort braźkēdams den rasselnden und knarrenden

Ton des Rades treffend nachahmet. Bald darauf enthält der 21. Vers eine gleiche Malerey.

Ir bjaurùs Purwùs kaip Tafzlą mklami minko;
Treten und kneten wie Teig, den Blott, den garst'gen, zusammen;

wo die Worte bjaurùs Purwùs den greulichen Blott im Herbst bezeichnen, die Zeitwörter mklami minko aber ein Wortspiel enthalten und durch Treten und Kneten einigermaaßen nachgebildet werden können. Am häufigsten kommen solche Schilderungen und Nachahmungen im 4ten Gesange vor, wo in den ersten hundert Versen der rasselnde Ton der Trommel, Bubnas itèmpras trinka, das Hingleiten der Schlitten auf dem Eise, Su Rogemis czoßt — das greuliche Heulen der Wölfe Wilkai tralaláudami staugia; und andre Gegenstände mit unnachahmlicher Kunst von dem Verfasser dargestellt sind.

Um die Uebersicht des Inhalts zu erleichtern und das Ganze mit einem Blick überschauen zu können, hielt ich es für nöthig, ein kurzes Inhaltsverzeichniß einem jeglichen Gesang voranzustellen; Die Abschnitte hätten noch in kleinere Theile zerlegt werden können, aber es kam nur darauf an, die Materien unter gewisse Hauptgesichtspunkte zu ordnen und den Zusammenhang der verschiedenen Abschnitte durch Bemerkung der feinen Uebergänge zu bezeichnen.

Die Anmerkungen endlich am Schluß der vier Gesänge sind mehr für deutsche und der litthauischen Sprache unkundige Leser, als für die Sachkundigen im Vaterlande entworfen. Sie haben nicht bloß den Zweck, gewisse Sitten und alte Gewohnheiten zu erläutern, sondern auch die Gründe anzugeben, warum dieser und jener Ausdruck in der Uebersetzung gewählt worden ist. Am zweckmäßigsten wäre es vielleicht gewesen, sie gleich unter den Text zu stellen, aber das Ebenmaas des Drucks, da der litthauische und deutsche Text, Zeile für Zeile gegenüber stehen sollte, erlaubte keine Noten unter dem Text, daher sie hinter das Werk, als Anhang, haben verwiesen werden müßen.

§. 6.

Nachricht von anderen Schriften des Verfassers.

Donaleit hat außer dem Jahresgesang noch andere Schriften verfertigt, von denen aber ein Theil verlohren gegangen ist. Dahin gehören Fabeln und Erzählungen, die nicht in Nachahmungen der äsopischen und lafontänischen Stücke bestehen, sondern eigenthümliche Erfindungen des Dichters sind und manche witzige Vergleichung enthalten. Von diesen Pasakos oder Fabeln sind Folgende übrig: 1) Das Gastmahl des Fuchses und des Storches. 2) Der Bauerhund auf dem Jahrmarkt. 3) Die Fabel vom Käfer. 4) Der Wolf vor Gericht. 5) Der stolze Hund. 6) Die ruhmräthige Eiche. 7) Erzählung von der litthauischen Hochzeit.

Diese Stücke sind gleichfalls in Hexametern geschrieben, als Fabeln vielleicht etwas zu lang gerathen, aber höchst originell und fließend. Die letztgenannte Erzählung ist nur eine Umschmelzung des beschriebenen Hochzeitsmahles im Anfang des 2ten Gesanges. Wie geläufig dem Verfasser das Dichten in Hexametern gewesen ist, beweisen noch unterschiedliche Briefe von ihm. So beginnet ein Schreiben an einen Freund, mit den Versen:

Aß pasidźiaugdams perskaicziau tawo Grómatą kulną.
Taip Lietuwninkui Lietuwninks Atraßą dúda
Kalboj' tėwißkės' ꝛc.

Hocherfreut durchlas ich dein vortrefliches Schreiben.
Also dem Litthauer gern antwortet der Litthauer nur in
Vaterländischer Zunge. ꝛc.

Von den geistlichen Liedern, die Donaleitis gedichtet hat, ist nichts mehr vorhanden. Es befanden sich noch vor einigen Jahren deren Einige in der Hand eines Freundes in Litthauen, dem sie aber durch Ausleihen verlohren gegangen sind. Aber nicht nur in litthauischer sondern auch in deutscher Sprache versuchte sich seine Muse. Doch athmen seine deutschen Gedichte den Geist jener Zeit, als Gottsched, Breitinger und Bodmer den deutschen Pernaß noch von fremden Auswüchsen zu reinigen suchten. Um den Geschmack, welcher in seinen deutschen Versen herrschte zu zeigen, stehe hier der Anfang einer poetischen Epistel an seinen Verwandten und Freund, den Amtsrath Donaleitis in Sommerau, um ihn, nach dem Verlust seiner Gattin, zu trösten:

Ihr Schatten schneller Zeit, ihr leicht beschwingten Stunden!
Du zwanzig Jahr hindurch empfundner Augenblick,
Dein Nichts ist schon dahin, dein Alles ist verschwunden:
Die Liebe ruft umsonst was sie geliebt zurück. —
Doch seyd einmal verschmerzt, ihr unbarmherz'gen Schmerzen!
Ihr Seufzer geht zur Ruh, ihr Thränen haltet ein;
Komm Freude, komm zurück zum gramverzehrten Herzen
Und laße meinen Freund nun wieder fröhlich seyn!
Der buntbeblümte Mai erschien mit seinen Lenzen,

Und ließ sein Galakleid an allen Orten sehn;
Die Flora ging ihm nach mit ihren Blumenkränzen
Und hieß den Balsamduft durch unsre Lüfte wehn.
Gleich tönte Wald und Feld von muntern Frühlingsliedern,
Und Groß und Klein erschien mit seinem Saitenspiel.
Das Echo hörte man im Wiederhall erwiedern,
Bis es mit seinem Nichts in seinem Nichts zerfiel. ꝛc.
Und wie? soll nur ein Mensch allein sein Unglück zählen,
Und ohne Muth und Trost auf seinem Posten stehn?
O nein, ihm ist die Welt zum Paradies gegeben
Und nicht wie Heraklit nur Thränen drin zu seh'n.

Diese wenigen Zilen geben uns zu erkennen, daß Donaleit auch auf dem deutschen Pindus kein Fremdling gewesen ist, indessen verstatteten die Mängel jener Zeit, als noch kein Klopstock und Schiller aufgetreten waren, seiner deutschen Muse, noch nicht einen höherer Schwung zu nehmen. Dagegen entwickelte er seine ganze Kraft und Dichterstärke in der litthauischen Poesie, und auf diesem Felde hat er sich den beßeren — unverwelklichen Kranz geflochten.

§. 7.

Schlußbemerkung.

Es sey mir erlaubt mit einer allgemeinen Bemerkung über die Litthauische Nation zu schließen. Der verewigte Verfasser unseres Gedichts schreibt in einem Briefe an seinen Freund in Insterburg folgende merkwürdige Zeilen. „Ich bitte einen Jeden, der künftig in Litthauen der Kirche Gottes oder dem Gerichtsstuhl dienen will, die Erfahrung nachdrücklich zu machen, daß die Litthauer wirklich keinen schlechten Geschmack haben und daß sie das geringste Vitium in der Construction, oder Aussprache des Akzents, oder Unanständigkeit in Vergleichungen sogleich empfinden, wie denn ich vielfältige Proben davon habe." Diese Bemerkung ist sehr richtig, und die kleinen Volkslieder, Dainos genannt, zeugen von dem richtigen Geschmack des Volks und von der Zartheit der Empfindungen. Auch Donaleitis hat diesen Geschmack des Volks in seinem Werk richtig aufgefaßt und dargestellt. Nirgend sinkt sein Stil ins Unedle herab, und wiewohl er oftmals sehr kräftig malet und von niedrigen Dingen spricht, so weiß er sich dabei mit Anstand und holder Feinheit auszudrücken, so daß auch in dieser Hinsicht sein Werk verdient, auf den Altar der Charitinnen niedergelegt zu werden.

Vorbericht.

Noch muß ich einige Worte über das Schicksal der Handschrift von dem Gedichte hinzufügen. Nach dem Tode des Verfassers im Jahr 1780, brachte die Wittwe die Musicalien, Briefschaften und andre Papiere ihres Gatten, worunter auch das Gedicht: die vier Jahreszeiten, sich befand, zu seinem jüngeren Freunde, dem Superintendent Jordan in Walterkehmen bei Gumbinnen, als ein Andenken von dem Verstorbenen. Der Empfänger vergütete aber die Manuscripte, weil sie von Werth waren, auf eine edelmüthige Weise. Ueber zwanzig Jahre lang war das Gedicht in seinen Händen gewesen, als derselbe die zwey ersten Gesänge mir freundschaftlich zusandte, weil er mich als ein Liebhaber der litthauischen Dichtkunst kannte, und nachdem ich ihn um Mittheilung einiger Volkslieder gebeten hatte. Ich wurde von dem Inhalt nicht wenig überrascht und entschloß mich sogleich eine deutsche Uebersetzung davon zu liefern, hoffend, das Werk sogleich dem Druck übergeben zu können, aber der unglückliche französische Krieg, die ernsten Geschäfte des Predigtamts und die Anstellung bei der Universität verhinderten mich, das schon zur Hälfte bearbeitete Werk zu Ende zu bringen. Obgleich der Freiherr W. v. Humboldt, da er sich im Jahr 1809, als dem Kirchen- und Schulwesen vorstehend, in Königsberg befand, und die litthauische Sprache liebgewonnen hatte, mich zur Fortsetzung meiner Arbeit ermunterte, so konnte ich doch, wegen Uebernahme der litthauischen Bibelrevision und verhindert durch die Feldzüge im Jahr 1813 und 1814, keine Zeit hiezu gewinnen. Endlich nach der Wiederkehr aus Frankreich war ich im Stande, dann und wann eine Stunde zu der einmal angefangenen Arbeit abzubrechen und sie allmählich zu Stande zu bringen. So erscheint sie denn nun, als das Werk einer mehr denn zehnjährigen, oft unterbrochenen Arbeit, die wenigstens von dem Vorwurf einer flüchtigen Vollendung, frei ist. Mit Schüchternheit übergebe ich das Werk den Händen der größeren Welt, indem ich der Mängel, welche die Uebersetzung an sich trägt, mir nur zu lebhaft bewußt bin. Mögen es die Kenner im Vaterlande mit Nachsicht, die Freunde Litthauens mit Wohlwollen, und die gelehrte Welt, als den ersten Versuch eines litthauischen Nationaldichters, mit billiger Beurtheilung aufnehmen!

Geschrieben am 20. May 1818, zu Königsberg in Preußen.

Rhesa.

Erster Gesang.

Die Ergötzungen des Frühlings.

Inhalt.

Schilderung der erwachenden Natur, bei der Wiederkehr des Lenzes. Die thierische Schöpfung fängt an, sich zu regen und stellt durch ihre genügsame Fröhlichkeit dem Menschen ein Vorbild zur Nachahmung dar. Besonders dienet das Lied der Nachtigal ihm zur ermunternden Lehre. V. 1 — 197. Uebergang zur Schilderung der höheren Stände und ihren Schwelgereyen im Gegensatz der thierischen Schöpfung, die das Maas beobachtet und über den Menschen wehklaget. 198 — 240. Lauras der erfahrene Landmann tadelt das thörigte Streben einiger Dorfbewohner, die Sitten und Ausschweifungen der Städter nachzuahmen. 241 — 266. Selmas erwähnet die Spiele der Kindheit und vergleicht die Erziehung der vornehmen Kinder mit der des Landvolks. 267 — 321. Blick auf die erste Menschenfamilie. 322 — 356. Ermunterung zum Beginn der Feldarbeiten und Zubereitung der Werkzeuge. 357 — 431. Aufforderung, um die helfenden Thiere, den Pflugstier und die Rinder liebreich zu behandeln. 432 — 497. Zuruf an die Männer, die Sommersaat gehörig auszustreuen und Belehrung über das Säen der Feldgewächse. 498 — 552. Uebergang zu den Arbeiten der Frauen. Gleicher Zuruf an dieselben, die Gartengewächse zu pflanzen und den Lenz mit fröhlichen Arbeiten zu beschließen. 553 — 614.

Pawásario Linksmybės.

Jau Saulelė wėl atkópdama buddino Swietą
Ir Żiemôs szaltôs Trusùs pargráudama jůkėſ'
Szalczû Pramonės ſu Ledais ſugaiszti pagáwo;
Ir puttódams Snieg's wiſſur į Nieką pawirto.
Tů Laukùs Orai drungni gaiwidami glóſtė,   5
Ir Żolelės wiſſókias iß Numirruſû szaukė,
Krûmus ſù Szillais wiſſais ißbuddino keltiſ',
O Laukû Kalnai ſù Klóneis pàmete Skrándas.
Wiſlab, kàs Ruddens Bjaurybej' numirre werkdams;
Wiſlab, kàs Eżerè gywéndams pèrżiemawójo,   10
Ar po ſawo Kerrù per Żiemą bùwo miegójęs,
Wiſlab tů Pulkais ißlindo, Wáſarą ſweikiſt'

    Kiaunės ſù Szeszkais iß ßálto Páßalio traukėſ'.
Wárnos ir Warnai ſù Szárkôm's irgi Pelėdôm's;
Pėlės ſù Waikais, ir Kurmjei Szillumą gyrė.   15
Muſſės ir Wabalai, ůdai ſu Kaimene Bluſſû,
Mùs jau wargit' wėl Pulkais wiſſùr ſuſirinko,
Ir Ponùs taip, kaip Burùs įgélt' iſſiżójo.
Bèt ir Bittin's jau Szeimyną ſáwo pabuddit',
Ir prie Dàrbo ſûſt'. Bey ką pelnyt' n'uſſimirßo.   20
Tů Pulkai jû pro Plyßiùs, ißlyſti pagáwo,
Ir lakßtydami ſù Birbynėms żaiſti pradėjo.
O Worai Kampůſ' ſėdėdami Wėrpalus áudė,
Irgi medżot', Tinklùs tylóm's kopinėdami mėzgė

Die Ergötzungen des Frühlings.

Wiederum wendet die Sonne den Lauf und wecket die Welt auf,
Spottet des Winters, des kalten, zerstörend was mühsam er bau'te.
Leicht mit dem Eise zerrinnet des Frostes Gebilde, das eitle.
Rings auflöset in Dunst zerfließend der schäumende Schnee sich. *)
Lauer schon wehen die Lüft' holdsäuselnde Labung den Fluren;
Heißen nun auferstehen aus Gräbern die fröhlichen Blumen,
Rufen: Erwachet vom Schlaf, ihr Gesträuch' auf grünenden Haiden!
Feld und Berg und Thal zieh'n aus die Pelze des Winters.
Alles was weinend starb in des Herbsts unfreundlichem Zornhauch;
Alles was tief versteckt überwinternd wohnt' in den Teichen,
Unter der Bäume Gestümpf' verschlief die rauhere Jahrszeit,
Alles das kommet in Schaaren hervor, zu begrüßen den Frühling.

Aus den Höhlen, den kalten, entschlüpfen nun Marder und Iltiß;
Maus und Maulwurf, samt ihrer Brut, lobpreisen die Wärme.
Aelstern, Raaben und Krähen, die flattern hervor mit den Eulen.
Fliegen und Käfer und Mücken, das Heer leichthüpfender Flöhen
Sammlen sich schon zu hauf, allseits uns stechend zu plagen:
Lüstern sehnt sich ihr Mund nach dem Blut des Herrn, wie des Knechtes.
Aber die Königin jetzo der Bienen vergaß nicht, ihr Hausvolk
Aufzuwecken und frisch zur erwerbenden Arbeit zu senden.
Sieh, aus der spaltigen Oefnung entkrochen nun wimmelnd die Schaaren,
Spielten die summende Laute bald hieher flatternd bald dorthin. *)
Auch die Spinne schon zieht in der Ecke dort sitzend die Fäden,
Läufet hinab und hinauf, um ein Netz sich zu weben zum Fange

Bèt ir Mėßkos ir Wilkai ßokinėdami dʒaugēſ',
Ir supleßiſ', ka tylôms į Págirrį tráukēſ'.

Alle kokie Dywai! neywien's iß diddelio Pûlko
Werkdams, ar dusáudams mùs lankyt' ne sugryʒo;
Nè! nè werkt', bèt linksmitiſ' wiſſi suſirinko:
Nės Darbai Ʒiėmôs wiſſūr jau bùwo sugaißę,
Irgi Pawásaris ant wiſſû Laukû paſiródė.
Tû potám Paßalai wiſſi kribʒdėti pagáwo,
Irgi, beßùkaujant Pulkams, Oßimm's paſkėlė.
Wien's ſtoray, o kitt's laibay dainūti motėdams,
Ir linksmay larßtydams ik' Debeſtû kopinėjo;
O kitt's ant Szakkû kopinėdams gárbino Diewą.
Bèt ir Walgiû dėl ſkupû neywien's neſiſkûndė.
Rûbai ßio ir to diddey jau bùwo nudillę;
O tûl's lópitą parlėkdam's pārneßė Ādą,
Ir paſiſótiſ' ant Laukû wôs Máʒumą rádo.
O ſtay ir taipô parwārgęs niek's ne dejáwo;
Bèt wiſſi wiſſūr sumißay ßokinėdami dʒaugēſ' —

Gandras sù kitkaiß Kaimynais pārleke linksmas,
Ir gaſpadóriſßkay ant Kraiko tárßkino Snápą.
Taip beſidʒaugiant jam, ſtay, jau ir jo Gaſpadinnė,
Iß ßaltôs Gaſpádôs wėl ißlinduſi rádoſ',
Ir sù sáwo Snapù meilingą sweikino Draugą.
Kraiką jie wiſſūr diddey ſudriſkuſi rądo;
Ogi Namùs naujùs, uʒpērnay tikt budawótus,
Rądo ant wiſſû Kampû permier' pagadìtus.
Sienas ir Czytùs, ir daug naujinteliû Spárû
Wėʒai sù Sparnais nů Kraiko bùwo nupleßę.
Durrys sù Langais ir Slenkſczeis bùwo nupùlę;
Ogi Trobą wiſſa wiſſūr ißkrypuſi ródēſ';
Tôdėl tû abbù, kaip reik' tikkriems Gaſpadóriams,
Wiſſlâb wėl taiſyt', ir prówit' ſukkoſi greitay.
Wyr's tůjaùs Ʒagaru Budawónei pārneßė Glėbį;
O Gaſpadinnė jo Pûſtynes mandagey lópė.
Taip potám abbù daug dirbę bey truſinėję,
Walg ſáw suʒwejót', pas Kláną nùlekė greitay,
Ir kellias Warlės bey Kuppuiʒęs paragáwę,
Diewui iß Szirdiēs wiſſôs wiernay dėkawójo.
Tû Ʒmogaù nieking's; mokìkis czė paſiąkìt',
Ir paſiſótidamas gardʒiaus n'uʒmirßk' ſawo Diewą.

Krumùs ir Girriàs wiſſokios óßino Dainos;
O Laukùs wiſſūr bey Piewàs ſkambino Garſai.

Die Ergötzungen des Frühlings.

Selbst der Wolf und der Bär beginnen den freudigen Tanz nun,
Ziehen hinaus vor dem Wald, um daselbst zu erlauren die Beute.

Aber, o welch ein Wunder! der gastlichen Schaar auch nicht Einer
Nah'te sich wieder zu uns schwer seufzend oder mit Thränen;
Nein, sie kehrten zurück, um sich Alle von Herzen zu freuen.
Denn überall schon waren die Werke zerstöret des Winters,
Hold erschienen der Lenz auf der Flur. Da begann es von Leben
Rings sich zu regen mit Lust. Doch während die Gäste der Fluren
Hier sich ergötzten in Wonn', erhob sich Gesang in den Lüften:
Diese der höheren Weisen und Jene der tieferen kundig —
Stimmten den Wettkampf an sich erhebend hoch zu den Wolken.
Andere hüpften von Zweig auf Zweig, hochlobend den Schöpfer.
Aber kein Einziger führt' ob kärglicher Nahrung Beschwerde.
Abgetragen schon waren die Kleider des Einen und Andern;
Mancher wohl kehrete wieder mit ziemlich zerrissener Haube;
Fand auf den Feldern kaum ein Körnlein zu stillen den Hunger,
Dennoch wehklagete nicht auch ein Einziger über die Nothdurft;
Sondern All' überall durch einander, sie hüpften vor Freude.

Munter geflogen auch kam, nebst andern Genossen, der Storch nun,
Nahm von dem Obdach Besitz, drauf klappert er wirthend als Hausherr.
Solcher Gestalt herzinnig sich labend, doch siehe, da fand auch
Seine Gefährtin sich ein aus der Herberg' entschlüpfet, der kalten. ³)
Aber sie fanden fast ganz auseinander gerissen das Dachholz;
Sahen das neue Gebäud', erst seit zwey Jahren erbauet,
Leider, auf jeglicher Seite baufällig gar über die Maaßen:
Giebel und Wände des Hauses und Viel der neustämmigen Sparren
Hatte der Winde Geflügel herniedergerissen vom Dachholz;
Fenster und Thür und Geschwell' lag auseinandergefallen;
Kurz, es erschien das Gebäud' auf jeglicher Seite zerrücket.
Darum sie Beyde nun flink, wie geziemet den fleißigen Wirthen,
Regten sich Alles zu bauen und wieder zu schmücken mit Ordnung.
Aest' und Reiser hier hohlte der Mann zu dem Bau einen Armvoll, ⁴)
Aber die Frau ausbessernd dort fügte zusammen die Lücken.
Als sie nun also geschaltet in vielgeschäftiger Arbeit,
Flogen sie Beyde zum Teich hernieder das Mahl sich zu fischen.
Aber sobald sie gekostet die Speise von etlichen Fröschen,
Dankten sie Gott dafür aufrichtig, aus innigem Herzen.
Lern' o nichtiger Mensch hieran, dich begnügen, und wenn du
Köstlicher wohl dich gelabt, niemals zu vergessen des Schöpfers!

In Gesträuchen und Wäldern erschollen nun mancherley Lieder.
Rings in Gefilden umher, auf Wiesen ertönten Gesänge.

Pawásario Linksmybės.

Gėguzės ir Strazdai sumißay lakßtydami żaidė,
Ir Sutwertojį linksmay rykáudami gyrė.
Krėgżdės ſù lengwais Sparnais aukßtay paſkėlė,
Jurgi beßūtidamos néy Kulkos ßáude per Orus:
O paſkuy Walgiùs praſtùs bė Priprowû wälge,   70
Ir paſiwálgiuſios pluſzkėjo Páſaką ſawo.
Gerwin's ik' Debeſû jůdù dywinay kopinėdams,
Ir néy werkdams irgi dejůdams ſkambina Dangu.
Bèt tai nė Werksmai, kàd jis taip ſkambina ßaúkdams; 75
Nè! jis nôr pamokyt', kaip Diewo didde Galybė,
Ir Paukßtėlių Balsûs'yr' diddey ſtebuklinga.
Zwirblei ſù Waikais Zodzius girdėdami tokius:
Rods tare muſ' Gimminė taipjau wis ßlowina Diewą

   Bet Lakßtingala dar ikßól' kytrey paſiſlėpuſ',   80
Láuke wis iki Kożnas bùs ſawo Dainą pabaigęs.
Todėl ji paſkiáus kasmėts wis pràdeda ßukaut',
Ir Naktiės Czėſė, kad Swiet's jau miegt' iſigużtęs,
Sàw wieną Tamſoj' budėdama gàrbina Diewą —
O ißáußus jau, kad mės iß Pátalo kópam',   85
Kartais buddina mùs, ir múſû linksmina Szirdis.
Kàd mės Ruddenij'ar Ziemôs Czeſė paſiſlėpę,
Ir ſuſiriete pàs meilingą Kákalī krankiam';
Tai ir tû Paukßteli miel's pas mùs neſirodai,
Bet taipjau kaip mes, Tamſoj' paſiſlėpuſi lindai,   90
Ir mażu ſawo glupàs Muſſes ſapnůdama gáudai;
O ßtay, kad mės wėl linksmi Pawáſarį ßwencziam',
Ir ſawo Darbùs ant Laukû jau dirbt' paſitaiſam';
Tù ir tù ſawo ſkambanti nutweruſi Wamzdi,
Sù wiſſokeis Balſais ir Daináwimů Garſais   95
Rágini mùs paſidżiaugt', ir múſû lengwini Darbus.

   Alle ſakyk Gaidėl'! dėl ko tu wis paſiſlėpuſ'
Ir, kad pràdeda tėmt', ar Naktij', pràdedi ßukaut'?
Kodėl taip diddey ſlapaiſ' ſù Páſaka ſawo?
Juk Swiet's wiſſas, àr but' Bùr's, ar Pon's iſtrėmęs, 100
Ir Waikai bė Bukſwû, ir krunnėdami Diedai,
Kożnas ir kiekwien's ſawo ßaunę gàrbina Dainą,
Kad tù mums Dywùs linksmû Lakßtingalû cżáußki.
Tu Wargôuû bey Cymbólû niekini Garſą,
Smuikai taw ir Kanklys tùr ſù Gėdá nutilti,   105
Kad rykáudama tù ſawo ſaldu pákeli Balſą,
Ir kinkyt', paplakt', nuważůt' ißbuddini Jurgi!

   Kad prteß Wákarą tù paſiſlėpuſ' pràdedi juktiſ',
O mės daug priſiwárgę jau į Pátalą wirſtam';

Die Ergötzungen des Frühlings.

Droßel und Gugguck, sie trieben ihr Spiel durch einander hinflatternd,
Sangen ihr Lied zum Preise des Höchsten in jubelnden Tönen.
Schwalben erhoben sich hoch mit dem leichten Geflügel und schossen
Gleich einer Kugel vorbey — und schwebten dann hin den Lüften,
Hielten darauf ganz schlicht ihr Mahl ohne Zukost bereitet —
Und nachdem sie gespeiset, erzählten sie schwätzig ihr Mährlein.
Hoch zu dem schwarzen Gewölk' erhob sich, o Wunder, der Kranich.
Bang' als ein Klagegewimmer ertönet sein Laut an dem Himmel;
Aber kein Trauergetön, kein Weh ist die Stimme, kein Weinen,
Wonneverkündung vielmehr, wie die Allmacht göttlicher Wunder
Herrlich sich kund in der Kehle gethan hat des frommen Geflügels.
Wohl ist auch unser Geschlecht zum Lobe stets eifrig des Schöpfers
Rief, vernehmend die Lieder, der Sperlinge Schaar mit der Brut auch.

Aber die Nachtigal, welche bis hieher verborgen geweilet,
Harrete schlau, bis ein Jeder den eig'nen Gesang schon geendet;
Darum beginnet sie jährlich, von Allen die Letzte, zu singen.
Spät zur Mitternacht, wann versunken in Schlummer die Welt liegt,
Wacht sie im Dunkeln allein noch preisend den höchsten Beschirmer.
Selbst wenn der Morgen sich röthet, und wir von dem Lager uns heben,
Muntert ihr Lied uns auf, süße Wonn' in die Herzen ergießend.
Wenn wir im Herbst oder Winter uns bergend gesuchet das Obdach,
Oder zusammengezogen am Ofen, dem lieben, nun schlummern,
Bist, o geliebter Vogel, auch du nicht den Augen mehr sichtbar,
Sondern weilest wie wir, verborgen an dunkelen Orten,
Fängst mit dem Schnabel im Traum dich täuschend, die thörichten Fliegen.
Aber siehe, sobald wir die fröhliche Feyer des Lenzes
Wieder beginnen, vergnügt uns rüstend zur Arbeit des Feldes,
Bist du auch du wieder da, mit weithinschallender Flöthe
Uns durch Melodien abwechselnder, lieblicher Töne
Aufzumuntern zur Lust und vergnügt zu erleichtern die Arbeit.

Aber o sag' uns, Holde, warum doch verbirgst du dich immer?
Und beginnest dein Lied mit des Abends Graun und der Nacht erst?
Warum bist du so sehr geheim doch bei deiner Erzählung?
Sintemal jegliche Welt, sey's vornehmer Herr oder Bauer,
Kinder im Flügelgewand' und schweraufhustende Greise,
All' aus vereinetem Mund' dein Lied, dein köstliches, preisen.
Wenn du die Wunder, die hohen, der Nachtigalweisen uns vorschlägst,
Dann verstummen die Klänge der Orgel vor dir und der Zimbel,
Geigen- und Glockengetöne, sie müssen beschämet dir schweigen,
Wenn du mit lieblicher Stimm' anhebst ermunternd zu singen
Und: Jurgutt! spann' an! fahr' zu! Platz, Platz da! zu rufen. *)

Wann in der Dämmerung Flor eingehüllt hochwonnig du scherzest,
Und wir Arbeitsgequälten, wir Müden zum Schlummer uns legen

Pawásario Linksmybės.

Tai tù tarp kittû Paukßtéliû, ney Karaléne,
Wis dailiaùs ir ßlowingiaùs sawo ßúkteri Sżútką. 110
O kad kartais Robótą més tawo památom,
Tai tù mùms ney żwirblis bùrißkas pastródai.
Tu Ssermégu pónißkû puikéy padaryiù,
Ir żupónißkû Turbónû niekini Rédą; 115
Bet wis néy Búrkų prastày wießedama czaußki.
Ak! ir tarp żmonû daugsyk tavjaù nusidúda,
Kad ant Swieto sziû Mainû tikray padabójam.

Didwil's auß Żóplys, Mieste diddey pasipùtęs,
Ir sù Rúbais blizganczeis kasdien' issirédęs, 120
Ney Diewaitis tóks tarp Búrû Skiauturę ródo;
O kad kartais més jo glùpą girdime Kalbą,
Tai ir Búr's tùr spjáudit', ir diddey nusidywit',
Ypaczey, kad Apjékelis tóks dar niekina Diewą.
Ak! kieksyk Anussis į Wyżùs issinéręs, 125
Ir sawo Skrándą bùrißką wießet' ussimówęs,
Po prastù sawo Stogu néy Lakßtingala czaußkia,
Kad girdingay jis sawo Diewą prúdeda garbint.

Tù, Paukßtéli miel's! ne pónißkay prißwálgai.
Tu keptû bey wirtû Walgiû músû ne nóri. 130
Tù ne lúbiji Pyrágu neigi Ragáißiû,
Irgi ne wójiji gardziáusio Gérimo Pónû;
Bet passisótinusi prastày, tikt Wándenio trókßti.
Tikt n'użmirßk Gaidau! perdaug gledódama wálgit'.
Imk drąsà, ne czédik, kás mums birbina Gálwas: 135
Walgik saw sweiką, kad nori, Wábalą margą!
Wálgik Grikwabalius, Musses ir dywiną Żógą!
Wálgik Skrùsdéles, ir jû ne gimmusią Weislę;
Bet ir mùs' paminék į músû Girre parejus',
Kad dainùdamà dar ilgiaùs sawo Wásarą ßwèsi, 140
Ir: Jurgùtt', kinkyk, pavlúk, nuważúk! pasakysi. —

Tù nieking's żmogaù! mokykis czę pasikáķint'!
Kad taw Kartais trosijas' skupáy prißwálgit',
Į Paukßczùs żurèk! wien's prástą Kirminą kramto,
O kitsai, stokódams Grúdo, gnyba Żolélę. 145
Juk ir jie kasmét's, mùs atlankyt sukeláwę,
Kùdą wis ir álkstantì Pawásari randa;
O, wey, tódèl tikt neywien's niekadôs nesiskundzia.
Taw, żmogaù! miel's Diew's daugiù daugiaus dowanójo;
O tù dár nurni, kad kartais álkaną Dieną, 150
Ar skupęs Czesùs sulaukęs, Szuppini grámdai? —

Die Ergötzungen des Frühlings.

Läßt, einer Königin gleich du vor anderem Sängergeflügel,
Höher zur Anmuth stets erschallen und steigen dein Lustlied.
Dennoch wofern wir zuweilen dein häusliches Untergewand seh'n,
Scheinest du bäuerlich nur unsern Augen zu gleichen dem Sperling.
Du verschmähest die Pracht in Kleidern vornehmer Herren,
Liebest den Hauptschmuck nicht hoher Frauen, die köstlich sich zieren.
Schlicht einer Bäuerin gleich, der gastlich besuchenden, singst du. *)
Ach, unter Menschen ereignet sich wahrlich, nicht selten ein Gleiches,
Wenn wir die Wechselgestalten der Welt aufrichtig betrachten:

Didwil, dort jener Thor in der Stadt, der prahlend sich brüstet,
Jeglichen Tag hochprächtig in glänzenden Kleidern sich seh'n läßt,
Träget erhoben sein Haupt gleich einem Gott vor dem Landmann.
Aber wofern er den Mund aufthut zur thörigten Rede,
Muß ein Dörfer zuweilen gar hoch sich verwundern und zürnen,
Sonderlich wenn er als Spötter, den Höchsten zu lästern, nicht roth wird.
Aber Anussis, der Landmann, der schlicht an den bäurischen Füßen
Sohlengebinde *) nur trägt und den Pelz, seinen gastlichen, an hat,
Ist unter niederem Dach einer Nachtigal gleich im Gesange,
Wenn er erhebet die Stimme, herzinnig zu danken dem Schöpfer.

Du o geliebtester Vogel, bedarfst nicht köstlicher Mahlzeit
Unser Gebratenes nicht, du begehrest nicht unser Gesottnes.
Schmecken auch wollen dir nicht unsre Kuchen, unsere Fladen.
Nicht behagt dir der Trank, auch der süßeste, vornehmer Herren;
Sondern du lechzest allein, wenn du schlecht dich gesättigt nach Wasser.
Aber vergiß, mein Hühnchen, bey vielem Gesang nicht des Essens!
Nimm nur gedreist, sei nicht blöde, was uns umsummet die Köpfe!
Iß, dir bekomm' es gesund, so du willst, den Käfer, den bunten!
Iß den Schmetterling, iß die Wundergrille, die Fliege.
Iß die Ameisen auch und die Brut ungebohrener Kinder.
Aber vergiß nicht dereinst, so du wieder zu unserem Wald kommst,
Feyernd den Sommer mit Liedern auch Unsrer zu denken, und länger
Dein „Jurgutt! spann an! fahr zu! Platz, Platz da"! zu rufen.

Aber o Mensch, o lerne doch hier dich begnügen, du Eitler!
Wenn der Bissen bisweilen nur schmal dir gereicht wird zur Mahlzeit,
Sieh' auf die Vögel bescheiden! der Eine hier lieset ein Würmlein
Auf, und der Andere picket am Grashalm ermangelnd des Körnleins.
Diese besuchenden Gäst' auch finden, wenn jährlich sie kommen,
Mager und abgezehret den Frühling, ja fast auch verhungert.
Dennoch beklaget sich Niemand von ihnen darob unter Murren.
Dir nun o Mensch, gab Gott, der liebende, Viel, o wie viel Mehr,
Und du murrest sogleich wenn zuweilen ein kärglicher Tag kommt,
Oder zur Theurung nur an dem Erbsengericht du dich labest. *)

Taip sumißay besijukiant, ßtay, Užimu's paſikėlė
Ir tůjaus Errelis rėkaudams paſiródė
Ticz, tare jis, Pulkai suſtrinkę, liaukitės ôßti,
Ir tikray klausykit', ką mės jums pasakysim'.   155
Sztay tůjaus wiſſi Pulkai girdėdami Szauksmą,
Iß wiſſû Paßaliû ſuſilėkę ſám paſiródė:
Sztay mes jûsû Tarnai! Ką wėliſ' juſû Malóne?
Més, atſiliepdams jiems Errėlls, norime tárdit':
Kaip juſû Myliſta Ziemôs Bėdôj' iſſilaikėt'.   160
Ar priſtókėt' ko: ár kàs tarp jûsû pagaißo?
Raſſi ką Szėßkas ar baiſinga Pelėda ſudráſkė,
Mûžu ką Wánag's, ár Kiaunė kopinėdama ſmaugė,
Mûžu ką Neprietelus žmogùs mùms nùmuße ßáudams,
Ar kytrey, néy kôks Klaſtórius, gywą pakórė   165
O paſkuy priſiėſt' Skaurádôj' ißkepė Biedžu.

Taip Errėlini kláuſiant, ir aßtrey tirinėjant,
Gandras ant ſawo Lizdo, néy kôks Pon's iſſiſplėtęs,
Bey beſikloniodams wis, ir linksmay ßokinėdams:
„Diews, tare, Swietą ßi ſutwérdams ir budawódams,   170
„Daugel Tùkſtanczû gywû Sutwerimû lėido,
„Ir kôžnám ſawo Walgi, bey Gywátą paſkyrė;
„Pulką ßi Sutwértojis į Wándeni ſuntė;
„O annám ant Orû plaukt' Sparnùs dowanójo.
„Daug gywû Daiktû po Mėdžeis Girreſa ſlápoſ';   175
„O kiek ant Laukû linksmay pleſdėndami lákßto,
„Ar pàs Zmones ant Kiemû czypſėdami burzda.
„O wey, Kóžną Diew's wis ſù Paſimėgimu ſótin'.

„Kartais trópijaſ' ſuláukt' ir álkaną Dieną,
„Kàd wiſſùr perdaug Baiſybės Dárganu tėßka,   180
„Ar kàd dėl žmogaus Griekû Diew's wárgina Swietą,
„Neprietelis žmogùs daugſyk mùs gandina ßáudam's,
„Irgi Biczulliû bey Genczû mùms nùmußa daugel.
„Kartais nů Waikû meilingus atſkirria Tėwus,
„Ar aukßtay kopinėdams Paukßczû pawagia Weiſlę.   185
„Sykeis Wargſtantiems, néy kôks meilings Geradėjas,
„Grúdus Patworij' barſtydams rágina walgit':
„O ßtay, kàd tarp mûsu kàs ką lėſt' paſidráſin',
„Sù Tinklais glupiems Draugáms Ißkadą padáro;
„Ar ſù prówita Puczką tikt mûßa, tikt mûßa. —   190

„Ir tarp Paukßû rôds tûl's kytras randęſi Sukczus,
„Kùrs, gardžey priſiėſt', ſlaptoms ſawo nùmußa Draugą.
„Wánags, ans Klaſtórius, ir Pelėda, jo Dumczus,

Die Ergötzungen des Frühlings.

Als die geflügelte Meng' also schertzte, da ließ sich ein Rauschen
Hören; der Adler erschien und ließ nun vernehmen die Stimme:
Schweig't ihr versamleten Schaaren, so sprach er, und haltet den Sang ein!
Auf, gebet merksam Acht, was uns zu verkünden genehm ist.
Und die Geschwader sogleich allseits vernehmend das Rufen
Flogen nun Alle herbey, sich vor dem Gebieter zu stellen.
Siehe, da sind Ihre Diener! Was ist Ihrer Gnade Belieben?
Wir erwiedert' hierauf der Adeler, wollten erkunden:
Wie ihr Geliebten bisher in der Noth euch erhalten des Winters?
Hattet ihr Mangel an Etwas? Ist Jemand gestorben der Euren?
Hat ihn der Iltiß vielleicht und der kletternde Marder getödtet?
Oder die Eule, die grimme, der Habicht ihn etwa zerrissen?
Hat wohl der Mensch, unser Feind, vielleicht ihn erschießend gemordet?
Oder mit List, der Betrüger ihn auf wo lebendig gehänget,
Und hernach den Armen, zum Schmaus' in der Pfanne gebraten?

Als nun der Adeler also genau sich erkundet und huldreich,
Nahm sich der Storch, der gleich einem Herrn auf dem Neste gebreitet
Thronte, das fromme Wort, sich verneigend, und hüpfte vor Freuden.
Gott, also sprach er, hat einst den Bau einrichtend des Weltalls,
Ob viel Tausend an Zahl er erschuf der lebendigen Wesen,
Jeglichem dennoch sein Theil angewiesen von Nahrung und Speise.
Eine der Schaaren hier sandte der Schöpfer zur Wohnung ins Wasser;
Anderen gab er Geflügel, um über den Lüften zu schweben.
Vieles von Leben auch birget sich unter den Bäumen in Wäldern;
Andere flattern umher in Gefilden auflesend die Körnlein.
Andere regen sich flugs im Dorf um, gakkernd bei Menschen.
Siehe, doch sättiget Gott huldspendend sie Alle so freundlich!

Häufig auch trift es sich wohl, daß im Jahr ein nüchterner Tag kommt,
Wenn's zuviel überall rauh stürmet, und schlagget und regnet,
Oder wenn Gott schwer ahndend die Welt heimsucht ob den Sünden.
Oft aufschrecket der Mensch feindselig uns auch mit Geschossen,
Und erschläget der Nachbaren Viel und der lieben Genossen;
Reißet die Aeltern hinweg aus der Mitte der liebenden Kinder,
Steigt hochkletternd hinauf, um zu rauben die jungen Geschlechter.
Oftmals streu't wohlthätig derselbe sich stellend uns Armen
Körnlein hin an dem Zaun anlockend die Hungernden; aber
Siehe, wenn Manche von uns sich erdreisten zu lesen die Körnlein,
Gleich beschlägt er sodann mit dem Netze die thörigten Brüder;
Oder er schießet sofort das feuergeladene Rohr ab.

Unter den Vögeln auch findet sich mancher listige Dreh-Hals [*)]
Welcher, um lecker zu schmausen, wohl heimlich den Bruder erwürget:
Der Betrüger, der Habicht, und sein Rathgeber, der Uhu,

„Ir Warnai ſù Wárnom's, ir jû Draugala Szárka,
„Daug kasmét's, kaip żinnôm', iſzgaiſzinna Nabagû,
„Bèt tokſai Razbáinink's dár tarp muſ' neſtrádo,   195
„Kaip żmogùs tûl's yr', kàd jis ſmaguráut' iſſiżôja".

    Taip beſipáſakojant, Dywû Dywai paſidáre.
Balſas néy Nuſkęſtanczo ſuſzukko neſzwánkey,
Ir wis: gelbékit', ak! gelbékit', paduſėjo.   200
Tû wiſſi Pulkai to Garſo taip nuſigando,
Kàd ir pàts Errélis jau kribżdéti ne dryſo;
Tikt Sziksznôſparnis dár wien's ſù pilka Peléda,
Iſz biaurû Paſzaliû pamażi paſidráſino lyſti,
Ir tikray tirinét' kôks Strôkas tén nuſitikko.   205

    Sztay! wien's Pôn's puikey redyts (tikt Géda ſakyti)
Miſlik tikt, aukſzczáuſû Pônû wiens priſiédęs,
Ir wiſſókiu Kinczwyniu ſwétimû priſikôſzęs,
Wòlojôſ' ant Aſlôs ir praſtkeikdamas réké:
Nès jis Wélnus, ir Welnukſzczû Kaimenę wiſſą,   210
Diewą bluznidams, taip baiſey ſzaukti pagáwo,
Kàd wiſſû Peklû dél to nuſiganduſi rûko,
Irgi Bedugnei jôs bey Pámatos praſiwére.
Żinnôm' juk wiſſi, kaip Pônai keikdami rékia;
Bèt ir Bûrai jau nù jû mokinnaſi rékaut'.   215

    Kàs taw Biedżau! kenk, Sziksznôſparnis tirinédams,
Irgi nuſkúſdams Pôną tą paſidráſino kláuſti?
Ar Gumbû ſergi perdaugel Kábiar édęs?
Màżu Peczénkos wèl iſz Pilwo werżiaſi laúkan?
Juk ir tawo Tetén's, użpérnay taip priſiédęs,   220
Sù ſawo Puſzbroleis, kaip tû pilwûdami ſirgo,
Ik paſkiáus jis pérplyſzo ir nùmirre baiſey.

    Sztay! Didpilwis ſzittas, tą Graudénimą jáuſdams,
Dár daugiaùs iſzputto ir durnúti pradéjo:
Nès jis tû Plaukû nù Kiauſzés nùpeſze Pluſztus;   225
O paſkuy Barzdôs nù Smákro Puſſę nuplêſzé,
Ir ſù Nagais kumpais ſawo Weidą wiſſą ſudráſké.
Bèt dár tai ne ganà: jis wis Pinnigû graibydams
Ir beſiſpárdidams ſù Walgeis pármete Stalą.
Taip, kàd Szunnys iſz wiſſû Paſzaliû ſuſibégę,   230
Pôniſzkus Walgiùs ir brángius Wirralus édé.
Bèt ir to ne ganà; jis émęs diddelį Peili,
Gérklę ſù Stemplè jau pérpjaut' iſztieſe Kanką.
Czè Sziksznôſparnio Szirdis taipô nuſigando,

Die Ergötzungen des Frühlings.

Krähen und Raaben zusamt ihrer Mitgespielin, der Aelster,
Bringen der Schwachen sehr Viele, wir wissen's, jährlich zu Tode.
Aber ein Räuber, ein solcher, noch ward unter uns nicht gefunden,
Als der Mensch, wenn ihn zum Schmause der lüsterne Gaum reizt.

  Da sie sich also besprachen, geschah' ein Wunder: [20]) Ertönend
Ließ eine Stimme sich hören: Zu Hülfe, zu Hülfe! so rief es,
Wie, wenn Einer ins Wasser gestürzt itzt müßte versinken,
Drob erschrocken so sehr die Schaaren, vernehmend den Angstruf,
Daß auch der Adeler selbst sich kaum zu bewegen erkühnte.
Nur die Fledermaus wagt' es, die ledergeflügelte, samt der
Eule, der grauen, hervor aus dem Winkel zu schlüpfen allmählig
Und welch' eine Gefahr obwalt' erkundend zu forschen.

  Sieh! ein vornehm gekleideter Herr, wohl Schande zu sagen!
Denke dir gar der Hochedelgebohrenen Einer, der schwelgend
Sich an vielerley Wein unmäßig berauschet des Auslands,
Liegt auf den Boden gestürzt und sendet den Fluch in die Lüfte.
Denn zur sämmtlichen Schaar der großen sowohl als der kleinen
Teufel erhob er ein solches den Ewigen lästerndes Rufen,
Daß die Hölle davon auffahrend heftiger flammte,
Und die unterste Pfort' aufsprang des erbebeten Abgrunds.
Denn allkundig ja ist's, wie die vornehmen Herren entsetzlich
Pflegen zu fluchen und leider, die Bauren von ihnen schon lernen.

  Was denn fehlt dir, o Freund? so begann nun die Fledermaus endlich
Sich erkühnend, den Herrn mit beklagender Stimme zu fragen:
Quält dich der Magen mit Weh, ob zu reichlich gekostetem Kaviar?
Oder sehnet das Wild sich wieder hinaus, das geschoß'ne?
Auch dein Vetter ja pflegt einst, schwelgend stets mit den Brüdern,
Also zu kranken, wie du. Zwey Jahre nunmehr sind verflossen,
Seit er sich überrauscht' und am Magenweh sterbend erblaßte.

  Siehe, da fing der Beleibte, dieweil er empfunden den Vorwurf,
Noch viel heftiger an zu gerathen ins Zürnen und Toben.
Raufte die Haare sich aus von der Scheitel, der lockengebüschten.
Riß sich des Kinnes Gesproß, halb aus, den Bart, unter Wüthen.
Und zerfetzte sich selber mit ritzenden Händen das Antlitz.
Aber noch mehr: indem auflesend er taffte die Gelder,
Stieß er mit wankendem Fuß ausgleitend die köstliche Tafel
Um, daß die Schaar allseits herlief ihn beschämender Hunde,
Theil itzt nehmend am Mahl, dem theuerbezahlten, der Herren.
Doch nicht genug: zuletzt die Schärf' entblößend der Klinge,
Streckt er die Hand gar aus, sich selbst zu durchbohren die Kehle.
Hier erstarrte das Herz der Fledermaus also vor Schrecken,

Kàd ßikßninnei jo Sparnai jau lėkt' n'ìgalėjo;   235
Alle Pelėdpalaikė dėl tó smertnay nusiminnuſ',
Wėl atpencz tůjaùs i Námą ſawo ſugryźo;
Ir Naujienas tůs bey tókį dywiną Trúſą,
Kàd Oraì pikti, kùs Nakt's dàr praneßa Swietui,
Ir dėl to Żmogaus Tamſój' duſáudama werkia   240

    Ak! tare Lauras rymodam's ant Strippinio ſawo,
Wis Niekai, kàd tûl's Zoplys ſù Blebberiu wápa,
Buk Pillónys wis linksmay kasdien' priſiwálgą,
Ir Miesczónys bè Wargù Mieſtè ßokėnėję:
Més tókie Zoplei Buttùs pamatydami márgus,   245
Ir Karrietas bliźgancźias girdėdami trinkant,
Miſlija, kàd kóżnas Pons puikey iſſirėdęs
Néy kaip Angelas Danguj' kasdien' paſilinksmin'.
Ak Gaidaù! lietuwißki kytri Piloſópai
Taip alupày nè zaunija, kàd Szuppinį ßuttin';   250
Ar, kàd jie wießėt' naujàs Wyźas praſimáno —

    Jùk tikt wien's Glupùmm's, kàd Milkus Gáspario Tarnas
Pónißkay paſirôdidam's kożnàm paſturſin',
Ir Burùs prastùs per Kiaulù Jówalą laiko.
Tù Nenáudėli! dėl ko taip ißkeli Nóſi?   255
Ar jau użmirßai, kaip pérnay Piemenu búdams,
Oßkas ir Kiaulės glupàs pùs Blebbert ßėrei,
Ir ſù Wyźom's, kaip glùp's Waik's į Baudżawą tráukeiſ'?
Ogi dabàr jau kaip Ponátis Skiaùturę rodai,
Ir grumzdi, kàd kartais Bùr's pro Száli waźůdams,   260
Ir tawo Kárdą ſù naujù Dirżù pamatydam's,
Ne tůjaus, kàd tù liepi Keppurrę numáuja,
Ir, kaip nóri tù jiſſai nè nór paſiklónot'
Ticz tiktay Pónát! maźu wėl tèks źinginę źengti,
Ir, kàd Diew's kerawôs, dàr werkdams Ubbagais eiſi.   265

    Rôds tare Selmas, jáun's Żmogùs durnày dukinėdams,
Néy Sidábras gyw's Stiklė mudrèy ßokinėja,
Ir perdaug durnůdams ſáw Ißkádą padáro.
Jùk ir més wiſſi, glupi dàr búdami Snarglei,
Daùg wiſſókiù Niekniekiù glupù praſimánėm'.   270
Més Waikai ant Ulyczù Kruwôm's ſuſibėgę,
Lóßám', ir durnùs Sztukkùs, kaip Kúdikiei taiſėm'.
Czè wien's Pùlk's ſaw Żirgus iß Lazdù paſidáręs,
Ir glupày skraidydams ant Purwù ßokinėjo,
O kitſai Bótagùs ſaw iß Plauśù nuſiſukkęs,   275
Páußkėjo, bè Kélnù ßėn ir tén bginėdams;
Bèt Mergaites, páczos dàr priwalydamos Aukliù,

Die Ergötzungen des Frühlings.

Daß ihre ledernen Flügel nicht mehr sich zu regen vermochten.
Aber die Eule darüber, im Herzen zum Sterben bekümmert,
Kehrete traurig zurück alsobald zur heimischen Wohnung.
Sie verkündet seitdem der Welt dies wunderlich Schicksal
Annoch jegliche Nacht, wann schauerlich Wetter entstanden,
Und erseufzet im Dunkeln, die Thorheit beweinend der Menschen.

Ach! sprach Lauras, der Greis, auf den stützenden Stab sich gelehnet:
Alles doch eitel Tand, was der Thor dort plaudert, der Schwätzer. [11])
Daß die Bewohner des Schlosses ihr Mahl stets verzehren mit Freuden,
Und die Bürger der Stadt ohne Gram durchhüpfen die Tage.
Denn es wähnet der Thor, der die Häuser erblicket, die bunten,
Und die glänzenden Wagen, vorüber da rollend in Straßen,
Daß ein jeglicher Herr, hochprächtig gezieret in Kleidern,
Wie ein Engel im Himmel sich täglich ergötze vor Wonne.
Ach mein Freund! so thöricht nicht schwatzen der Litthauer kluge
Philosophen einmal am Heerd, wenn der Erbsenbrey sprudelt, [12])
Oder sie Sohlengebinde, sich Neues, zum Gastgeboth flechten.

Eitele Thorheit ists: wenn Milkas, des Gasparis Diener
Dort sich herrisch gebehrdend nun Jeglichem weiset den Rücken.
Und uns Bauern, die schlichten, für Treber kaum achtet, der Säue.
O Unedeler du! warum doch die Stirn so erheben?
Hast du vergessen, wie selbst ein Hirtenknabe du warest,
Ziegen noch hüthend zu Jahr und des Blebberis thörichten Säue,
Bastige Sohlen am Fuß als Beiknecht zogest ins Schaarwerk?
Und nun wirfst du als Herr, dich vornehm dünkend, den Kamm auf?
Zürn'st wofern ein Bauer, vorüberfahrend die Straße,
Und erblickend den Degen, mit neuem Gehenk dir zur Seite,
Nicht alsobald den Huth abzieht, wie du willst, von dem Haupte,
Und nach deinem Begehr sich tief vor dir beuget in Demuth?
Still, nur still, mein Herr! bald gehet es wieder im Schritte: [13])
Wirst, wenn Gott dich straft, vielleicht noch bettelnd umhergeh'n.

Freylich so redete Selmas, wohl mancher thörichte Jüngling
Hüpft leichtsinnig umher, wie queckendes Silber im Glase,
Und bereitet sich selbst durch thörichten Leichtsinn Verderben.
Denn wir alle, da wir leichtfert'ge Buben auch waren,
Haben in thörichtem Sinn viel Nichtswerk häufig getrieben.
Liefen wir doch als Knaben gesammt auf den Gassen zusammen,
Trieben des Muthwill's viel ausübend kindische Possen.
Dieser Haufen allhier erschuf aus Stöcken sich Rosse,
Hüpft als Reiter sich dünkend umher auf dem blottigen Anger.
Andere drehten aus Fäden von Baste sich Geißel zusammen,
Liefen dann klatschend im Flügelgewande, bald hieher bald dorthin.
Aber die Mägdlein, selber der Wärterinnen noch dürftig,

Jaù iß Lópſí margas ſaw Lėlės madaráwo,
Ir aukůdamos ant Alkůnu̇ gárbino Bóſtrą.
Zinnôm' jůk, kaip Waikeſczei ſawo Waſarą ßwencżia,   280
Póniszki Waikai ſù bůriszkais ſuſiſėdę,
Kartais bróliszkay Purwùs krapßtydami żópſo,
Ir taip wiens kaip kitt's Niekùs bè Razumo plúſta;

Burkos ſawo Lelės glupàs ſù Skrándgaliu rėdo,
Ir ſuwyſtitas i tamſu Paßali kiſza;   285
Jůk żinnai, kaip Bûrai Weiſlę ſawo kawója.
Alle Zupónės ſawo Lėlės margay dabinėtas,
Ant ßilků Perynů wis i Pátalą guldo.
O wey ir jů Lėlės, kàd jôms kàs paſidáro,
Lyg' taipo, kaip ir muſiszkės klykia neßwànkey.   290
Bèt jau taip wiſſûr, kôl' Swietè Rúdikiei augo,
Wargt' ir werk't Waiků pirmjauſas bùwo Remèſtas.
Dâr nèywien's ikßôl' n'użáugo wis beſijůkdams;
Ir iß Lópßio dar neywien's n'ißkópo ne wèrkęs.

Wey, żurėkim' tikt! jau wèl, ſu Padėjimu Diewo   295
Wáſarą ſu ßiltôm's Dienelėm's jaucżame gryßtant.
Wey! kaip Zémė jau ſawo nůgą Nuggarą rėdo,
Ir kaip kóżnas Daikt's atgydams prádeda dżaugtiſ'
Ant! Paukßtėlei po Dangùm', Pulkais ſuſilėkę,
Linkſminaſ', ir ſumißùy wiſſûr ſkraidydami jůkiaſ';   300
O Kelli terp jů Pautùs rokůdami dėda.
Alle palaukit' tikt, ikki Pantai jůſu radėti,
Czypſės ir potam dar jůs użáugdami kwàrßys,
Ir uż Prócę jùms menkày dėkawôs ißlėkę. —
Taigi matai, taip Paukßcżams, taip ir mùms paſidáro,   305
Irgi bè Wargo but' ne gal neywien's ßimmè Swietè.

Jůk ir més dar A, B, C, ne mokėdami czauſzkėt'
Daug Wargù bey Strôků Tėwams ſawo padárėm'
Ik' beginėt' ißmôkôm, ir ką żáiſt' praſimanėm'.
O wey! kaip kiek Ißmintiės użáugdami gáwôm',   310
Ir Darbėlei ſù Wargėleis jau praſidėjo;
Sztay, tů Zirgai ſù Lėlėm's i Sźůdą pawirto.
Ak ißties'! kittù Prowà, kàd Piemenio Skrándą,
Jaù uſſimôwęs Oßkas ir Kiaulės warinėti;
Ar, kàd Dargana ſù Lytùm' plůk Nuggarą prauſia.   315
Ey paſkuy, kàd jau Akkėczias reik' ſekkinėti,
Ar, kàd Màrgis ſù Laukiù ne nor replinėti;
Miſlyk tikt! kôktù Dußėlei ężè paſidáro.
Ypaczey, kàd potàm jau gywos randaſi Lėlės,

Die Ergötzungen des Frühlings.

Pflegten aus Lappen von Zeug, aus bunten, sich Puppen zu schaffen,
In dem Arm liebkosend und wiegend zu preisen den Bastard.
Wissen wir doch wie die Kinder den festlichen Sommer vertändeln.
Dorfes- und Herrschaft-Kinder die sitzen oft traulich beisammen,
Spielen geschwisterlich scharrend auf staubiger Trift und erzählen
Einer dem Andern, vertraut nichtssagende, kindische Mährlein.

    Unsre Bäurinnen, die pflegen nur schlecht die lebendigen Puppen [14]
Einzuwickeln in Lappen und denn in den Winkel zu werfen.
Kennst ja die Weiber im Dorf, weißt wie sie bewarten die Kindlein.
Aber die vornehmen Frau'n einhüllend in Seid' ihre Puppen,
Pflegen auf prächtige Kissen sie sanft ins Bette zu legen.
Doch beginnen die Kleinen, sobald ein Weh ihnen zustößt,
Auch unartig zu schrey'n aufwinselnd sogleich, wie die Unsern.
Doch überall war's so in der Welt, seit Kinder erwuchsen.
Weinen und Winseln, das ist der Kindlein erstes Geschäfte.
Niemand entstieg der Wieg' hier jemals ohne zu weinen,
Niemand erwuchs vom Kinde bis heut' unter währendem Lachen.

    Seh't, Gott füget es liebend, gekommen ist wieder der Frühling
Mit holdseligen Tagen; wir fühlen schon sanft seine Wärme!
Schon bekleidet die Erde mit Schmuck ihren nackenden Rücken.
Sieh', wie jeglichs Wesen auflebt zum freudigen Daseyn!
Dort; die Vögel des Himmels, sie fliegen in Schaaren zusammen,
Scherzen vor Wonn' überall durcheinander hüpfend im Kreise.
Einige zählen im Neste die Eyer schon her, die gelegten.
Wartet nur: über ein Kleines, so werden die Eyer im Neste
Schon beginnen zu zwitschern; denn wird's viel Mühe noch kosten,
Diese zu warten. Sie werden die Müh euch danken mit Wegflug.
Wie es den Vögeln ergeht, du siehst's ergeht's auch den Menschen:
Ohne Mühsal und Noth kann Niemand hier seyn, auf der Erde.

    Einst da wir auch nicht wußten das A. B. C. noch zu singen, [15]
Machten den Eltern, den lieben, nicht wenig wir Sorgen und Plagen,
Bis wir zu laufen erlernten und nur ein wenig zu spielen.
Sieh! und zu welchem Verstand erwuchsen wir doch mit den Jahren!
Neben der Arbeit auch erhoben sich ernstere Sorgen:
Da verschwanden die Steckenpferde, verschwanden die Puppen.
Welch ein andres Geschäft: wenn Einer den Pelz nun des Hirten
Umthun muß, um hinaus die Ziegen zu treiben und Säue,
Wenn des Regens Geschlagg' uns derb' nun wäschet den Rücken!
Ey hernach, wenn's heißt: Einhergeh'n hinter der Eade,
Und nun der Blesse sich sträubt schwerziehend neben dem Buntscheck.
Denke, wie Viele der Seufzer alsdann empor sich erheben!
Sonderlich, wenn hernach die lebendigen Puppen schon kommen;

Ir nenáudėlis del Nieku kwárstina Gálwas.
Juk żinnai kaip yr', kad Pulk's Lėlu pasidáro. —

Ak Adom! tu pirm's źmogau iżdykuse Swieto
Tu su sawo Iewu Sodė Pawásari kwęsdams,
Ir Gerybes uźdraustas slaptoms paragáudams,
Sâw ir mùms Nabagėliams daug padarei Wargėliu.
Diew's tawę kólodams ir Żemę wissę prakeikdams,
Del Raspustos tės iż Rojaus iżmete laukan,
Ir su Rupesczeis tawo Důnę paliepe wálgit'.
Taip potám tu Biedzau su Iewa sawo Móte,
Iżkredyt' su Ráileis per Laukùs beginėjei;
Ar Tamsoj' pasislėpt' i Krumus kùr nustráukei.
Żinnôm' juk ir mės kôktu, kad kaip nusidėję,
Slápomės, ar kartais żėn ir tėn beginėjam'. —

Tâw Têtât' garbing'os! pirmyksczos tâwo Lekłes
Daug Dywu, bey daug ne regėtu Sztuku padárė,
Ik potám iż tu Lėlu Pulkai prasidėjo
Ir, kaip musu Żôplei, tawo biedną kwárśino Galwą.
Tu su sawo Iewa juk dár ne buwota bande,
Kaip jusu Weislės Pùlk's ant Swieto śio prasiplátys,
Ir kiek Wargo jums jissai padarys użáugdams.
Alle ką missije Iewutte tâwo Paczutte,
Kaip jos pirmas Waik's użgimmęs klykti pagáwo,
Ar kaip pirmasyk' ji jám Pasturgali słůstė,
Ir prastày suwystijus' i Pażali kiżo?
Alle, żelėk Diewe! kiek Dżaugsmo juddu sulauket'
Kaip susiwaidiję ant Lauko jumma Sunėlis,
Bárės' rustaudams, ir Brólis numuże Brólį?
Ak Adom! tu pérzengdams Prisakimą Diewo
Sâw ir mùms padarei Wargus ir diddelę Bėdą.
Juk ir mės, kaip tu żimmė Swiete wôs paskódom',
Sztay, tu Bėdos iż wissu Pasaliu susibėga,
Ir nu Lópżo mùs ik' Grábo pérsekinėja.
Alle ka gálim weikt'? pakôl żimme kruttamu Swiėte,
Turrim' jau wissaip, kaip taiko Diew's, pasikękit'.
Juk ne wis reik' wargt', ir tôkios randąsi Dienos,
Kad pri swargę daug, śirdingay wėl pasidżaugiam'. —

Ant Żiemôs Smarkumm'o su Szalczeis wėl pasibaidė,
Ir ilgu Nakczu Tamsybės jau nustrumpin',
Wey Saulklė, tikt jurek! atkôpdama greitay,
Brinkina jau Laukùs ir Żôlę rágina kėltis';
Wey! ui daugio reik's, tu wėl Kwietkôs pasidárę,

Die Ergötzungen des Frühlings.

Und mit argem Geschrey die Buben den Kopf uns zerquälen!
Weiß man doch, wie es geht, wo der Puppen sich findet ein Häuflein —

Adam, ach Erstling du, der entarteten Menschengeschlechter, *)
Einst verlebend den Lenz, samt Eva, der Gattin, im Garten,
Heimlich kostend sodann von den Gütern des Heils, den verbothnen,
Hast du dir selbst und uns Armsel'gen bereitet viel Jammer.
Gott, dich strafend und drauf den gesammten Erdball verwünschend,
Hieß um des Frevels Willen hinaus dich geh'n aus dem Garten,
Und mit Kummer nunmehr dein Brod verzehren und Sorgen.
Also wandeltest du, armseliger Freund, mit der Gattin,
Deiner geliebten, bekleidet mit Fellen hin über die Fluren;
Oder ihr barget euch wo versteckend im Dunkel der Büsche.
Wissen wir selber ja doch, sobald wir was Böses begangen,
Wie wir verstecken uns mögen bald hieher laufend, bald dorthin.

Dir ehrwürdiger Vater! dir machten zu deiner Verwund'rung
Deine Zuerstgebornen viel unbekanntes Vergnügen,
Bis aus diesen hernach sich der Säuglinge größere Schaar fand
Und, gleich unseren Buben, das Haupt dir Armen zerquälten.
Du sammt deiner Gefährtin ihr hattet noch Beide nicht Ahnung,
Wie sehr euer Geschlecht ausbreiten sich würd' auf der Erde;
Wie die Erwachsnen des Kummers so viel euch sollten bereiten!
Aber wie war doch der Eva, der liebenden Gattin zu Muthe,
Als ihr Säugling, der Erste, gebohren kaum, anhob zu winseln,
Und dem Schreyenden sie zum ersten Mal zeigte die Ruthe?
Ihn mit Windeln fest eingewickelt, hinwarf in den Winkel?
Ach, erbarmender Gott! was erlebtet ihr Beyde für Freude,
Da sich hernach euer Sohn feindselig entzweyt' auf dem Felde,
Und der Bruder den Bruder erschlug im unseligen Streite!
Vater der Menschen, du hast den Befehl des Herrn übertretend,
Uns Armsel'gen, wie dir, bereitet viel Jammer und Elend!
Denn kaum haben auch wir uns eingestellt auf der Erde,
Siehe, so läufet das Elend von jeglicher Seite zusammen,
Und verfolget uns stets von der Wiege begleitend zum Grabe.
Aber was wollen wir thun? So lang wir uns regen auf Erden,
Müssen wir all' in die Weise, wie Gott es gefüget, uns schicken.
Dürfen wir doch nicht immer uns plagen. Es kommen auch Tage,
Wo, nach bestandenem Leid, wir herzlich uns wieder erfreuen!

Sieh! hinweg ist der Zorn des Winters gescheucht und die Kälte.
Immer schon kürzer nun werden die Schatten der längeren Nächte.
Sieh! wie die Sonn' aufsteigend mit schnelleren Schritten zurückkommt,
Wie sie die Felder schon trocknet und heißet das Gras auferstehen.
Lange nicht wird's mehr dauern, so werden wir Sträuser von Blumen

ůſtiſim', ir garbiſim', Pawaſari márgą.
Bèt ir jús Darbai mùs wēl užnikſite dowit',
Kad turrēſim ſu Wargais į Baudzawą tráuktiſ'.
Ak! kiek Trûſo reik's, ik' į Skunės ſugabēſim; 365
Kas ant Aukßto dár, ar Klètiſ' gulli bē Diego;
Ir kiek dár palukēt' reikēs, iki Szuppini wirſim' —

Nùgi dabàr, į diewißką ſurēdami Ranką,
Juddikimės pamaži, nůlatay nuſſtwèrt' ſawo Dárbus,
Ir nè pabúgkim', kad ißgirſim' Dárganas úžiant,
Ar kad mùs Orai daugſyk wiſſokie nugandys! 370
Skubbikimės, eimė, nugamykim' Reikalą kôjną!
Orei Zagrû reik's Pallyczû beygi Norágų;
O Akkēczams reik's, Nēgeliû, bey bingusû Ruinû:
Zinnôm' jůk, ką Jánczei mùms rēplódami riekia,
Ruinai tùr, kad liepjam' jiems, ſkraidydami truppit' — 375

Rôds, tare Slunkius, wēl benſyk ſu Padējimu Diewo
Ißmiegot' ir Sanarius atgaiwyti galėjom'.
Ak! kiekſyk' aß Rúpeſcziu wiſſû ne minnēdams,
Ißtiſſąs, ir užklôt's krankiau půſ' Rákali ſilrą 380
Ak! kad bût' ilgiaus Ziemů pas mùs paſilikkus'
Ir, kad wis miegôt' mums bûtų Swiete paſkirta!
Ogi dabàr žėlėk Diēwė! jau Wâſara randaſ'
Ir Darbû Naßůs nuſſtwèrt' wēl rágina rengtiſ'.
Ak! mân Ažaros į Akkis jau průdeda tráuktiſ'; 385
O mano Môtė (žinnôt' jůk kôks Môterû Búdas)
Wis ſuſtraukuſ', ir Rankůs gražydama werkia.
Aß waitódams wis ir tôkią Bedą matydams:
Ak! Moczutte, tariu, benſyk ir werkuſi liaukiſ'.
Jůk dár Czēſo yr' ir mēs atlikſſime Dárbus. 390
Zinnôm jůk, kad Ratas ſen's pamaži beſſukdams,
Tą daugſyk' apgáuna, kurs wis rittaſſi ſôkdams;
O kiekſyk' ſutrukſta jis pėrmier' beſſukdams,
Ruinas taipojau rambôk's wis Zinginę žergdams,
Kartais dár toliaus uždėtą nuneßa Naßtą, 395
Kaip tûl's Žirg's durnúdams ir pieſtù ßokinėdams:
O kiekſyklu dár Ißkádą ſáw paſidáro. —
Ant' Smalininkk's ſaikēt' ir ißpardût' ſawo Smâlą,
Per Kiemùs pamaži važinēdams, kirkina Rátą,
O tiktay nuſipelno jis ſáw Pinnigą grecžną. 400
Kùs iß to, kad Bûras tûl's perdaug beginēdams,
Ir permier' beſiſkúptdams ſawo ſunkina Szirdį!

Tēw's mano Kubbas, kaip glupay, kôl gyw's, ne padáre,
O ir jo Tēw's Simmas taip gywēnt' ne mekinne.

Die Ergötzungen des Frühlings.

Winden süß athmend den Duft und loben den farbigen Frühling.
Aber ihr Arbeit=Lasten, ihr werdet auch wieder beginnen,
Uns zu ermüden, sobald ins Schaarwerk wir ziehen mit Trübsal.
Kosten noch wird's viel Mühe, bis wir in die Scheuren gesammlet,
Was auf dem Boden noch liegt ungekeimet, oder im Speicher. [17])
Harren noch müssen wir lang', bis die Erbsen uns sprudeln im Topfe.

Jetzt aber, frisch ans Werk, die göttlichen Hände betrachtend
Regt eure Hände gemach von einer Arbeit zur andern!
Nicht erschreck' euer Ohr der dumpf hinrollende Donner,
Nicht entsink euch der Muth, wenn Wechsel der Lüfte nun einbricht.
Eilig und rasch zur That, für jeglich Bedürfniß zu sorgen!
Eisen und Pflug erheischet das Ackern nicht minder ein Streichbrett,
Hölzerne Zacken zur Egd' und gut gefutterte Klepper.
Wissen wir doch, daß die Stiere zuerst aufpflügen das Erdreich;
Dann das Geflügt' auflockern die Pferd' in zirkelnder Wendung.

Freilich, so redete Slunkis, nun haben mit göttlicher Hülfe, [18])
Wir ausschlafen doch können einmal, erquickend die Glieder.
Manche so selige Stund' ach, hab' ich am wärmenden Ofen
Ausgestreckt und bedeckt, die Sorgen im Schlummer vergessen.
Hätte der Winter doch länger uns zögernd geweilet! und wär' es
Ach, den Menschen vergönnt, auf der Welt fortwährend zu schlafen!
Aber, erbarmender Gott! kaum hat sich der Sommer gefunden,
Gleich zu der Arbeit=Last muß Einer anschicken die Hände.
Ach schon fangen die Thränen mir an in die Augen zu steigen!
Und mein liebendes Weib (Man kennt ja die Sitte der Weiber.)
Sitzet zusammengekrümmt, ringt ängstlich weinend die Hände,
Ich, mit Kummer erfüllt, solch Angstgeseufze vernehmend,
Spreche: So höre doch auf, mein Mütterlein, endlich mit Weinen!
Ist doch die Zeit noch fern; wir werden auch enden die Arbeit!
Wissen wir doch, daß ein Rad, was langsam schleicht um die Achse,
Jenes sehr oft überhohlt, was rollend im Tanze dahin läuft.
Denn es zerspringet gar oft durch übermäßiges Umdrehn!
Ein langsamer Klepper, der Schritt vor Schritt nur einhergeht,
Trägt oft weiter die Last, die ihm auf den Rücken gelegte,
Als ein trabendes Roß, das hoch bisweilen sich aufbäumt:
Denn nicht selten ereilt es den Sturz, um des Uebermuths willen:
Sieh den Theerführer dort, der den Theer einmißt zum Verkaufe,
Langsam karrt er von Dorf zu Dorf, hinwälzend die Räder;
Dennoch verdienet er so hinfahrend, ein gutes Stück Geld sich.
Was kommt endlich heraus, wenn mancher Bauer die Füße
Sich zerläuft, überängstigend stets und das Herz sich beschwerend?

Nicht so thöricht hat einst mein Vater, Kubbas gehandelt;
Noch sein Vater Simmas, gelebt und gelehret zu leben.

,,Waikai! rėkdawo jis ant Demblio girt's iſſitieſęs,
,,Ir ſù Żakù praſtù kaip praſtas Bûr's uſſiklójęs.
,,Waikai! kukkiſtu jums, naujùs Niekùs pramanyti.
,,Taip gywénkit', kaip més Tėwai júſu gywénôm'.
,,Wis protingay, wis pamażi nuſitwérkite Dàrbus!
,,Cėdikitės kytréy jauni dàr bûdami Klápai, 410
,,Kad dar ir Sennyſta ką tùſ' atſzókdama kartą. —
Tùs żodżiùs ſawo Tėwo aß tikray nuſitwėriau,
Ir, kôl gyw's kruttėſu, jù kasdien' paminėſu. —

Tùs durnùs Kalbùs wiſſi girdėdami Bûrai,
,,Gėdėjoſ'; bèt Selmas jam draſû paſakydams: 415
Ek tare Szûdwabali! kùr Szûdwabalei paſilinkswin'.
Jůk tů jau ſù ſawo Namais kasmét's ſudinėdams,
Sȃw ir mùms Lietuw'ninkams padarei daug Gėdė̗s.
Nėprieteliau! tù lėbaudams, ir wis ſmagurȃudams,
Lauką ſù Tworôms ir Námą wiſſą ſnėdei; 420
O dàr ir ſawo Waikéſczus pagadit' neſigėdi?

Bèt jûs wießlibi Kaimynai, jûs Gaſpadórei
Sù grecznom's Gaſpadinnėm's, mùms nė reik' nuſigėdėt',
Kad més bûrißkus jaù wėl nuſitwėrdami Dàrbus,
Mėßlus rauſim', ir Laukùs idirbdami wargſim'; 425
Jůk ir pirmas Swiet's, Szwentybę ſawo prapuldęs,
Sù Darbais ir Rûpeſczeis ſawo pléßkino Pûdą:
Més bè Trùſo Diew's mùs ißmaityt' ne żadėjo,
O tingėdami wiſſ, ir ſnȃuſdami Swiete ne tinkam'.
Kad Skůlwys ißûlkęs nôr gardzey paſilinkſmėt'. 430
Tai pirmù tùr wiſſas Rûn's wiernay paſipurtit'.

Taigi nutwérkim' jau dabar kiekwien's ſawo Jáuti,
Ir ißrėdę jî, kaip reik' klauſyt' pamokykim':
Nės ką Żiemą jis yra Staldè ſudumójęs,
Tùr wiſſiems paſakyt', kàd wėl jau Wáſara gryßta. 435
Tù żopli Bernulli! dėl ko jůkies iſſ żiepęs?
Ar tai Jůk's, kàd Bûrai tùr ì Baudżawą rengtiſ'?
Tù dàr nė bandei kóktù, kàd ſtėngraſt Márgis,
Ar nuſiminnęs Żalis tikt wôs wôs revlinėja.
Tikt bandyk kóktù, kàd Amtmon's prudoba rėkaut, 440
Ir nėſwietißkay praſkéikdams Iltini, griežia.

Tù Nėnȃudėli Enſky! taipjaù ſuſimißtik,
Kad tawę Lauras àrti nuſus ant Gȃſparo Rėcziû.
Tù kasmét's jůk néy Razbûinink's wàrgini Jáuczus,
Ir, néy kóks Luppikk's Galwijį kánkini biedną. 445

Die Ergötzungen des Frühlings.

„Kinder, so rief er aus, wenn er trunken sich streckt' auf die Matte,")
Und sich schlecht und recht mit dem Sack, wie ein Bauer, bedeckte:
Kinder, das sey von euch fern, auf Neues und Nicht'ges zu denken!
Lebet der Weise stets nach, die unsere Väter gelebet!
Immer verständig, gemach und langsam zur Arbeit geschritten!
Schonet euch klüglich, ihr Buben, dieweil ihr noch blüht in der Jugend,
Daß noch das Alter an euch was finde, sobald es heranhüpft!
Solche Wörtlein hab' ich des Vaters, mir treulich gefasset;
Und will ihrer gedenken, so lang' ich leb' auf der Erde.

Ob solchen thörichten Reden erröteten sämmtliche Bauern.
Drauf nahm Selmas das Wort und sagt' ihm grad' in das Antlitz:
Geh' Mistkäfer geh', wo sich die Mistkäfer vergnügen!
Hast du doch jährlich, versunken mit deinem Haus' in den Unflath,
Viele Schande dir selbst und dem Litthauer-Volke bereitet!
Schwelgend Unseliger, stets und nur Leckerbissen genießend,
Hast du ja Felder und Zäun' und Haus und Alles verprasset;
Und noch schämst du dich nicht, zu verderben die eigenen Kinder?

Aber ihr edelen Wirth', ihr wohlanständigen Nachbar'n,
Samt den Wirthinnen, den edlen, wir dürfen uns wahrlich nicht schämen,
Wenn zum ländlichen Werk wir fleißig nun regen die Hände;
Wenn wir den Dünger aufheben und mühsam die Felder bestellen.
Ließ doch die frühere Welt einst, nach verlohrener Unschuld,
Auch bey Sorg' und Müh' den Topf nur sprudeln zur Mahlzeit.
Nein, ohne Müh' hat Gott uns nicht zu ernähren verheißen.
Stets bey träger Muß' hinschlummernd, was nützen der Welt wir?
Will sich der hungrige Magen an köstlichen Bissen erquicken,
Muß sich der ganze Leib zuvor recht wacker herumthun.

Laßt nun Jeden von uns beim Horn ergreifen den Pflug-Stier,
Köstlich heraus ihn putzen und lehren, wie's ziemt, uns gehorchen!²⁰)
Denn was während des Winters er ausgedacht in dem Stall hat,
Soll er uns itzt erzählen, dieweil schon der Sommer zurückkommt.
Nun! was hast du zu lachen, Betnull! aufsperrend die Lippen?
Ist's ein Scherz, daß die Bauern anschicken sich müssen zum Schaarwerk?
Noch erfuhrest du nicht die Noth, wofern sich der Streifling
Sperret, der Rothe verzagt, auf allen Vieren kaum fortschleicht!
Auf, und versuch es einmal, wenn der Amtmann anhebt zu wettern,
Oder knirschend die Zähn' unmenschlicher Weise den Fluch thut!

Aber Enfys, auch du! Untauglicher, denke nur, daß dich
Lauras sofort wird senden, zu pflügen des Gasparis Brachfeld.
Quälst du die Kinder doch ab, Jahr aus, Jahr ein, wie zum tödten;
Bringest das elende Vieh, gleich einem Büttel zu Schanden!

Tikt baisû ʒurėt', kad Kerdʒus iſʒgena Bandą:
Ir tawo Jáuczei pro Wartùs wattódami ʒergia!
Nės cʒė Biedʒus wien's wôs wieną paneſa Rágą,
O kitts tèn Udegôs nė tėkęs wôs replinėja.
Anday Wákminſtras, pàs mùs ſkwierût' atſibáſtęs, 450
Akuſė kolodams, kûs Biedʒams tiems nuſitikko:
Ak! tare Lauras jam: Euſkys jûs taip pagadinno.
Ak! tû Neprieteliau! ką dirbi, bèn ſuſipraſkis,
Ar tû jau wiſſay padukai taipo begywéndams?
Miſlik tikt, kôktù taw butu, kad tawę Márgis, 455
Prie Galwôs tawę twèrdams, Ʒ`agrę wilkti priwerſtu;
O paſkûy tawę wiſſą, jau ſmertinay nuſtekėnęs,
Sù Szaudû Kuliu, kaip Jáuti ſzerti pagáutu,
Ir Mėſninkui, Sprandą tawo nuſûk' nugabėntu?
Miſlik tikt kôktù táw bútu, kad paſikinkęs, 460
Néy kôks Jáutis, wilkt' turrėtumbei ſawo Ʒ`agrę! —
Taigi Zmogau dekawôk uʒ tai kasdien' ſawo Diewui,
Kad tawo Lau'is ſù Dwiliù táw pùdėda dirbti,
Ir kad Kuinai táw atkėdami ʒengt' neſiſtėngia.

Twér's pri Ragû, kiſzk į Kulbôką Tingini ʒali, 465
Bauſk ji, kad klauſyt' ne norės, ir taw paſiprieſzys.
Tûr klauſyt', jůk tám jiſſai tawo Páſzarą kramtė,
Ir iſztrôſzkęs iſz tawo Průdo Wándeni gėrė.
Tikt ſaugôkis, kad nė pats, bè Reikalo muſzdams,
Sù gluva's ſawo Jáuczeis į Galwiji pawirſi. 470
Jůk ʒinnai kaip, Biedʒus tôks uʒ Páſzarą menką,
Taw, kad jám grumʒdi, paſilenkęs Uʒʒagri welka;
Taip, kad jám daugſyk ſeilėdams, jo Lieʒuwėlis,
Iſz karſztû Naſrû néy Blėkas kába nů ʒùbû. —

Jáutis, kaip girdi ſáw wargdams Páſzarą pelno; 475
O ir tą daugſyk, kad ſkûpas randąſi Cʒėſas,
Sù Maldėlėms, ir konė werkdams, wôs iſſipráſzo.
Ak mano Gaidus! jůk ir mùms taipjau paſtůro,
Kad mės po Darbû Naſztôm's diddey priſlwargę,
Kartais dėl Wargû wôs ſauſą Trupputi kramtôm'; 480
Ir iſz Kláno ſu ſawo Jáuczeis Wándeni ſurbjam',
Kùr Wabalai ir Warlės ſù Paſmėgimu máudôſ'.
Alle ne bôk Gaidau! nė werk permier' nuſimidams;
Jůk wiens Miers kaipo ſawo blôga ſótini Skilwi,
Kad tikt Diew's Swikátą mielą táw dowanôja. 485
Taigi nurykim' jau praſtôką ſawo Kąsnėli,
Ik' Kuddà potám mùms důs riebjaus paſiwálgit'.

Die Ergötzungen des Frühlings.

Jammer ist's anzuseh'n, wenn der Hirt austreibet die Heerde,
Wie deine Rinder die Thür vorbey kaum stöhnend sich schleppen.
Dies Mühselige hier, kann kaum die Hörner noch tragen!
Dort das Andere schleichet dahin kaum rührend den Schweif noch.
Jüngst, da der Amts-Wachtmeister erschien, um das Geld einzufordern
Fragt' ausscheltend er gleich: was geschäh' dem Vieh doch, dem armen?
„Diese so richtet' Enshs zu Grund'," erwiederte Lauras.
O Feindseliger du, was giebst du denn an? So bedenke,
Ob du von Sinnen denn seyst, mit dem Vieh also zu handthieren!
Denke wie dir's zu Muthe wohl wär', wenn der Stier, der gestreifte,
So beim Kopf erfassend dich flugs anspannte zum Pflügen;
Wenn derselbe hierauf dich, fast zu Tode gequälten,
Mit dem Bündlein Stroh käm' abzufuttern zur Mahlzeit,
Oder dich gar zum Lohn zur Schlachtbank führte, dem Metzger?
Solches bedenke nur recht, wie dir's zu Muthe wohl wäre,
Wenn jetzt angespannt als Stier du müßtest den Pflug zieh'n!
Darum danke dafür o Mensch! tagtäglich dem Schöpfer,
Daß der Bleßkopf, der Schwarze behülflich dir sind bey der Arbeit, *)
Sich die Klepper dir auch nicht sträuben zu zieh'n vor der Egde!

Greif an die Hörner dem Rothen und lege dem Trägen das Joch auf!
Schelt ihn, wofern er gehorchen nicht will und dir widerstrebet:
Ist's doch itzt ihm Pflicht, zu gehorchen; dein Futter ja fraß er,
Trank aus deinem Teiche das Wasser, den Durst sich zu löschen.
Hüthe dich nur, daß du nicht ohne Noth und Ursach ihn schlagend,
Selber dich in den Stier, den unverständ'gen, verwandelst!
Dir ist's wohl bewußt, wie derselbe, für elendes Futter,
Dir mit gebeugtem Haupte den Pflug zieht, wenn du nur drohest,
Oft ach, hänget dem Armen die Zung' heraus, wie Geweyde,
Ihm entfließet der Schaum zugleich von erhitztem Munde.

Da sich der Stier, wie du hör'st, so mühsam erquälet sein Futter,
Also gebühret es ihm auch, doch muß er oft solches erbetteln,
Fast mit Thränen ersteh'n, wenn magere Zeiten sich finden!
Ach! nicht selten begegnet auch uns ein Gleiches, o Freunde!
Daß nach mancherlei Last und arbeitseliger Mühe,
Wir aus Mangel und Noth, kaum nagen ein trockenes Krümlein,
Und mit dem lieben Vieh aus einem Teiche nur trinken,
Wo die Frösche mit Lust und die Wasserkäfer sich baden!
Aber nur immer getrost! Nicht über die Maaßen verzaget!
Ist es doch, Freund! gleichviel, wie du sättigst den hungrigen Magen,
Wenn dir nur Gott zum Geschenk verleiht, die theure Gesundheit.
Laß dir also vorjetzt an schlechteren Bissen genügen;
Bis uns der Herbst nachher ein fetteres Gastmahl bereitet.

Ant żurék tiktay! Werßukkai jau ßokinėja;
O Erycżei ſu Parßukkais żiſdamė ſpárdoſ'.
Wißtos ant Laktû jau daug ißkárkino Pautû; 490
Tikt palßkėk margi Wißtycżei tû paſiródys:
Més Szlekkuttė ſu Baltʒande jau paſicʒypſin',
Ogi ʒaſycʒei iß Kiaußinniû werżaſi laukan'.
Wey! kaip Zaſin's ſuwo ſuláukęs ſweikina Weiſlę,
Ir beſiſlónodam's Waikûs Kruwôn warinėja. 495
Bù! Méſ's wiſſókiós ir ſtulnû Smagurėliû
Wirt' ir kėpt' gardżey, jau daug wiſſûr paſidáro. —

Nùgi dabâr Kaimynai, Gentys ir Gaſpadórei!
Rúpikitės akkylai, kàd użárdami Lauką,
Daug Wiſſókio ſáw ißbertumbit' Waſarojo. 500
Juk ne gali maitytis wiſſ wienais Riebumynais;
Ir dailiû Riekėlu reik', kàd ſpirgini Spirgus.
Todėl tùr kiekwiens Szwentės Pawáſario ßwėſdams,
Kàs ant cʒielo Méto reik', taipo paſirùpit',
Kàd koʒnu Dieną nuſikándus' ſuwo Dalyką, 505
Dár ir ſékancʒei n'uzmirßtu Reikalą ſkalſit'.

Rôds tare Willus, ką mės pérnay ſáw nuſpelném'
Ir Zopôſtui ſuwo Namáms Kampè pakawdjom',
Sù żiemù jau baigiaſ' ir wiſſûr ißtußtin'.
Wey! kaip Skûnės, kùr muſu Lôbjei bùwo ſukráuti, 510
Néy Púſtynės ſtów', ir Maiſto wiſſo ne teko;
O Arrûdû Krúwos jau taipo paſbaidė,
Kàd Kißtelû wirt', ir ſtánu Sznypini pléßkit',
Niek's naſliſſko, kaip tiktay ſkupû Maßumėlę.
Ant Paßalei wiſſi, kùr Rópės irgi Repukkai, 515
Sù kittais Wirralais Zopôſtui bùwo padėti,
Taip ißtußtino jau, kàd mės kaſſydami Gálwas,
Wôs jau żinnôm ką nuſtwért; ir kam' paſſutit'.
Ak! jûs Kumpjei, jûs Dėßrėlės ſù Laßinėleis,
Més kone werkiam' jau, kaſdien paminėdami jûſu. 520

Tiez! tare Lauras jám, lietùwißkay paſakydams:
Eik Zoply! tù jùk kaſmėt's dėl Edėſtu ſkundies.
Kas tâw kált's? kàm wis ſuláukęs Ruddenį riebu,
Taip neſwietißkay ſugrámdai ſuwo Zopóſtą,
Kàd prieß Mértinq tikt wôs Parßuk's paſliekti? 525
Cʒėdyk Nėprieteliau, kôl riebus ßuttini Pùdą,
Tai tâw kùdą ne reik's priſkaiſt' kàd Wáſara greyßta.

Taigi nutwérk iß Naujo wėl dėl Edeſiû Dárbus,

Die Ergötzungen des Frühlings.

Siehe nur dort einmal, wie die Kälber, die fröhlichen, hüpfen,
Hier das saugende Lamm und dort auffpringet das Milch-Schwein!
Hühner, auf Latten, auch haben schon ausgekakelt viel Eyer,
Warte nun werden auch bald buntfarbige Küchlein sich zeigen:
Die weißbackigte Henn', und die bunte, beginnt schon zu glucken.
Aber die Gänselein, brachen sich schon hervor aus den Eyern.
Sieh! wie der Gänserich dort die erwartete Brut nun begrüßet,
Und, verneigend den Hals, zusammengattert die Kinder!
Traun! Viel köstlich Geflügel und mancher leckere Bissen
Wächset zu unserer Lust heran für Topf und für Pfanne!

Nun, wohlan! ihr Wirthe, geliebtesten Nachbar'n und Freunde,
Sorget mit klugem Bedacht, auf daß im gepflügeten Erdreich
Ihr vom Sommergetreid' ausstreu't vielartige Körner.
Können wir doch nicht allein Fettstücke genießen zur Mahlzeit, [22])
Auch von Fladen bedarf es der feineren Schnitte zum Braten.
Jeglicher also, der itzt hochfeyerlich grüßet den Frühling,
Sorge mit Fleiß also für des sämmtlichen Jahres Bedürfniß,
Daß ein jeglicher Tag seinen Bissen erhalte zum Antheil,
Aber dem folgenden auch sein Theil nicht vergesse zu spenden.

Wahrlich erwiederte Willus: Was vorig's Jahr wir erwarben,
Was wir an Vorrathsmitteln im Winkel verbargen des Hauses,
Hat im Winter sein End' erreicht, und alles wird leerer:
Siehe die Scheuren, allwo die gehäuften Güter gelegen,
Wüste Gemächer nun sind sie — geleeret von sämmtlichem Vorrath'.
Von den Räumen der Speicher verschwand auch jeglicher Haufen,
Daß zu dem Hafer-Brey und dem köstlichen Erbsengerichte [23])
Nichts mehr blieb, als nur ein mageres Häuflein zu kochen.
Alle Behälter, abseits wo die Rüben gelegen und Wrukken,
Samt dem andern Gekoch, verwahrt zum häuslichen Vorrath,
Alle die sind nun geleert, daß bedenklich die Köpfe wir reiben
Selber nicht wissend, fürwahr, was kochen wir sollen und essen!
Ach ihr geräucherten Keule, ihr Würst' und Streifen von Fett ihr, [24])
Eurer gedenken wir täglich, und möchten wohl gar um euch weinen!

Still! sprach Lauras, darauf ächt litthauisch Jenem erwiedernd:
Geh' du gaffender Thor! ob dem Essen alljährig doch klagst du.
Wer ist Schuld? Wer schwelgt' im reichlichen Segen des Herbstes?
So verschwenderisch ja verzehrtest du sämmtlichen Vorrath,
Daß zu heil'gen Martin, dir kaum noch geblieben ein Milchschwein.
Unhold, spare, dieweil dir der Topf noch sprudelt, der fette;
Siehe so wirst du den Magern nicht dürfen erwärmen im Frühjahr!

Drum, sa reg' ob der Speise von Neuem die Hände zur Arbeit!

Ir pelnykis tą sukrey dėl Ruddenio ruddo,
Dirwai důk, kas reik', kad jôs Palukanû nóri;
Juk ne priwalo ji taw dů't', ne gáwusi Nieko.
Ušnys, Dilgelės ir Brántai sù Sanewadais
Auga, kaip žinnai, bė jokiôs mûsu Pagálbôs;
Alle Grudėlis gėr's nestranda, kad ne pasėji.
Tu tikt wis Mėsôs kasdien prisiėst' issisóji,
O Burrôkû bey Lappienės niekini Garbę;
Tódėl tù kasmėts, suplurwęs wissą Zopôstą
Blôg's, ir Pusaywis welkies į Baudjawą miesą.
Eik zópli! eik sėt' kiekwieną sėjamą Dáiktą.
Sėk Miežûs, Puppas Grikkûs sù diddelę Sánję;
Ir Awižû n'užmiršk, kad sėdams išberi Grúdus;
Nės Kisstelaus tù, o Ruinai Pusaro laukia.
Žirniû sáw pasisėk Zopôstui diddelį Plótą;
Jùk žinnai kaip skánûs jie, kad Szuppinį wálgai.
Ay! kaip daug jie mùms per Metą sкůlsina Důnôs!
Ir Kannapėms důk ben kdėt Sklypgali Lauko;
Gėdėkis syksztùt'! ir tókio Reikalo reikia.
Ar ne gerai, kad puts sáw greczna nuweji Wirwę;
O Pinnigėli Delmonę kytrey pakawôji?
Sėk Linnû, kiek Elze nórės; minnáu nestwaidyk!
Jùk žinnai, kaip wis daugiaůs nôr Moterû Búdas,
Kad jos pradeda werpt', ir jau prisiwerpusios áudžia. —

Alle ne peik minnáu! permier' tą Moterû Prówą.
Ar ne smagù klausyt', kad wieslibos Gaspadinnės
Žiemą sù Mergôms Windùs sawo sukamôs užia?
Ar ne gražù žurėt', kad Elze jau prisiwerpus',
Skirsto Werpalus áust', ir áudus' baltina Dróbes?
O paskuy kas Námui reik' rokůdama rėžia,
Taip, kad ir dailiems Autkliams Gál's pastliktu.
Ak! kad wissos Moter'ś taip kytrey padarytu,
Mislik tikt, ar bùtu tiek nůgû Nabagėliû?
Ak ižties! musu Burai nėy rėdyti Ponáczei,
Dar sù Dumczeis wokiszkais sussigeistu.
Ir Prancúzai jůs tokiaus ižpeikt' ne galėtu. —

Rôds, tare Selmas, wis Tiesů, kas ęžė pasakyta.
Aš kaip Szulcas per Kiemùs ilgay jodinėdams,
Dgug, isstėmijau kaip dáro mûs' Gaspadinnes,
Kad žiemôs Czesė ką werpt' Kruwom's sustsėda.
Jùk raddaù ganà tokiû, kurrios nestgėdi,
Kad jôms kartais mérdedams wės sukkasi Windas.
Ats, kad werpt' reik' jos taip daugas Pasakû wápa,

Und verdiene dir was durch Fleiß zum Herbste, dem herben!
Gieb was dem Felde gehört, soll's Feld sein Erzeugniß dir geben!
Ohn empfangen zu haben bedarf's nichts wieder zu liefern.
Disteln und Nesseln die sprießen, u. Rittersporn, Brand an Gewächsen ²⁵)
Sprießen, wie du wohl weißt, ohn' unser Zuthun, von selber;
Aber ein gutes Korn wird ungesäet nicht aufgeh'n.
Du verlangst tagtäglich nur Fleischgerichte zu essen —
Was verschmähst du die Ehre von Rüben, den rothen, und Kopfkohl?
Du verschwelg'st Jahr aus, Jahr ein den sämmtlichen Vorrath;
Halblebendig kaum und nackt hinschleichst du ins Schaarwerk.
Sey kein Thor doch und säe, was irgend gesäet kann werden!
Säe dir Gersten und Bohnen, mit reichlicher Hand, und Buchweizen!
Hafer vergiß auch nicht in das Sommergefilde zu säen!
Denn du verlangst dein Hafergericht und die Pferde das Futter.
Aber vor Allen besäe ein geräumig Stück dir mit Erbsen!
Denn du weißt es, wie köstlich ein Erbsengerichte dem Gaum ist.
Und wie Vieles ersparen die Erbsen uns jährlich am Brodte?
Auch für den Hanf gestatt' einen Raum am Ende des Feldes,
Schäme dich, hier zu kargen! Auch dies bedarf man im Hause.
Ist es nicht schön, wenn du selbst einen tüchtigen Strick dir bedreh'n kannst?
Und du behältst alsdann verständig dein Geld in der Tasche.
Säe des Leines soviel, als die Else verlangt. Nur nicht Streiten!
Weißt, wie die Frau'n stets Mehr und Mehr doch des Flachses verlangen:
Wenns zum Spinnen nun geht und drauf vom Spinnen zum Weben.

Nur verachte mir nicht, ich bitte, der Frauen Handthierung!
Welch ein köstlicher Ton, wenn die ehrbaren Frauen und Mägde
Hurtig die Spinneräder, die sausenden, dreh'n in dem Winter?
Welch ein Anblick so schön, wenn Else das Garn, was sie selber
Spann, jetzt scheidet, jetzt webt, jetzt bleicht als fertige Leinwand!
Dann überzählt sie wirthlich des Hauses Bedarf und den Zuschnitt,
Daß noch ein Uebriges bleibet zu zierlichen Binden am Fuße. ²⁶)
Wenn die Frauen doch alle verständig so führten die Wirthschaft,
Denke dir, würden dann wohl der entblößeten Armen soviel seyn?
Traun! unsre Bauern, die würden, gleich wohlanständigen Herren,
Mit den Räthen alsdann, den Deutschen, zu sitzen verlangen;
Ja die Franzosen sogar, nicht dürften uns ferner verachten. ²⁷)

Wahr, sehr wahr, sprach Selmas erwiedernd, was du gesprochen;
Häufig als Schultheiß hab' ich ohnlängst durchreitend die Dörfer,
Kunde zu nehmen gesucht, wie die Frauen es treiben der Unsern,
Wenn im Winter sie spinnend im Kreise zusammen da sitzen.
Fand ich doch Frauen genug, die ganz und gar nicht erröthen,
Wenn sich ihr Spinnrad dreh't, als wollt' es sterben, so langsam.
Denn sie haben im Spinnen so Vieles sich stets zu erzählen,

Kàd jau ir Rankû Rúdeli pëśt' ußimirßta,
Ir beſijùkiant Kóje Windą śukt paſiláuja.
Taip Szùtkùs betaiſant, ſtay! Ziemù paſibaigia;
Ogi Pawaſaris atźengdams ſù Waſara miela   575
Atliktû Ziemôs Darbû wiſſùr paſigenda
Pimmę rengiaſ' áuſt', o Jekè meſt' paſiſůlo.
O ką mès ar aùs, tàd werpt' ir lenkt' ne norėjo?
Taipgi Namai wiſſi paſtiaus nůgi paſidáro,
Kàd ſù Bukſwom's lópitoms Wyr's wôs uſſidengia;   580
O Waikai ant ůlyczu nůgi beginėja. —

      Móter's jûs Nenáudėles! tai jums paraßyta
Bèt jûs Prietelkos jûs wieźlibos Gaſpadinnės!
Jùs ne priwalot' dėl tokiû kalbû nuſigėdėt.'
Tôs teſigėdi tikt, kurrios tingėt' neſſgėdi.   585
Jùms Garbė, kàd Windas juſû ſukrey beſiſùkdams,
Pákulû bey Linnû Rùdeli nùpeßa greitay;
Jùms Garbė, kàd Stáklės prieß Pawaſart trinka,
Ir Szaudyklė ſù Seiwà ßokinėdama tùrßkia;
Jùms Garbė, kàd Audeklėlei júſu nuáuſti,   590
Ant margû Lankû, kaip Snieg's Pawaſario blizga.

      Alle nè wengkit dàr daugiaùs, kaip reik' paſipurtit'!
Ant Darźû Paßalei Darbėliû lukuria júſû.
Taigi padėkit' jau Windėliû wiſſą Klapátą,
Ir Stáklės, iki wėl reikės, į Pàßali kißkit'!   595
Ogi nagùn Spateliùs greitùs Lópetas imkit'!
Wey! kaip Kurmjei ßèn ir tèn wartydami Zėmę,
Jùs Darźôwę ſėt' į Darźą rágina bėgti.
Rôds Tieſà! wiſſaip reik Pilwui Reikalą prówit'.
Jem ne ganà, kàd tikt iß Wirßaus jį dabinėjam;   600
Bèt ir iß Widdaùs jis nôr kaſdien paſſilinkſmit'
Tódėl jums Pilwai nůgi diddey paſiklònos,
Kàd juſu Mylyſta jûs wėl apdengt' ne patingot'
Ir Triniczùs naujùs, Bukſwàs bey Màrßkinus áudet';
Bèt daugiù daugiaùs jie gárbys jùſu Malònę,   605
Kàd jie ſù naujû Rėdû Czeſnij' ſuſſėdę,
Laßinus ir Deßrùs ſù júſû Wirralu wàlgys.

      Nůgi dabàr, ką tikt įmánot' ſėkite Sėklas!
Sėkite Kopuſtùs Môrkùs ſù dìddele Sáuje;
Ròpju, Paſtarnôkû, Swiklû beygi Repukkû;   610
Taip ir Szalkiû ſù gardjeis Kartuppeliû Walgeis,
Sėt' ir įwaiſtr' pridabôt' ir kûpt' ne pamirßkit'.
Taip beſipurtidamos linkſmay Pawaſart baigkit',
Ik' jau prie kittû Darbû jums Waſara ßùkters.

           G a n a.

Die Ergötzungen des Frühlings.

Daß ihre Hände vergessen, am Wickel des Flachses zu zupfen,
Oder vor Lachen der Fuß ihnen stocket, zu treten das Fußbrett.
Also bei Possengetreib hinschwindet der Winter, und siehe,
Wenn annahet der Lenz, begleitet vom Sommer, dem lieben,
Werden der Werke noch Viele des Winters vermißt, die nicht fertig:
Pimme verlanget zu weben, das Garn will Jeke noch aufzieh'n.
Aber was aufzieh'n und weben, wo Nichts gesponnen, gehaspelt?
Also muß denn zuletzt das sämmtliche Haus unbekleidet
Bleiben, der Mann, o der Schande! zerrissen am Hüften=Gewande,
Und die Kinder sogar entblößt auf den Straßen einhergeh'n.

Euch, unwirthlichen Frau'n, euch läßigen, solches zur Lehre!
Aber Freundinnen, ihr anständigen Frauen voll Tugend,
Dürf't ob solchem Gerede von Wirthschaft nimmer erröthen!
Jene nur mögen erröthen, die nicht vor der Trägheit sich schämen.
Euch ist es Ehre und Schmuck, wenn hurtig sich drehet das Spinnrad,
Wenn es den Flachs und die Heede sobald entrupfet vom Wickel.
Euch ist es Ehre und Schmuck, wofern der Webstuhl noch rasselt
Früh in dem Jahr, wenn das Rohr im Schifflein tanzend dahinläuft.
Euch ist es Ehre und Schmuck, wenn dort euer Linnengewebe
Auf der blumigen Wiese, wie Schnee hell glänzet im Frühling.

Doch unterlaßt auch nicht, euch ziemend ferner zu regen!
Siehe, schon wartet auf euch das Geschäfte der freundlichen Gärten.
Drum so leget bey Seite des Spinnens ganze Geräthschaft.
Setzet das Webegestell bis zum Wiedergebrauch in den Winkel!
Hurtig nun nehmt zur Hand Grabscheit und Schaufel und Spaten.
Seh't, wie der Maulwurf dort auflockernd und hebend die Erd' euch
Durch sein Beyspiel mahnt, die Gewächse zu säen im Garten!
Mannigfaltig fürwahr ist unseres Leibes Bedürfniß:
Ihm genüget nicht nur, daß wir ihn schmücken von Außen,
Sondern von Innen auch will tagtäglich derselbe gelabt seyn.
Drum so werden die Leiber bedenkend sich tief vor euch neigen,
Daß ihr mit freundlicher Huld bedeckt die Blöße derselben,
Hemde gewebet von Neuem und Kittel und Hüftenbekleidung.
Doch, eure freundliche Gunst vielmehr noch werden sie loben,
Wenn in der neuen Bekleidung zusammen sie sitzend im Gastmahl,
Innig an eurem Gekoch sich erlaben bey fetten Gerichten.

Auf denn, frisch nun gesä't, was gesä't und gesetzet kann werden,
Sä't euch Kopfkohl, Möhren, mit reichlich gefülleter Hand aus;
Pastinak, Braunkohl, Wrucken und Rüben, die rothen und weißen;
Setzt Kartoffeln auch, zur schmackhaften Speise des Weißkohls.
Säen und Pflanzen und Warten und Häufeln, dies alles vergeßt nicht!
Endiget fröhlich und flink handthierend also den Frühling,
Bis euch zu neuem Geschäft' einst winket der freundliche Sommer.

Genug.

Zweyter Gesang.

Die Arbeiten des Sommers.

Inhalt.

Gruß an die Sommerwelt, die in ganzer Pracht sich entfaltet hat: Ein Bild der Gesundheit und des frischen Lebens, was den arbeitenden Landmann beglückt, indeß der feyernde Städter oft siechend und krankend stöhnet. V. 1 — 95. Nachdem Selmas die Dorfbewohner freundlich eingeladen hat, eilet Alles mit frohem Jubel hinaus, um das Schaarwerk zu verrichten. Die Ursache des freudigen Eifers zu diesem drückenden und fast allgemein verabscheueten Frohndienst, ist die menschenfreundliche Milde des Amtsherrn, der in einem wahrhaft patriarchalischem Verhältnisse mit seinen Untergebenen steht. Sein plötzlich erfolgter Tod wird daher um desto mehr bedauert, weil der Unteraufseher mit unmenschlicher Grausamkeit gegen die armen Landleute zu Werke geht. V. 96 — 218. Beginn der Feldarbeiten mit der Ausfuhr des Düngers, dessen Einfluß auf Segen und Fruchtbarkeit geschildert wird. V. 219 — 264. Die Wachtel ruft ins Feld, um die Wiesen abzumähen. Fröhlich wird die Heuerndte begonnen und vollendet. V. 265 — 398. Der Erndte Kranz wird dargebracht. V. 399 — 423. Edle Entrüstung des Selmas über die Schwelgereyen beym Erndte-Mahl. Blick auf die einfachen Sitten der Väterzeit. V. 424 — 436. Aufforderung an die Männer, das Sommergetreide eiligst zu erndten — und tadelnder Vorwurf, daß sie schon die rechte Zeit versäumet haben. V. 437 — 462. Gleicher Vorwurf an die Frauen, die das Flachs noch nicht gezogen und die Nüße nicht gesammlet haben. V. 463 — 532. Verantwortung der Frauen dagegen; indeßen erscheinet der Kämmerer, gebietet Frieden und ermahnet zum frommen Dank gegen den Schöpfer, für den geschenkten Reichthum des Jahres. V. 533 — 608.

Wasarôs Darbai.

Sweiks Swietéli marg's! Szwentes Pawásario szwentęs;
Sweik's ir tu Zmogaù! suláukęs Wásarą mielą.
Sweik's Kwietkélémis pasidzaugęs, sweits prisiûstęs;
Sweik's, Diewe dûk! suláuk dar daug Pawásario Szwenczû,
Irgi suláukęs jas, wis sweik's ir drûts pasilinksmik.   5
Tzip, Diewe dûk, kożnám, kurs mûsû Lietuwą gárbin',
Ir lietuwißkay kalbėdams Baudziawą sėka,
Tam, Diewe dûk! suláukt' kasmét's Pawasari sweiką,
Ogi, pabaigus tą, potam ir Wasarą linksmą.
Taip prieß Sekminnes Burùs į Baudziawą kwiesdams,   10
Ir, kas reik' atlikt', pamokidams sweikino Selmas.

Rôds sweik's Kûn's, kurs wis żokinėdams nùtweria Dárbus,
Yr' didżáusa bey brangiáusa Dówana Diewo.
Tas Zmogùs, kurs daug trusinėjęs bey prisiwargęs,
Sawo prastùs Walgiùs wis su Pasimėgimu wálgo,   15
O prisiwalgęs, ir wiernay dekawójęs Diewui,
Linksmas, sweik's ir drût's miegot' į Pátalą kópa,
Tùs apgáuna tą, kurs wis kasdien' isisrėdęs;
Alle dusáudams, ir wis sirgdams nùtweria Száukßtą!
Kas iß to, kad tûl's Miẞkôl's ißputtust Pilwą   20
Swietui rôdidams, ir ney Pusłé pasipûsdams,
Kaip kôks Smirdas dél Szelmystû Swiete nerimsta;
Bet sù Koynù kasdien' Dangaus issigásta!
Kas iß to, kad Dikfas nûg's pàs kuppiną Skrynę

Die Arbeiten des Sommers.

Gruß dir bunten Welt, die Feste gefeyert des Frühlings!
Gruß dir Menschenantlitz, erlebend den Sommer, den lieben!
Gruß euch Blumen der Flur, die Geruch erfreuen und Anblick!
Gruß! Gott gebe noch Viele dir Mensch, zu erleben der Lenze;
Freude, Gesundheit, Kraft, vergnügt die erlebten zu feyern!
Jeglichem geb' es Gott, wer der Litthauer Heimath in Ehren
Hält, und redend die Sprache der Väter hinzieht in das Schaarwerk,
Jegliches Jahr den Lenz wohlauf zu begrüßen mit Wonne;
Nach vollbrachter Feyer, vergnügt auch den Sommer zu schauen!
Also vor Pfingstenzeit einladend die Dörfner ins Schaarwerk,
Grüßt anständig sie Selmas und lehrt sie das Amt ihrer Pflichten.

 Traun, ein rüstiger Leib, der hüpfend ergreifet die Arbeit,
Ist das höchste Geschenk, ist Gottes theuerste Gabe.
Welcher Mensch hier auf Erden sich wacker zerquälet in Arbeit,
Sein nothdürftiges Mahl verzehret mit innigem Wohlschmack,
Und gesättiget drauf, dem Schöpfer danket von Herzen,
Frisch und gesund und stark sein Lager besteiget zum Schlummer,
Der kommt Jenem zuvor, der in Pracht tagtäglich gekleidet,
Doch stets seufzend und krank hinführet zum Munde den Löffel.
Was für Gewinn? wenn dort hochmüthig ein Prahler so groß thut,
Und der Welt sich zeigt, aufblähend den Leib, wie den Luftbalg.
Doch ob begangener Schuld nicht Rast hat, gleich dem Verbrecher,
Sondern mit Kain stets aufschrickt vor dem Himmel, dem blauen!
Was für Gewinn? wenn Jener entblößt, bey gefülletem Kasten

Klupodams ir wis waitódams garbina Skàrbus?   25
O nèy Grâßio ſàw, kad reik', ißmit nedrysta;
Bet nèy Blóznas wis nedarytą Witralą ſrė́ja,
Ir ſkarrôt's bey pùſnůgis kasdien paſirôdo. —

Més Lietuwninkai wyſôti, més Nabagelei
Pônams, ir Tarnáms jů ródsprilygti negalim';   30
Bèt ir pôn ßkas Liggàs kentẽt' ne priwálom'.
Ak! kaip daug Mirſtė bey Dwarůſe priſipiéna!
Kad mùs atlankyt' pamaži wēl Wáſarą re gias';
Czè wien's, rėkaudams durnay, ſu Póṭagra pjáujaſ';
O kitt's tèn, kittaip duſáudams, Dúktare ßaukia.   35
Ay! dėl ko Ponùs taip ſkaudzey kankina Lggos?
Kódėl jū taip daug pirm Czeſo Giltinē ſukka? —
Todėl, kad ſie búrißkus ißjukrami Dárbus
Su Grilkais kasdien, ir wis tingėdami pèniſ'
O ßtay més, Mieſtė per Niekâ laikomi Búrai,   40
Páſuku kiek, ar Ißrugu ſtyſtů priſiſurbę,
Wis tekini, kaip Klápams reik', atliekame Dárbus.
O kad kartais kokt dár Laßinú Szmotėli
Ar Deßrós lietuwißkôs bèn kiek paragáujám';
Tai dár jů dailiaus užbēt's mums ſėkaſt Dárbas. —   45

Róds, tare Lauras, ant kumpôs Lazdôs paſirėmęs.
Diewui bůk Garbė! ſweikt Pawáſart baigiam',
Ir Wiſſi druti pargryßtant Wáſarą mátom'.
Wey! kaip wēl aukßtyn Saulélė kôpti palówę,
Ir aukßcziaus ſawo žėrintį nůrittuſi Ratą,   50
Ant Dangaus ißgaidrito ſėdėdama žaidzia.
Wey! kaip jôs Skaiſtumm's, kurėndams žibburi Károßtą,
Žemés Wainikkůs pamaži jau prádeda wytėt',
Ir Grožybés jů puikiàs, ſu Paßaru maißo! —
Ak! kaip túla muſů Zolélů taip nuſirėdė,   55
Kad nèy Bóba jaů diddey ſukrôkuſi kumpſo.
O kiek jů Darżè Zmogaus Ranka nuſiſkine,
Ir Grožybém's jů margôm's trumpay paſiczáuguſ',
Jaugi ſuwytuſęs pro Langą ißmete laukan. —

Bet taip ir Paukßtėliams muſ' linkſmiems paſidárė,   60
Ką Geguže pakukawo, ką Lakßtingala ſukė,
Ir ką Wiewerſei Porôm's lakßtydami zaide;
Tai jaů baigieſ' wis, ar jaů wiſſay paſilowė.
Daug gywů Daiktů, kurrie Lizdė priſidėjo,
Tėwą ſu Momů praſtóję pėneſt pátys,   65

Die Arbeiten des Sommers.

Seufzend kniet und allein, die Schätz' hoch preiset, doch selber
Keinen Heller zur Noth, heraus sich erkühnet zu langen,
Sondern unabgemacht die Kost einschlürft, wie ein Bettler,
Täglich am Leibe zerlumpt, ja fast halbnackend einhergeht?

Wir litthauischen Leute wir bastsohlentragenden Armen,
Können's zwar vornehmen Herren nicht gleich thun, noch ihren Dienern;
Aber wir dürfen kein Weh auch leiden an vornehmer Krankheit!
Ach, wie Viele doch stöhnen in Städten, wie Viel' in Pallästen!
Wenn sie zur Sommer-Reis' anschicken sich uns zu besuchen,
Seufzet der Ein' allhier von der Fußgicht heftig gestochen,
Schreyet der Andere dort zu dem Arzt, ob anderer Krankheit.
Warum doch plaget der Schmerz, der grimme, die vornehmen Herren!
Warum hinrafft vor der Zeit so Viele die Göttin des Todes? *)
Darum, dieweil sie der Arbeit, unserer bäurischen, lachen,
Sich von Sünden nähren hinlebend in Mußigang täglich.
Aber wir Bauern, sieh' da, die man für Nichts in der Stadt hält,
Wenn wir entrahmte Milch nur geschlürft oder reinlichen Molken.
Thun, wie's flinken Gesellen geziemt, im Springen die Arbeit.
Doch wenn dann und wann uns erlabt ein fettiges Schnittlein,
Oder ein mäßiger Bissen gereicht von der Litthauer Würsten,
Siehe so bürden sie gleich desto schlauer uns grössere Last auf.

Gott sey gelobt! sprach Lauras, gelehnt auf seinen gekrümmten
Stecken: wir haben gesund nun den Frühling beendet und grüßen
Frisch und stark insgesammt aufs Neue die Rückkehr des Sommers.
Siehe, nun steigt nicht höher die Sonn' hinauf an dem Himmel.
Da sie ihr glühendes Rad auf den höchsten Gipfel gerollt hat,
Spielt auf blauem Gewölbe des Himmels sie thronend, des heitern. *)
Heißer entflammet die Fackel in ihrer strahlenden Hand nun.
Darum begannen die Kränze der Erde schon wieder zu welken,
Und die Zierden der Flur hindorrend zum Heu sich zu mischen.
Manche der Blumen nun steht, entkleidet von jeglicher Schöne,
Wie ein Mütterlein ach, ein alterndes, krümmend den Rücken.
Viele, die jüngst in den Gärten die Hand der Menschen gepflückt hat,
Die vielfarbig an Reiz uns kürzliche Zeit nur erfreuten,
Warf dieselbige Hand, zum Fenster hinaus, die Verwelkten.

Gleiches Geschick auch traf unser fröhliches Sängergeflügel:
Was die Nachtigal lieblich uns sang, was der Gugguck uns zurief,
Was in gepaartem Flug uns vorgescherzet die Lerchen,
Hört allmählich nun auf, oder ist schon gänzlich verklungen!
Viel Lebendiges, was im Nest erhalten sein Daseyn,
Ist schon Vater und Mutter geworden, sich selber ernährend,

Ir Dainàs sawo Tewû atkartódami ʒypst.
Taip trumpùm' Cʒésê nēy naujas Swiet's pʒidárê. —

    Tókius aß Dywûs kaip sên's Ʒmogùs pamatydams,
Irgi dusáudams iß Sʒirdiês tû ßúkteru graudʒey:
Ak! taru kaip wissay nieking's musû Weikolas Amʒio! 70
Neê silpni Daiktai, kaip ßwent's mums praneßa Dówyd's,
Nēy Ʒolkēs ant Laukû, dàr áugdami, ʒydim'.
Roʒnaswiens Ʒmogùs uʒgimdam's Pumpurui lygus,
Ja kurrio Ʒiedélis jo pirmjaus ißsilukßtin',
Ik' potám jis, pērʒydējes ir nustrēdęs, 75
Uʒauginn' Waisùs, ir Amʒi sáwo pabaigia.
Taip, iß wisso taip, ir mums Biednienis pasidaro. —

    Mês (taip Pon's kaip Bûrs) Lopßij' werkßlendami Biedʒei,
Amʒ'o búsenczo tikt blógą Pumpurą ródóm'.
O paskuy, kad Cʒesas jau ʒydēti pareina; 80
Sʒtay wiens, kaip Ponatis, pónißkay ßokinēdams,
O kitt's búrißkay, kaip Bûrwaikis beginēdams,
Jaunas sawo Dienàs glupay gaisidami lóßta:
Bèt ßtay! kad Usai pirmi jau prądeda ʒélti,
Ir kad Dárbus jau sunkókus reikia nutwérti; 85
Av! kur dingsta glúp's ir waikißkas Sʒokinējim's? —
O kiekʒyk', linksmay ßokinējant ir besispárdant,
Giltine sù Rauplém's piktóm's atßókusi smáugia;
Ar sù Barßtligge dár tikt smáką pasuka Biedʒu.
Bèt ir Klápams ir Mergóms ji gátawa Dalgi 90
Aßtrina wis, ir jáuno jû n'atbódama Wéido,
Kirsteria taip aklay, kad Rásos irgi Reppurrēs,
Sù Groʒybémis wissóm's ė Nieką pawirsta.
Taigi matai, kaip ʒmógißkas trumpintelis Amʒis
Ʒydinczēkis ir krintanczóms prilygsta Ʒolélēms. — 95

    Laurui taip besidywijant, ßtay, girgʒteria Durrys,
Ir Sʒaltyßus Selmas tû wissiems pasiródē.
Sʒtay, tare jis, tûjaus skaitydams Grómatą Póno,
Sʒtay, porýt' musû Póns mùs bēgt' ė Baudʒiawą suncʒia,
Ir iß Staldû jo ißgrámdyt' Méʒini liepsa; 100
To dél jau Weʒimùs, kaip reik', taisykite kóʒnas,
Ir sù Sʒákēms bey Rableis atbēgkiti greitay.
Ʒinnot' juk wissi tàs méʒant pulasi Bûrams,
Ir kiekwien's numanai sawo Murgą jau primatûtą.
Aß, kad Diew's laikys, tarp júsû mudrey makaliôdam's, 105
Netiktay, kad méʒit' jùs wiernay pridabósiu,
Bèt ir iß Sʒirdiês, kad grámdyt' reik's, pámokysu.

Die Arbeiten des Sommers.

Singet das Lied der Eltern in wiederholenden Tönen.
So entstand eine Welt, eine neue Schöpfung, im Kurzen.

Wenn ich im grauen Haar erblickend die Wunder betrachte,
Ruf' ich von Herzensgrund aufseufzend und bitterlich weinend:
Wie vergänglich ach, ist, all' unser Leben und Weben!
Blumen des Feldes gleich, wie der heilige Sänger gesungen,
Wachsen wir auf und blüh'n — ein Geschlecht gebrechlicher Wesen.
Eine zarte Knosp' ist jeglicher Mensch, der geborne,
Die als Blüthe den Kelch aufricht und sich lüpfend entfaltet;
Bis sie dann übergeblüht, abwirft die welkenden Blätter,
Auferziehet die Frucht und schließt die Zeit ihres Daseyns.
Dies — ist ganz die Geschichte von uns armseligen Menschen!

Wir, so Bauer als Herr, armselig in Wiegen noch winselnd,
Zeigen von unserm Seyn, dem künft'gen, nur werdende Knospen.
Aber hernach, wann schon die Zeit annahet der Blüthe,
Kommt der Eine daher als vornehmer Junker gehüpfet
Und der Andere plump als Bauerknabe gesprungen;
Beyd' ihre Frühlings-Tage verscherzend in thörigtem Kurzweil.
Doch wenn das erste Gesproß anhebet zu keimen des Milchbarts,
Müssen zur Arbeit gleich, zur schweren, wir regen die Hände:
Ey! wo bleibt alsdann das kindische Hüpfen? der Kurzweil?
Oft ach! während dem Springen, und trotz des Sträubens u. Wehrens,
Schreitet der Tod einher, durch bösliche Blattern zu würgen;
Oder durch hitziges Fieber hinrafft er die hülflosen Kleinen.
Beydes, den Knaben sowohl als den Mägdlein schärft er die Sense,
Stündlich zu mähen bereit; nicht achtend ihr jugendlich Antlitz,
Hauet er blindlings zu, daß fliegen die Locken und Hüthe,
Jeglicher Schönheit Zier hinfällt von dem sinkenden Haupte.
Also ja siehest du wohl, wie die Zeit des Lebens, die kurze,
Gleich der blühenden ist, und gleich der verwelkenden Blume!

Als sich Lauras so wundert, eröffnet knarrend die Thür sich
Und herein tritt Selmas vor Aller Augen, der Schultheiß.
Aufgemerket! so rief er, und las das Schreiben des Herrn ab:
„Uebermorgen, so heißt's, erscheinen die Bauern zum Schaarwerk,
Um den Dünger hinauszuführen aufs Feld von der Stallung."
Haltet ein Jeglicher flugs eilfertig die Wagen zum Anspann!
Hurtig erscheinet mit Gabeln alsdann und mit Haken! Ihr wisset,
Was bei der Dünger-Fuhr, als Pflicht oblieget den Bauern.
Jeglichem ist auch bewußt sein zugemessenes Feldstück, *)
Ich werd' auch unter euch, so Gott will wacker mich tummeln;
Nicht nur scharf darauf seh'n, daß ihr säuberlich streuet den Dünger,
Sondern von Herzen auch lehren, ihn gründlich zusammen zu laden.

Taip ißtâręs jis, Ruleis pro Purris ißßóko,
Ir ant Rummelio kêtwergio tůjaus uſſimétęs,
Skubbinoſ' ir kittiems Kaimynams Urdeli ródit'. 110

O kaip jau Dienâ paſakyta buwo praßwittuſ',
Stay, Baudżauninkai wiſſi Pulkais ſuſirinko.
Wien's ſawo Kabit, o kittſai naujintelę Szákę
Neßdams ir beſiſkubbindams tikt bėga, tikt bėga.
Albas Szúdleteręs naujas tyczómis paſidáręs, 115
O Enſys Ratelius taipjau naujůs uſſimowęs
Sù kittais Baudżauninkais į Baudżawą tatßkė;
O Bernai wiſſi naujas Wyżas nuſipynę,
Ir Autůs naujůs iß Drobės ſaw paſidáręs,
Wis tekini kitt's kittą néygi pranókdami ßóko. 120
Tai ißties Dywai, nės taip ne darydawo Búrai.
Sako jůk wiſſůr, kad Búr's į Baudżawą ſlenka;
Ir kad kartais sù Piktu jį reikia pajuddit',
Kad, kaip pūlaſ' jám, jis żengt' ir dirbt' uſſigeiſtu.

Alle ką máczija? czė mums nė reik nuſidywyt'. 125
Amtsrót's Walſczaus to, kurſai tą Baudżawą waldė,
Tóks ßirding's buwo Pôn's, kad kóżnas jo paminėdams,
Dar wis werkia: nės jiſſai jau nůmirrę pérnay.
Ak! ißtieſ' ir wert's, kad jo kasdien paminėtu;
Ir, kad jo Waikû Waikai paminėdami werktu. 130
Tai buwo Pôn's! ak tokį mės wėl raſſime Swlete!
Miſlyk tikt Gaidau! kaip jis mylėdawo żmónes,
Ir dėl ko ji wėl wiſſi mylėdawo Búrai.
Daug yr' Pônpalaikiû, kurrie pamatydami Búrą,
Spjáudo nėy ant Szùn's ir jį per Drimmelį laiko; 135
Lygey, kad żmoguttis tóks nė wert's paźurėti.
Alle nabaßninks Amtsrót's taip ne darydawo Búrui;
Bet wiſſůr, kaip Tėw's aßtrey użſtódawo Biedżiu.
Keikeſczû niekadôs iß jo Burnôs, ne ſuláukem';
Ir kad kuczės jis Burůs ißgirdawo keikiant, 140
Tai tů tėwißkay jis jůs mokėdawo kólot'.
Jis ne ſakydawo Tù, bet wis paſakydawo Júſu:
Ir ißkóodams jis wis ißtardawo Júſu:
Nės tikt wókißkay jiſſai mokėdawo kólot'.
O kad kartais ßį ar tą reikėdawo gárbit', 145
Tai jis tám lietůwißkay padarydawo Garbę.

Alle dabok Brolau! aß taw daugiaus paſakyſu:
Tů ſů manim' żinnai, kaip Búrą Baudżawa baudżię;
Ir, kaip Biedżus tóks kasdien kantrey paſilenkęs,

Die Arbeiten des Sommers.

Sprach's, und lief über Hals über Kopf hinaus zu der Hausthür,
Warf in eiliger Hast sich auf den Hengst, den vierjähr'gen,
Um denselben Befehl ankündend zu bringen den Nachbarn.

Als nun das Morgenroth aufging des verkündeten Tages,
Sieh, da waren zu Hauf die Schaarwerksleute gekommen,
Einer die Gabel hintragend, die Neue, der Andre den Haken;
Jeder beeilte sich flink: lief hin, was laufen er konnte.
Albas hatte mit Fleiß sich andere Leitern verfertigt,
Und Ensys ein Rad, ein neues, gedrehet auf die Achse.
Also zog er hinaus, samt anderen Wirthen, ins Schaarwerk.
Aber die Knechte, die hatten, ein Jeder sich Sohlengebinde
Neu geflochten, und leinene Binden am Fuß sich gefertigt.
Einer dem Andern zuvor — also liefen sie alle, mit Hüpfen.
Wahrlich, ein Wunder! so pflegt's nicht sonst zu gescheh'n von den Unsern.
Sagt man doch überall, daß die Bauern nur schleichen ins Schaarwerk;
Daß man zuweilen sie gar mit erzürnetem Muthe bewegen
Muß, ihre Pflicht zu thun, daß die Hände sie regen und Füße.

Aber was hilft's? was darf man hier sich verwundern? Der Amtsrath,
Welcher dem Schaarwerk gebot, in diesem Bezirke der Herrschaft, *)
War ein so freundlicher Herr, daß Jeglicher, seiner gedenkend,
Herzlich noch immer weint. Ein Jahr ist's, daß er gestorben.
Ja, er verdient's fürwahr, daß täglich sein wir gedenken,
Und daß Kindes Kind noch weint ob seinem Gedächtniß.
Das war ein Herr! Desgleichen ist kaum auf der Welt noch zu finden!
Denke nur Freund! erwäg's, wie lieb er dir hatte die Leute,
Und weshalb ihn wieder die Leute so pflegten zu lieben:
Viele der Herren von g'ringerem Stand', erblickend den Bauer,
Wenden von ihm das Gesicht, werthachtend ihn kaum einen Hund nur;
Gleich als wär' ein Mensch, ein solcher, nicht würdig des Ansehns.
Aber der Amtsrath, der Sel'ge, begegnete so nicht den Bauern;
Sondern er stand überall, ein Vater, dem Armen mit Macht bey.
Nie ist irgend ein Fluch von seinen Lippen geflossen.
Wenn er indeß die Bauern zuweil anhörete fluchen,
Väterlich pflegt' er sie dann zu belehren ob Schelten und Strafen.
Niemals saget' er "Du: Er pflegte stets "Ihr, uns zu nennen.
Selbst wenn schelten er mußte, so drückt' er sich immer durch "Ihr, aus.
Denn mit deutschen Worten allein verstand er zu schelten. —
Aber wenn Dieser und Jener verdiente gelobet zu werden,
Pflegt' er mit litthauischen Worten, ihm stets zu erweisen die Ehre.

Aber gieb Acht, mein Freund! ich will dir ein Mehreres sagen:
Siehe, du weißt es so gut als ich, wie den Bauer das Schaarwerk *)
Plagt; wie unter das Joch tagtäglich geschmieget; der Arme

Po baisiôm's Wargû Nasztôm's wôs gál atsidwésti,   150
Ak, kas gál wissókias músû Bėdùs surokúti!
Wasara, juk żinnai, kasméts tikt wôs pasirodo,
Stay kiekwien's żoplys jau Bùrą pradeda stumdyt'.
Gáspar's ant Galwôs iszkėlęs Skiaurturę riebją,
Kaip Gaidys, Wiszras guinódams, gandina Żmónes;   155
Alle jo Tarnas Dikſas dár baisiaùs paspurtin',
Kad jis Kárdpalaikį, ney Pôn's, pri Szaliés prikabinnęs,
Tarp Baudżáuninkû mûdráudams tekti pagáuna:
Nės jis wis kytriaùs už Poną nôr padaryti,
Ir aukßczaùs už jį, tikt' mislyk, werżasi sėstis'.   160
Ar tai żwánkus Dárb's, ar reik' taip Wießpati niekit'?
O kad Blóznas toks sawo Pónui taip iſziſziėpja;
Ar Dywai, kad Bůrą jis jau wissą suėda?

    Juk żinnai Brolaù, koktù, kad ſwillina Sáulė,
Ir, kad Prákaitui Srowėms per Nuggarą tėßkant,   165
Jaù ir blog's Skilwys dėl Pietû pradeda skùstis;
Rôds ir jám Perlenkio reik' kasdien pasitiėżyt.
Alle kúmi gál biednas Bûr's sawo Wėdarą linksmit',
Kad jám Pluttos tikt ir Rėzas wôs pasilikko?
Taip wargingay jis sawo sausą Truppùti kramtęs,   170
Ir iſziróßkęs, jau Malkėlio gert' ußigeidżia.
O ką gèrs, kad Skinkio jám ney wiens nepaſúlo?
Taip jis iß Bėdôs pas Kláną kôkt' nußokęs,
Ißtiſas ir diddey duſaudams Wándeni láka,
Kùr Wabalai wiſſóki sù Warlėm's szokinėja;   175
O ßtay Dikſas sù Lazdà dár múßa Nabágą. —

    Ak, Pôn' Amtsrôt' ak! dėl kô mùms nùmirei pèrnay?
Ak, su tawim' jau ir Linksmybės músu prapúlė!
Ak Tėtutti! tawęs kasdien kiekwien's paminėdams,
Ir duſaudams, taip neſwietißkay nuſiwerkia,   180
Kad ir Akys jau kellieṁs iſzpúti pradėjo;
O kitti dėl to wėik Próto wiſſo netékę,
Baudżawą, kaip jieṁs reik, atlikk' jau nėdera Biedżei.
Rôds ir tù Baudżáuninkus į Baudżawą guidams,
Nė tingėt', bèt Dirbt' liepei, kaip půlaſi Bûrams: 185
Nėſa Karalißkąs Prowàs, ir wiſſą Rabátą,
Rożnas tùr, kaip Tarnui reik', wiernay paſſáwit?
Alle neſwietißkay Burùs tżeiſt' negalėjei —
Ak! kiekſyk' tù werkdams músu Bėdàs pażurėjei;
Ir, kad Dikſas mùs perdaug użnikdawo dôwit',   190
Tù, kaip Tėw's meiling's użſtôt' mokėdawai żmones.
Ypaczey, kad Jaweliùs nuwalyt priſtartino Cżėſas,

Die Arbeiten des Sommers.

Kaum zu athmen vermag, vor dem schrecklich bedrückenden Elend.
Ach, wer zählt die Noth, die auf uns lastet zusammen?
Kaum ist der Sommer ins Jahr, du weißt es, fröhlich gekommen,
Siehe so hebt jeder Laff' auch an, uns Bauern zu stoßen.
Gasparis dort, der den Kamm hochfahrend, den stolzen, emporhebt,
Jag't, wie ein Hahn die Hühner, umher aufschreckend die Menschen.
Diksas aber, sein Diener, noch drückender macht er sich schäftig,
Wenn er, ein kleiner Herr, auch tragend den Degen zur Seite,
Unter den Schaarwerksleuten gebieterisch anhebt zu schreyen.
Denn stets dünkt er sich klüger, und will's dem Gebieter zuvorthun,
Ja, er strebt, man denke, noch über den Herrn sich zu setzen.
Ist das ein schicklich Betragen, für Nichts den Gebieter zu achten?
Wenn nun solch ein Wicht, dem Hausherrn also den Zahn weist,
Ist's ein Wunder, wenn dieser zu Grunde gar richtet die Bauern?

Weißt, mein Bruder du doch, wie's thut, wenn brennend die Sonne
Sticht, und in Strömen der Schweiß hernieder sich geußt von dem Rücken!
Und ein hungriger Magen doch schreyt, ob verweigertem Mittag. *)
Freilich gebührt ihm sein Theil, damit er sich täglich erquicke.
Aber womit soll ein Bauer, ein armer, den Leib doch ergötzen?
Da ihm ein Kirstlein Brod kaum übrig geblieben und Käse?
Wenn er sich kümmerlich dann zernaget am trockenen Krümlein,
Will er, zu stillen den Durst, doch trinken ein labendes Tröpflein.
Aber was soll er trinken, da Niemand ihm Tafelbier darreicht?
Also schon muß er, aus Noth, zu der Wasserpfütze, zur nächsten,
Springen, und hingestreckt höchst schmachtend schlürfen das Wasser,
Wo die Frösch' umhüpfen und allerlei Wassergeflügel.
Sieh', doch begrüßt mit dem Stabe noch Diksas den Rücken des Armen.—

Warum doch bist du gestorben, zu Jahr, unser Amtsrath, du Edler!
Unsere Freuden ach! sind mit dir zu Grabe gegangen!
Deiner gedenkt wohl täglich, o theurer Vater, ein Jeder
Seufzend, und bittere Thränen ob deinem Hingang vergießend,
Daß dem Einen die Augen in Stocken gerathen vor Weinen,
Und dem Andern sogar die verständigen Sinne geschwunden,
Daß sie des Schaarwerks Pflicht auszurichten, nicht haben die Tugend.
Freilich beriefst auch du, uns Frohndienstleute zum Schaarwerk,
Nicht, um müßig zu seyn, nein, Arbeit fordernd, nach Recht; Denn
Was dem König zu leisten, erheischet der Dienst und die Zwangspflicht,
Müssen von Herzen getreu, wie's Dienern geziemt, wir verrichten.
Aber die Bauern zu tief zu verwunden, das war dir nicht möglich.
Ach wie sah'st du so oft unser Elend mit Thränen im Aug' an!
Pflegtest, wenn Diksas zu Viel aufflasten gar wollte den Leuten,
Selbigen beyzustehn, wie ein liebender Vater den Kindern.
Sonderlich, wenn schon die Zeit, das Getreide zu erndten, das liebe,

Ir Laukû Darbai mùs ì Laukùs ſuwadinno,
Sztay, tawo Rûpeſczû tûjaus iſzbuſdawo Różnas;
Taip, kàd kartais per Naktis miegot' negalėjei,   195
Ir daugſyk ſapnûdams muſû Bėdû paminėjei.
Taip beſtrúpindams wiſſókio Gėrimo greczno,
Puſpywės ir Skinkio daug liepei padaryti;
Ir, kàd mės apalpę bey waitodami dirbôm',
Tû tawo Tarnas, mùs gaiwyt', atweſdawo Bûczką.   200
Ak Pôn' Amtsrôt' miel's! dėl kô mums numirrei pérnay?

Stuy, tare Selmas, ſzu benſykt paláukite zaunit',
Ir ben gėdėkitės tokio netikkuſio Búdo.
Kùs jau bùs iſz jûſ', kàd wis raudódami kaukſit';
O paſkuy akli, bey Próto wiſſo netékę,   205
Ney Waikùs augyt', ney Darbus dirbt' negalėſit'.
Rôds Tieſû Pôn's Amtsrôt's mûſû Nabaſzninkėlis,
Swek's dár, irgi paczoj' Drutumój' nuglay paſidėdams,
Aſzkarû mùms perdaug, ir Ruùdą diddę padarė.
Juk ir aſz kelliùs Naktis miegôt' negalėjau,   210
Ir daug Aſzarû rietanczû néy kóſzte pakóſziau,
Ey kiekſyk! Deiwjû baukſztit's iſz Pátalo ſzókau,
Kàd mân jos Tamſój' ſu Raguis margais paſtróde,
Irgi praryt' mano Dùſzę wis ì Pátalą ſiekė;
Todėl iſz Bėdôs nuſipirkęs diddelę Púczką,   215
Irgi paprówijęs ję, po Galwû paſidėjau.
Stay! potâm mannę jau daugiaus nè gandino Deiwės,
Ir aſz Naktij' rėkaut' ir durnût', paſilówjau.

Jau Dywùs Warlû, bey Pėliû, irgi Pe'kdû
Sù Naujienôm's Kregżdû, bey nuplikkuſû Zwirbliû,   220
Ir kàs dar daugiaus tokiû Dywû paſidáre;
Wiſláb ant Laktôs, kur Wiſztos tuppi padėję,
Skubbikimės pirmjaus iſz Staldû Meżinì kráuſtit',
O paſkuy, kàs dár daugiaus tokiû Dowanėliû,
Czè, ar tén bùs ſudrėbta, wiernay pawalykim'. —   225
„Kam jūkies, żoply! girdėdams mandagu żódì?
„Ar ne żinnai, kàd Bûrs nôr greczną Grúdą ſuláukti;
„Tai pirmtô ſiſſai tur greczną Szûdą pakrėſti?
„Pûdni jùk kasdien, kàd kokì Wirralą wérdi,
„Druſzkôs ne tiktay, bèt dár, ir Uźdaro reikia.   230
„Kâm neſiſûdęs ir n'uſſidárę nèſrebi Srubbą?
„O tù dár jûkies, kàd Klápai Meżinì rauſo,
„Ir pardówitom's Dirwėlėm's Użdarą taiſo?
„Taigi nutwérk Rykùs, kurrie tâm yr' padaryti,
„O mjk greitay ir linkſmày pakwippuſt Skárbą!   235

Die Arbeiten des Sommers. 45

Kam, und die Ackerhandthierung hinaus uns rief in die Felder,
Dann erwachte sogleich dein ganzes Besorgniß um Jeden,
Daß dir die Nächte hindurch sogar zuweilen der Schlaf floh'
Und in Träumen dir oft obschwebt' unser häufiges Elend.
Also bekümmert im Herzen, gebotest du köstlich Getränke:
Allerlei Halbbier flugs und Tafelbier zu bereiten.⁷)
Wenn wir vom Durste geplagt heiß schmachtend erseufzten in Arbeit,
Kam, uns zu laben, sogleich mit dem Faß angefahren dein Diener.
Warum ach, mußtest du sterben, zu Jahr, unser Amtsrath, du Edler!

  Still! sprach Selmas, so hört einmal doch auf mit dem Winseln!
Schämen ja müßet ihr euch ob dem ungeziemenden Wesen.
Was kommt endlich heraus wenn ewig ihr heulet und wehklag't?
Müssen die Augen, zuletzt Verstand und Sinne doch leiden,
Daß ihr die Tugend verliert zur Erziehung der Kinder und Wirthschaft.
Wahrheit ist es nun wohl, daß der selige Herr, unser Amtsrath,
Als er in Fülle der Kraft noch blühend und frischer Gesundheit
Plötzlich starb, viel Thränen erregt, viel herzlichen Kummer.
Konnt' ich doch einige Nächt' hindurch ja selber nicht schlafen.
Thränen entflossen mir strömend, wie Wasser-Erguß durch die Seige.
Häufig auch schreckten Gespenster mich auf, daß ich fuhr von dem Lager;
Denn sie erschienen bei Nacht, vielfarbig in Hörnergestalt mir,
Langeten stets nach dem Bett und wollten die Seele mir rauben.
Um der Gefahr zu entgeh'n, erkauft' ich ein Feuergewehr mir,
Lud es und legt' es geladen mir unter die Kissen des Hauptes.
Sieh', jetzt wagten nicht mehr die Gespenster, mich ferner zu schrecken.
Ruhig nun schlief ich bey Nacht und hörte mit thörichtem Schrey auf.

  Lasset die Wunder der Frösche nunmehr und der Mäus' und der Enten,
Samt der Geschichte der Schwalben und abgefiederten Spatze,
Oder was sonsten noch mehr sich ereignet von Wundern des Lebens,
Alles das laß't auf die Latte, wo Hühner aufsitzen, gestellt seyn!
Eilen nun laßt uns, zuerst aufs Feld den Dünger der Stallung
Fördernd zu schaffen, dann laßt uns die kleineren lieben Geschenke,
Welche sich hier oder dort, als Häuflein gesammlet, hinausthun!
„Nun, was hast du zu lachen, du Thor, ob der ehrbaren Rede?
Weißt du denn nicht, daß der Bauer, der köstliche Früchte will erndten,
Köstlichen Mist auf den Acker zuvor muß säuberlich ausstreu'n?
Sieh' es bedarf der Topf, der täglich uns kochet das Essen,
Nicht nur des Salzes, er muß sein Abmachsel hörig auch haben.
Schlürfst du unabgemacht wohl, oder ungesalzen, die Suppe?
Warum lachst du darob, daß die Burschen den Dünger zerwühlen?
Und dem gemagerten Feld sein Abmachsel also bereiten?
Drum so greife nur flink zum Werkzeug, hierzu bereitet!
Streue mit freudiger Hand und hurtig den duftenden Schatz aus.

„Iß menkû Daiktû daugsyk' Dywai paſidáro;
„O iß Mėßlo ſmirdinczio Żegnóne pareina. —

  Tûl's nuſwillęs Pónpalaikis rôd's ſûkiaſi Bûrams,
Ir beſißypſodams jû Dárbus niekina Blóznas;   240
Lygei kad tokſai bè Burû gál iſtremti;
Irgi bè Mėßlo ſû Piragais gál paſiwálgit'.
Ak! kùr dingtu Pónai, kad jie Bûro netektu;
Ir, kad Biedżus tôks ſù Szûdais jiems nepadėtu.
Taigi nebókite, Klåpai! kad ißmėżdami Szûdus,   245
Kartais dėl wiſſókiû Kwápû turrite cżaudit',
Ir kad jûs Staldė daugſyk' klampódami ſténat'.
Rôds Darbelio jûſû Ponárżû lėpuſi Nóſiė,
Baidôſ', ir wis póniſzkay użkumpuſi ſûkiaſ';
Alle dabôk tiktay, kaip weikey ji nůſilenktu,   250
Kad Barßczus nedarytus ir priſwilluſę Grucżę
Taip, kaip Biedżei mės kasdien į Wėdarą kißtu,
Ir ſu Wyżomis, priſiwargt' į Baudżiawą ſuktûſ'. —

  Selmay! ką kalbi? ar Pónams taip paſakyſt?
Ar nèżinnai kàd Bûr's iß tôlo Póną památęs,   255
Tùr Keppurrę nuwóżt', ir poniſzkay paſiklónot'?
O tù dàr dryſti jiems taip durnay paſiturſit'?
Ar nebiſais', kàd jie dėltô tàw Sprándą nuſuktu;
Argi nutwėrę prie Plaukû Staldė pakabytu?
Gwietė rôds wiſſùr randi netikkuſt Żóplì.   260
Jis nè kyßo tikt' wis po ſurukkuſe Skránda;
Bèt ir po Szilkais daugſyk' jis ſûkiaſi glûpas.
Taigi nè dywikis, kàd kartais Drimmelis puikû
Zaunijant girdi. Jis taip glupay nedarytu
Kàd jo Tėw's jį bût' mûſu Dárbus dirbt' pamokinnęs.

  Jaugi ganà ßiamſyk' Staldė pàs Meżinį żûtit';   265
Dàr ir Piewoms reik's, ir Dirwoms ką paſakyti.
Waikai, ſkubbikitės, ant! Wakar's jau priſiartin';
O Rytôj' reikės pamaži Dalgiùs paſiprówit'.
Ar nè girdit', kaip ßienáut' jau Putpela ßaukia,
Ir kas żiemai reik's, ſukráut' į Kuppetą liepja?   270
Ak ir Czėſas bùs; Joninnû diddelę Szwentę,
Kaip kiekwien's żinnai, poryt wießėdami ßwėſtim';
O n'ilgay po to Laukû Truſûs nuſitwėrſim'. —

  Ak! tare Bindus, rôds dàr daug mùms reik's paſipurtit',
Ik wiſſùr ſawo bûrißkùs atlikſime Dárbus.   275
Alle żelėk Diewè, kaip gál warging's Gaſpadėrus

Die Arbeiten des Sommers.

Oft aus kleinlichem Ding entsteht sehr wunderbar Großes.
Segen entsprießet dem Mist, dem übel erduftenden Dünger.

  Manches Herrlein, versengt am Ofen, verlacht zwar den Bauer,
Höhnet mit spottendem Zahn, ein Schalk, die mühselige Arbeit.
Als ob solch ein Wicht wohl könnte die Hand' in die Seite
Setzen ohne die Bauren, und Semmel wohl äß' ohne Mistfuhr.
Ach wo blieben die Herren, wofern die Bauern nicht wären?
Wo? wenn ihnen der Landmann zu Hülfe nicht käm' mit dem Dünger?
Drum verzaget nur nicht, ihr wackern Gesellen der Mistfuhr,
Wenn gleich mancherlei Duft anhauchend zum Niesen euch bringet!
Oder der Ställe Geschlamm euch gar entlocket ein Seufzen!
Freilich es grau't dies Werk der Herren verzärteltem Antlitz;
Rümpfen sie doch darüber die vornehm gebogene Nase.
Aber gieb Acht, sie ließen, wie bald, bescheiden sie hängen,
Wenn sie gesäuerte Rüben, unabgemacht, wie wir Armen, *)
Grütze, so angebrannt, tagtäglich nur böthen dem Magen,
Oder mit bastigen Sohlen, zur Plag' hintanzten ins Schaarwerk.

  Selmas was spricht dein Mund? ist's recht, das den Herren zu sagen?
Weißt du nicht, daß ein Bauer den Huth abzieh'n von dem Haupte
Muß, wenn er fern den Herrn nur erblickt, und sich tief vor ihm neigen?
Und du erkühnest dich, ihnen so thörigt den Rücken zu weisen?
Fürchtest du nicht, sie könnten den Hals umdreh'n dir zum Lohne?
Oder an Haaren gefaßt, frisch auf an die Stallthür dich henken?
Sieh! überall in der Welt sind ungerathene Thoren
Denn nicht stecken sie nur im schrumpfigen Pelze der Unsern,
Nein aus seidnem Gewand oft lacht ihr thörichtes Wesen.
Wundre darüber dich nicht, wenn also den vornehmen Wicht du
Schwatzen da hörst voll Wahn! Er würde so thöricht nicht plaudern,
Hätte sein Vater ihn ernstlich erzogen zu unserer Arbeit.

  Aber genug gescherzt, dies mal, vom Stall und vom Dünger!
Auch die Wiesen erheischen von uns, die Felder, ein Wörtlein:
Kinder beeilet euch flink! ihr sehet den Abend schon dämmern;
Morgen ertönt die Sens', ihr schärfet sie probend zum Heuschlag!
Höret der Wachtel Ruf: Mäht Gras! mäht Gras! schon ertönen.
Für den Winterbedarf schon heißt sie euch setzen die Haufen *)
Zeit ist's schon: wir feyern Johannis heiligen Festtag
Uebermorgen, wo Jeder, du weißt, zum Gastgeboth hingeht.
Bald nach dem Feste, dann heißt's: hinaus in das Feld zu der Arbeit!

  Ach! sprach Bindus, wir werden noch tapfer zu rühren uns haben,
Bis auf allem Gefilde vollbracht ist die ländliche Arbeit.
Aber, erbarmender Gott! wie kann ein mühseliger Landwirth

Iß BėdŽs iſſkriſt', kad jam Szeimyna ne klauſo.
Aß, girdėk Brolau! ßią Kiauße żilą ſulaukęs,
Irgi nemaż ant Swieto kaip ir taip priſibandęs,
Daug Dywû ir daug Naujienû taw paſakyſu: 280
Tėw's mano Bindus nůmirdam's manę mažą palikko;
O Naßlė Momů maitytiſ' Ubbagais ėjo;
Todėl iß Bėdôs man wargſtanczjam Nabagėlui
Služit', ir Kiaules warinėt', pàs Blebberi tėko.
Taip aß Walandą wiernay jo Kaimenę gānęs,   285
Ir dėl Smárwjû bey Bjaurybjû daug priſiwargęs,
Jau potám akkėt' ir Žagrę ſėkt' panorėjau.
Nės aß jau kaip glúpas Waik's daug Rázumo ródžiau,
O kaip Pusbernis nė wieną žilti praßókau;
Todėl Padarines wiſſókias wôs pažurėjau,   290
Sztay jau, miſlik tikt', jůs taip ißdróßti mokėjau,
Kad tûl's Bėrnas ſėn's dėlto diddey nuſigando,
Ir beſigėdėdams ſaugójos mán paſiródit'.

Rôds negražu žilliems Bernáms, ir diddelė Gėda,
Kad jûs kôks Bernuk's glupôk's apgėdina dirbdams;   295
O ßtay, dár Algôs tokie daug Dôleriû tyko,
Ir wis Páßėlio daugiaus ißwerżt' neſigėdi.
Ak! kur dingo Prúſûſe barzdóta Gadynė,
Kaip Služaunink's dar už menką Pinnigą klauſė!

Aß, dár Waikpalaikiû glupů pás Blebberi búdams,   300
Daugſyk dywijaus, kad kôks turting's Gaſpadórus,
Sù Bernais kasmėt's ſuderėdams, Dôleri ſůle;
O Bernai dár gyrės, kad kokſai Geradėjas,
Kartais iß tikrôs Szirdiės Szeßtôką pridėjo;
O kad Kėlnes jiems ir owt Wyżį pažadėjo,   305
Sztay, jie dár už Garbę tą diddey dėkawójo.
Bėt kaip Swiet's potám diddžiutis jau praſimánė,
Ir Lietůwninkai ſu Wokieczeis ſuſimaißė;
Sztay ir Wieżlibumm's tůjaus, ė Nieką pawirto;
Taip, kad Klapai Wyżû wieżlibay padarytû,   310
O Mergaitės krôſitû Marginnû ne kenczia. —
Klapai, kaip Ponáczei ſù puikeis Sopagáczeis,
O Nenáudėlės Mergaites ſù Kedeláczeis,
Lyg kaip Jumprowos, paſirodit' jau neſigėdi.
Taip Lietůwninkai ſawo Wieżlibummą pražaidė.   315

Tikt girdėk Brolau! kaip mán Biednám paſidárė:
Aß kone penkias dėßimt's Mėtů ßį ſawo Namą
Wieżlibay waldydams, ir niekadôs nepateikdams,

Die Arbeiten des Sommers.

Aus der Noth sich erretten, wenn ihm nicht gehorcht sein Gesinde?
Höre mein Bruder, ich habe, bei dieser ergraueten Scheitel!
Vielfach mich in der Welt versucht und Vieles erfahren.
Wunderbar sind die Geschichten, ich will sie dir treulich erzählen:
Bindus mein Vater starb und ließ als verwaisetes Kind mich.
Aber die Mutter erwarb ihr Brodt, als Wittwe, mit Betteln.
Also fiel mir das Loos, mir armen verlassenen Knaben,
Früh schon dienen zu gehn und des Blebberis Hirte zu werden.
Als ich geraumige Zeit ihm treulich gehütet die Säue,
Ausgestanden auch hatte viel Noth und schmutziges Elend,
Wünscht ich sofort an den Pflug und hinter der Egde zu kommen.
Denn als thörigter Bube, schon wies ich nicht wenig Verstand doch:
Manchen Graukopf selbst übertraf ich als dienender Klein=Knecht.
Welches Geräth' es auch war, nie auf den Unterschied sah ich.
Denk' ich verstand schon Sachen so fein dir zu hobeln, daß mancher
Alt=Knecht selber sich wundernd erstaunt' ob solchem Erzeugniß!
Und erröthend nicht fürder vor meinem Antlitz sich seh'n ließ.

    Freylich nicht Ehr' und Ruhm für graubebärtete Knechte:
Wenn ein Beyknecht sie, ein tummer, beschämt in der Arbeit.
Siehe doch lauern sie drauf viel Thaler als Lohn zu erhalten.
Schämen sich beyseits nicht, an Aussaat mehr zu erzwingen, [10]
Ach, wo blieb uns Preußen die gute graubärtige Zeit, als
Noch für weniges Geld zum Jahrlohn dient' ein Gesinde?

    Als einfältiger Knab', einst noch dem Blebberis dienend,
War ich nicht wenig erstaunt, wie mancher begüterte Hauswirth
Einen Thaler verdang an jährlichen Lohn mit den Knechten,
Und glückselig die Knechte sich priesen, wofern noch der Hauswirth
Aus gutherziger Mild' oft einen Sechser nur zugab.
Sagt' er der Bastsohlen noch Zwey Paar ihnen zu — und ein Beinkleid,
Siehe so dankten sie sehr für solch' ein Ehrengeschenk noch.
Doch, seitdem die Welt auf Verschwendung sann und auf Großthun,
Und sich der Litthauer Stamm mit dem deutschen Geschlechte vermischte [11]
War alle Tugend dahin, verschwunden auch jeglicher Anstand;
Daß nun die jungen Männer die Bastsohlenschuhe, die edlen,
Und die Jungfrau'n nicht die bunten Marginnen mehr leiden [12]
Konnten; die Burschen vielmehr wie Herren mit zierlichen Stiefeln,
Und leichtfertig die Dirnen in kurzen Röcken sich zeigten.
Nicht mehr schämten sich diese, wie Fräulein geputzt zu erscheinen.
So ging leyder, die Tugend des Litthauer=Volkes verlohren! [13]

    Höre mich Bruder nur an, wie mir Armsel'gen ergangen!
Funfzig Jahre bereits verseh' ich die ländliche Wirthschaft,
Als anständiger Wirth, bin niemals müßig gewesen;

Pónams toip, kaip Bùrams wis ſtikti moķėjau;
Tikt Szeimynai ant Garbės padaryt' negalėjau. 320
Mán Szykßtumm's Klaſtû, kàd ßuttinu diddelt Pûdą;
O kàd rèik' padalyt', Szmotus wis kyßteriu r.eb,us.
Todėl wôs Dywai, kàd kartais Mėżlawą mielą,
Użmokėt' n'imanaù, ir Amtmôn's ißbara wiſſą,
O ßtay mán daugſyk dėl Czyżės taip paſidarė. — 325

Bèt àk! Kaipgi galù mokėt', kùs reik', ſawo Pónams?
Kàd nelgbù Szeimyna jaù manę wiſſą ſuėdė? —
Ak! wán Biedżui jaù beweik reik's Ubbagais eiti. —
Kárwſû bey Awjû, bey Jáuczû diddelt Pulką
O ir Kiaulû bey Ożkû taip daùg meſinėjau, 330
Kàd jaù wôs żinnójau, kùr Skuràs pakabiti.
Tikt użwákar dár prieſdit' pamußiau Bulliu,
Nû kurrio iķ' Dienai ßei (tikt Gėda ſakyti)
Wôsgi Ragai ſù Káulais, ir Skurų paſilkko.
O ßtay, wémdami dár, Werßienôs jaù praſimánė, 335
Ir diddey manę gwóltija, kàd aß paskuttinnį
Ir wienturtį Werßį jiems meſinėt' pażadėczau. —

Bindżui taip beſiſkundżant, ßtay Pulkai ſuſibėgo,
Ir wiſſùr Rėksmai: ßôk, kirſk, grėbk, kráuk! paſidarė.
Tû Laukai, kaip Skrusdėlyn's kribżdė'i pażáwo, 340
Ir Gaspadórei ſû Bernais ßienkudami ſpardėſ'.
Ródėſ' mán, kàd wiſſas Swiet's kowót' ſuſibėggs,
Kárdus ir Szoblės į márgas nùneßa Piewas.
Sztay tujaùs wiſſùr ißßiepuſi Giltinė ſmáugė,
Ir wiſſôms Lankėlėms Raudą diddę padárė. 345
Nės dar daùg Żiedû tikt' wôs żydėti pradėjo,
Ir Daugumm's ſù wôs ſawo blógą Pumpurą ródė.
Daugel dár wiſſùr nėy Bùrû Kudikei żáidė;
O kitti jaù ſû żillôm's Bárzdoms ſwirinėjo.
Giltinė ſù Dalgiù, nėy ſėną grėmżdama Barzdą, 350
Bùrams żù wiſſiems wiſſùr ißtußtino Piewąs;
Tikt Plaucżûno wieno dár nè kruttino Sklypą.

Tùs Nenáudeliſ Plaucżûn's pas Gáspará pèrnay
Talkojė pawittôt's, taip baiſey buwo pririjęs,
Kàd jis Náktij' ant tamſû Laukû klidinėdams, 355
Bùddę naują ſù Dalgiù ßukkėtu prapuldė,
Irgi namôn, ißaußus jaù, wôs wôs parſibáſte.
Taip jiſſai paſkùy per Dieną wiſſą miegódams,
Pamestû Rykû Laukė jėßkot', neminėjo,
Ik' po Mėto wėl ßienáut' jau Putpela ßaukė. 360

Die Arbeiten des Sommers.

Herren sowohl als Bauern verstand ich's nach Willen zu machen;
Aber dem Hausgesinde zu Dank noch, macht' ich es niemals.
Mir heißt Geitz ein Betrug, wenn der größeste Topf an dem Feuer
Sprudelt; was ich vertheile sind stets die fettesten Schnitte.
Ist's ein Wunder daher, wenn oft ich den Jahrzins, den lieben,
Gar nicht zu zahlen vermag, und der Amtmann tüchtig mich ausschilt?
Siehe so ist es mir oft um Zahlung des Zinses ergangen.

Aber wie bin ich im Stand', den Herren zu steuern was Recht ist,
Wenn mich das schlechte Gesind' aufzehrend zu Grunde gerichtet?
Ach, mich Armen, mich wird die Noth bald zwingen zu betteln!
Kühe hab' ich genug, nebst Schaafen und Stieren in Menge,
Ziegen und Säue nicht minder in solcher Anzahl geschlachtet,
Daß ich den Raum kaum fand, wo aufzuhängen die Häute.
Nur Vorgestern ließ zur Speis' ich schlachten den Haus-Stier,
Und von diesem da sind (fast schäm' ich mich solches zu sagen)
Heute kaum Hörner und Haut und Knochen nur übrig geblieben.
Aber noch satt hiervon, verlangen sie wieder schon Kalbfleisch,
Setzen gewaltig mir zu, auf daß ich mein einziges, letztes
Kalb, was lebend noch ist, denselben verpfände zu schlachten.

Während Bindus so klagte, da häufte die Schaar sich und plötzlich
Scholl überall Geschrey: lauft, mäh't, harkt, setzet in Haufen!
Sieh, da beganns im Felde wie Ameisenhaufen zu wimmeln;
Wirthe taumelten flink unter Knechten sich mischend im Heu-Aust.
Schien es mir doch, ob die Welt allseits sich gerüstet zum Kriege,
Blinkende Schwerdter und Spieß' auf die blumigen Wiesen getragen.
Aber nun fing auch gleich hohnlachend der Tod an zu würgen.
Rings entstand Wehklag' auf Wiesen umher und Getrauer.
Aufgeblühet war eben der Blümlein größere Schaar erst,
Andere ließen noch kaum die Knospen nur sehen zum Aufbruch.
Diese noch spielten ihr Spiel, gleich Bauerkindern, in Kurzweil,
Jene schon wankten dahin graubärtig als zitternde Greise,
Aber der Tod mit der Sens' hinschor, wie den alternden Bart sie,
Macht aufräumend die Wiesen nun leerer der sämtlichen Wirthe;
Einen nur einzigen Fleck unberührt doch ließ er, des Plautis.

Der nichtswürdige Plautis, ein Jahr ist's daß er zum Austmahl [24])
In des Gasparis Haus eingeladen, so arg sich berauschte,
Daß er bey dunkeler Nacht im Feld' verirrend, den Wetzstein,
Seinen noch Neuen, verlohr, samt seiner geschartigen Sense.
Kaum mit Anbruch des Tags erst kam er nach Hause geschlichen.
Aber den folgenden Tag verschlafend, den ganzen, vergaß er
Wieder aufs Feld zu geh'n, die verlornen Geräthe zu suchen;
Bis im andern Jahr die Wachtel von Neuem ins Heu rief,

Stay Plauczûn's sawo Dalgio bey Buddês paſigėdo,
Ir waitódams wis ir ßén ir tén beginėjo;
Ik' paſkiáus iß Pápykio Berʒinni pagáwęs
Páczę ſu glupais Waikais kone nůmuße Smirdas.

  Taip potám jiſſai neſwietißkay priſtůkęs,   365
Ir wienauſt Kuinpalaiki praſtay paʒebóies
J Karaláuczu Dalgi pirk't'tieſôg nukeláwo.
O wey tén Dywû wiſſokių daug pamatydams,
Ir ʒoplinėdams wis, bey búrißkay ßokinėdams
Buddę ſu nauju Dalgiu nuſipirkt' uſſimirßo;   370
Bėt ir Kuinpalaiki taipjau pûs Milką pragėręs,
Péſczas po dwieju Nedėlû wos parſibáſtė,
Ir ſawo Piewą priderkta (tikt Gėdą ſakyti)
Sznybʒdams ir replinėdams wis ſu Piáutuwu kirto;
Bėt Kaimynai jo, Ruggius jau buwo ſuwalę,   375
Ir kelli Kwieczû Plyckûs paſikėpę wálgė.

  Ak tare Dėwomil's, mokyto Blebberio Bėrnas:
Máns Gaidau! nė miſlik, kàd tikt' múſû Ponáczei
Ant Czeſniû ſu Jumprowôm's durnay ßokinėja,
Ir aklay priſiſurbę Búrams Gėdą padáro;   380
Jůk ir Bûrû daug jau jiems prilygt' neſigėdi;
Dingojaſ', kàd wis Garbė, ką gárbina Pónai,
Ir kàd wis Rytrumm's, ką jie pluſzkėdami plúſta.
Daug yr' Pônpalaikiû, kurrie kasdien tſirėmę,
Kábiar ir Warlės wiſſókias ſwėtimas ėda;   385
O priſlėdę jau bey Kinczwynio priſikóßę,
Tů ſu Kórtôm's ir Klaſtôm's kitts kitta nugáuna;
Bėt ir Burai jau nů jû mokinnaſi bránit',
Ir beſißypſojaſ', kàd Milkās Milką prigáuna.

  Eik nė ʒaunik taip, aß jam draſā paſakydams,   390
Dywijaus jo Kalbai, tů nů jo nuſigrėʒęs.
Sáko róds,Mieſtė, kàd Burai menk iſſimáne,
Ir kàd ſu Dárbai, bey búrißkos Budawónės
Tikt bjaurů kalbėt' eſą bey Gėdą ʒurėti;
Bėt, kàs taip ſweplėn', tůs Bûrą dár nepaʒyſta.   395
Wierikit' tikt' mán, kàd tûl's Wyʒās uſſimówęs,
Sů Protů daugſyk apgáuna diddeli Póną;
Tikt nedryſta Biedʒus wis kaip reik', paſakyti.

  Taip bedumójant mán, ßtay, wėl Nukimm's paſidárė.
Ródſ' mán ißtieſ', kàd Jáuczû Kaimene blówė.   400
O ßtay Waikpalaikei Plauczúno pŭrneße Plónį.

Die Arbeiten des Sommers. 53

Da vermißt' auch Plautis den Wetzstein erst und die Sense;
Lief wehklagend hier bald dort umher, bis er endlich
Seinen Zorn ausließ an dem Weib und den schuldlosen Kindern;
Die er, den Stab ergreifend, zu Tode fast schlug, der Elende!

Aber nachdem unmenschlicher Weise getobet der Unhold,
Legt er den elenden Zaum an den elenden Klepper, den Einohr,
Reitet gerade gen Königsberg hin, zu erkaufen die Sense.
Dort erschauend jedoch viel Wunder und glänzende Sachen,
Hüpfet er sorglos und gaffend umher, vergißet den Wetzstein,
Nebst der Sense, der neuen, zu kaufen) und weil er verzögernd
Obendarein noch den Klepper verzechet bey Milkas, dem Gastwirth,
Kommt er wandernd zu Fuß erst nach zwey Wochen geschritten.
Drauf die zertretenen Wiesen beginnt er (wohl Schande zu sagen!)
Murrend und schleichend zuletzt nur blos mit der Sichel zu mähen.
Aber die Nachbaren sämtlich schon hatten den Roggen gehauen,
Viel' aus Weitzen, aus frischen, sogar schon Fladen gebacken.

Ach, sprach Dewonil, des Blebberis Knecht, des gelehrten:
Denke nicht lieber Freund, daß allein die vornehmen Junker
Ausgelassen umher mit den Dirnen sich dreh'n bey den Festen,
Und, zur Schande der Bauern, sich über die Maaßen berauschen.
Viele der Bauern sogar nicht schämen sich ihnen zu gleichen,
Wähnend nur das sey Ehre, was Herren für Ehre nur halten,
Oder nur das sey Witz, was witzelnd Jene da schwatzen.
Viele der Herren ja giebt's, die täglich, nach Schwelgen und Prassen,
Wenn sie den Kaviar verzehrt und allerlei Frösche des Ausland's,
Sich an Weinen berauscht, zum Spiel an den Kartentisch eilen,
Um sich Einer den Andern zu überlisten voll Truges.
Aber die Bauern, die lernen von ihnen, sich gleichfalls zu plündern.
Lachen schon weidlich darob, wenn Milkas den Milkas betrüget. [25])

Geh' und plaudre nicht also! versetzt' ich dreist ihm erwiedernd
Ob der Red' erstaunt und wandte sogleich ihm den Rücken.
Freylich, man sagt in der Stadt: „der Bauer hat wenig Verstand nur;
„Darin besteht sein Thun, sein ganzes bäurisches Wesen:
„Pöbelhaftes zu reden, und Unanständ'ges zu sehen.
Aber wer solches da schwatzt, der kennet die Bauern noch gar nicht.
Glaub't wahrhaftig, daß mancher mit bastigen Sohlen an Füßen
Viele der vornehmen Herr'n übertrift an Verstand und an Einsicht;
Wagen nur darf nicht der Arme heraus stets zu sagen, wie's recht ist.

Als ich solches bey mir überdacht', erhob ein Geräusch sich,
Und ich wähnte fürwahr, das Geschrey einer Heerde zu hören.
Aber, siehe! da brachten die Kinder des Plautis den Aust-Kranz. [26])

Żinnot jùk kaip mûsû Lietuwninkai priſtrėkia,
Kàd jie po Jokubinnû jaù Ruggiùs nukapóję,
Plónt nėſkant bùriſzkay ſzókinėdami ſùkia.
Taip ir Waikpalaikei Plauczûno ſûwo Tetáczui   405
Garbę ſù Szaudû Kul'û padarydami rėkė;
Mės Grudeliùs Laukė jaù Wėjai buwo nudaużę,
Taip kàd tikt' Szaudai ì Mėßlą mėſt' paſilikko;
O ßtay dár Raswúſtą jie padaryt' proſtmánė.
Willus ſù Laurù Mergùs ì Wandenì wilko;   410
O Pakuliene ſù Lauriene tù, paſitießir',
Wyrus ir Waikùs ſù pilna Milßtuwe plówė.
Taip beſzbarkant jiems, ir kiaulißkay beſimáudant,
Barnys ſù neſzwietißkais Waidais paſikėlė.
Lauras jaù perdaùg mirkyt's tû Pinną pagáwo;   415
O Lauriene ſù Pakullene Lópetas ėmės'.
Taip beſikėſant jaù tůjaùs Plauczûns paſirodė,
Ir grecznùs Laßinû Szmotus kóżnám padalydams,
Pyrkius durnus ir Waidą wiſſą nutidė.
O potám ſawo Mámą jaù wiernay częſtawójęs,   420
Ir Kaimynus iß wiſſû Kampû ſuwadinnęs,
Taip neſzwietißkay ir kaulißkay priſirijo,
Kàd jaù ſù wiſſais Sweczeis po Sûlu nupûlė. —

Ak! tarė Selmas, jaù toktù ſù múſû Gadyne,
Kaip jaù Szweiſteris ir Prancúzas Lietuwą gáwo. 425
Rôds ir tarp Lietùwninkû tûl's rendaſi Kiaulė,
Kùrs lietuwißkay kalbėdanis Szweiſteri peikia;
O tiktay ir pů's kaip tikras Szweiſteris elgjaſ'.
Kaip pirmės Lietùw'ninkai dár buwo Pagónai,
Ir ſawo Diewaiczùs iß Strampû ſáw paſidárė,   430
Ir po Mėdżeis ant Wirwjû paſikórę gyrė:
Tai jie rôds dár taip, kaip mės, ne pażydami Diewą,
Daùn nekwánkû ir durnû Daiktû praſtmánė.
Ogi żebùr jaù mės Krikßczonim's bûdami Prúſai,
Mės Lietùw'ninkai taip baiſey ryt' neſigėdim',   435
Kad ir Wókieczei glupóki tùr nuſidywit'.

Selmui taip beſzraukant, ßtay Pakamórė ſurikko:
„Waikai! kám wis wėpſôt' taip? ant, Dárgana ródoſ',
„Ir Stulpai Saulélės ant Debeſiû praſiplátin'.
„Ką mùms rûp' Plauczun's, teſiżinno jis ſupelėdams. 440
„Bėgkim' ſkubbikimės greitai ſuwalyt' Waſarôją.
„Ant! jaù baltûja Laukai, ir Wáſara baigjaſ'
„O Waſarójas mùs Dalgiùs wėl ragina prówit'.
„Puppos pérnokuſios o Żirnei jaù ſuſtraukia,

Die Arbeiten des Sommers.

Wisset ihr doch, wie so froh aufjauchzet der Litthauer Jugend
Wenn, um Jacobi Zeit, nachdem schon der Roggen geerndtet,
Unter Jubel und Tanz der Kranz der Erndte gebracht wird.
Also die Kinder des Plautis, dem Vater, dem lieben, zu Ehren
Hatten ein Strohgebündel geflochten und riefen ihm Hoch zu.
Denn schon hatte die Körner der Wind im Felde zerstreuet,
Daß nur das leidige Stroh zum Dünger noch übergeblieben.
Doch kam ihnen die Lust, den Muthwill also zu treiben.
Lauras und Willus die suchten die Mädchen ins Wasser zu ziehen,
Aber Laurene begoß zusamt Pakulene vergeltend,
Männer und Knaben mit angefüllten Stüppeln von Wasser.
Da sie einander besprützet, und garstiger Weise gewaschen,
So erhob sich ein Zank, ein unanständiges Streiten:
Lauras zu sehr durchweicht, bekam die Stackete zu fassen,
Aber Laurene, die griff nebst Pakulene, zur Schaufel.
Eben begann der Krieg, als plötzlich hier Plautis sich seh'n ließ;
Dieser vertheilt' an Jeden sogleich höchst köstliche Schnittlein.
Damit schlichtet' er schnell das Gezänk und thörichte Streiten.
Seinem Hause darauf anrichtet' er köstlich ein Gastmahl:
Aller Enden zu Hauf einlud er die Freund' und die Nachbar'n,
Wo ans Schwelgen es ging, ans garstig berauschende Trinken,
Bis er mit sämtlichen Gästen fast unter die Bank sich gezechet.

 Ach, sprach Selmas, dahin sind unsere Sitten gekommen,
Seit ins Litthauer-Land Franzosen gedrungen und Schweizer!
Zwar bey unserem Volk trift hier und dort sich ein Garstling,
Der zwar Litthauisch redend die Schweizer verachtet und tadelt,
Aber im Wandel fürwahr, als wirklicher Schweizer sich aufführt.
Als in Tagen der Vorzeit die Litthauer Heiden noch waren,
Und ihre Götzen sich selbst aus hölzernen Blöcken erschufen, *)
Die an Bäumen sie hingen mit Stricken, und göttlich verehrten;
Da verübten sie zwar, dieweil sie Gott nicht erkannten,
Ausschweif mancherlei Art, viel Aberglauben und Thorheit.
Aber zur heutigen Frist, vermischet, mit Preußen als Christen,
Schämen doch sollten wir uns, wir Litthauer, also zu schwelgen,
Daß auch die Deutschen sogar in ihrer Einfalt, sich wundern.

 Also runzelte Selmas die Stirn, da erhob sich der Kämmrer:
Kinder was zaudert ihr? rief er, da sehet, es steigt ein Gewitter
Auf, und die Strahlen der Sonne verbreiten sich schon auf den Wolken!
Was doch bekümmert uns Plautis? So mag er sich wissen verschimmelnd!
Hurtig nun laufet, nun rührt euch, das Sommergetreid' einzuerndten!
Sehet, die Felder sind weiß, schon neigt sich der Sommer zum Ende!
Ruft doch das Sommergetreid' uns zu: Erprobet die Sensen!
Ueberreif sind die Bohnen; es schrumpfen die Erbsen zusammen.

„Ir iß Ankßczù jů byrét' jaù prūdeda Waisius.
„Ar ne Griek's Zmógaù! kád Diewo tós Dowanēlēs,   445
„Dēl kurr' û besidówidams taip daùg trusinējei,
„Argi ne Griek's, kád ios ant Laukô tùr ißsigwildit?
„O kàs bùs iß mūsū, kád neturrēdami Zirniū,
„Ziemą sù Waikais ussigeisim' Szuppinio wálgit'.   450
„Awižas ir Miejùs taipjau kone sūlese Paukßczei;
„O kàs likko dár jqù Kianlēs sáw pasisáwin'.
„Taigi dabár giwpay Kisseliu wissų pražildēm'.
„Kružtinnu bey Krūpelū wôs paragáusim'.
„Ar ne geray mokinaù nūlatay suwalyt' Wasarója;   455
„Bēt jus ney užkurtę mán klausyt' ne norējot',
„Taipgi dabár Kisselaus jaù ir Szuppinio glóda —
„O ką weikßim', kád mùms reiks į Baudžawą tráuktis'?
„Ar Ziemôs Czesē sù Prādais Akselt' prówit'?
„Pátys į Laukùs tußczias Kaßeles nusineßim';   460
„O Galwijams wargstantiems, ne turrēdami Prádū,
„Iß Bēdôs Pietùms nedarytą Páßarą dùsim'. —

„O jús Móters, ar ir jús taipjau pasileidot'?
„Kám Linnū ráut', ir kaip reik', ißkarßt' nessirengiat'?
„Ar ne Gēda jùms, kád Wokieczū Gaspadinnēs   465
„Ißkarßtus Linnus į Laukq jaù nugabēna;
„Ir besidywidamos diddey, jusū Tingini peikia?
„Moters! jús Lietùw'ninkēs, ar jaù nesigēdit',
„Ar nesigēdit', kád jùms wokißkos Moterißkēs
„Sù daileis Darbais ant Laukô Gēdą padáro?   470
„O kàs bùs, kád Czēsas wekpr' ir áuft' prislartis,
„O Linnēlei jús' ant Laukô bùs pasilikkę?
„Ak! kùr dingôt' jús barzdótos mūsu Gadynēs,
„Kaip Lietùw'ninkēs dár wokißkay nesirēdē,
„Ir dár wokißkus Zodzius ißtárt' negalējo.   475
„O ßtay dár ne ganà, kád wokißkay dabinējas';
„Bēt jaù ir prancūzißkay kalbēt' prastmáne.
„Taipgi bezauninamos ir Darbo sáwo pawirßta. —

„O jús Wyrai! kámgi nenkudelū Moterißkiū
„Ir ißdykeliū Mergū Raspustą ne draudziat'?   480
„Ar jaù nérit' Wokieczams nūgi pastródit',
„Ir kaip Drimmelei ant ßlownū Czesniū nesigēdēt'?
„Jús Apjekelei! ar jaù wissay ne suprantat',
„Kókią sáw ir mùms wissiems padarysite Gēdą,
„Kád sù Bukswoms lópitoms į Baudžawą žergsit',   485
„Ir Mißon sūdrißkę bey skarróti nukakßit'?
„Ak! bēn gēdekitēs tás Gēdas sáw pasiprówit',

Die Arbeiten des Sommers.

Und nun fangen die Schoten schon an, zu verstreuen die Körner.
Ist es nicht Sünd' o Mensch, daß die göttliche Gabe, für welche
Du dich abgequält voll arbeitseliger Mühe,
Ist es es nicht Sünde, daß die — verschlauben sich soll auf dem Felde?
Aber wie wird's im Winter? wenn hungernde Kinder mit uns sich
Sehnen nach Erbsengericht' und wir haben kein einziges Erbslein?
Hafer und Gerste auch sind fast gänzlich verzehrt von den Vögeln,
Und was übrig verblieb zernichteten völlig die Säue.
Thoren, so haben wir denn auch das Hafergericht nun verspielet,
Und kaum werden wir noch an der Grütz' oder Graup' uns erlaben.
War die Lehre nicht gut: Nach der Ordnung das Sommergetreide [18]
Einzuerndten? Allein ihr verschloßt euer Ohr meiner Warnung.
Also ist nun es vorbey mit dem Erbsen- und Hafergerichte.
Aber was fangen wir an, hinziehend dereinst in das Schaarwerk,
Oder wofern wir im Winter zu mengen verlangen den Hächsel?
Einst hintragen ins Feld wir Nichts als ledige Körbe. [19]
Und dem darbenden Vieh, was werden zu Mittag wir reichen?
Nichts als leidiges Stroh, dieweil wir ermangeln des Futters.

Aber ihr Frauen auch ihr, wie legt in den Schooß ihr die Hände?
Warum nicht rührt ihr euch flink, auszuziehen den Flachs u. zu rösseln?
Ist's nicht Schande für euch, daß gar die deutschen Wirthinnen
Schon geröffelt den Flachs hinaus ins Feld wieder tragen? [20]
Diese verwundern sich sehr, ob der Saumseligkeit euch verhöhnend.
Frauen, ihr Litthauerinnen, o steiget nicht Schaam und Erröthen
Euch in das Antlitz auf, daß schon die Frauen der Deutschen
Euch im Felde beschämen mit fein geschicklicher Arbeit.
Aber wie wird's euch seyn, wenn die Zeit, zu spinnen und weben
Kommt, und sodann euer Flachs auf dem Feld' ist liegen geblieben?
Ach wo seyd ihr hin, ihr bärtigen Tage der Vorzeit,
Als die Litthauerinnen in deutscher Tracht noch nicht gingen,
Auch die Wörter der Deutschen nicht auszusprechen verstanden!
Aber anitzt, nicht genug, daß in deutsches Gewand sie sich hüllen,
Auch französisch zu sprechen gefällts ihnen gar; sie vergessen [21]
Ob dem Geschwätz daher all' ihrer weiblichen Arbeit.

Aber ihr Männer, o sagt, was steuert ihr nicht der verderbten
Haus-Frau'n Uebermuth und der ausgelassenen Mägde?
Wollet ihr nackend und bloß erscheinen den Augen der Deutschen?
Oder als Träumer beschämt auf hohem Gastgebot dastehn?
Ihr Verblendeten! wollet ihr ganz und gar denn nicht merken,
Welch' eine Schande für euch, für uns und für Alle das seyn wird,
Wenn mit zerrißnem Gewand hinziehen ihr müßet ins Schaarwerk,
Oder ihr gar zerlumpt hinauf einst wandelt zur Kirche?
Ach so erröthrt doch selbst ob euerer künft'gen Beschämung!

Irgi paczias, kaip reik', Linnù ráut' guikite greitay!
Ant, dár likko kiek, kùr Kiaulês knist' ne nukáko.
Mūſu kùs Autams, ùr Mazgótėms dár paſilikko;   490
Alle Padurkams jaù ir Kélnėms Glóda Zopóſto. —
Wėy ir Grybû jaù, ʒieleḱ Diewè! ne ragáuſim'!
Juk annôt annô, jùs Wókiecʒù Gaspadinnės,
Sù Retwirczeis wis dʒowit' ė Kákalt ſáuja.
Plėmpjù, Rudmėſu, Storkóczù bey Barawykû,   495
Jáutakiû ir Baltikkiû, Grùʒdû irgi Bobauſiû,
Bėgdamos ė Gjrrės jós ſaw kaip daug priſtrówė,
Kàd jau kélios ſû ſù Grybais ė Karaláucʒu,
Kùpczams iſpardút', ir tą nuſipirkt' nukeláwo;
O kùs likko dár Zopóſtni ſaw pakawójo.   500
Taigi dabùr tikt Szungrybjei dár mums paſilikko. —
O kagi weikſim', kàd Barſczùs ùr Szuppinì ſkánu
Wirt' uſſigeiſim', ógi pagùrdit' jùs negalėſim'?
Zinnôt' jùk, kaip Grybas, kùd jį môki paprôwit',
Wirralus ir Awiʒû Krûpùs uʒgardina ſauney.   505

        Bèt ir ſù Kieſʒutais ſaldʒeis taipjaù paſidárė.
Wókietės tokiû Daiktû Batzkas priſtrinko,
Ir jaù Kėlios ſu pardùt' Zakkùs priſpylė.
O ſtay muſû Nenáudėlės dár ney Rieſʒutytė,
Ir ney wieną, ney macklurnikką Rieſʒutytė.   510
Ʒiemai pėrkáſt' ir kramtyt' dùr nè nuſiſkyne.
Wyrat rôds tokiû Gėrybjû menk uſſigeidʒia.
Jiems Tabakėlis, kàd ir wiſſą Buttą priſmirdin',
Tikt gardėſnis, kaip wiſſi Rieſʒutai gardʒáuſi.
Bóboms muſû Bedantėms jie taipjaù ne pritinka;   515
Nè, Gaidau! nè ſúlyk jôms, kùs jôms nepareitiſ'.
Dantys jùk, annôt annô, ſukrôſʒuſû Mėtû,
Rieſʒutì pėrkáſt' ir kramtyt' jaù nėdera Bóbôms. —

        Alle ne reik', dėl to dár tą Niekutti paniekìt'
Mergos wiſſos, ir wiſſi jaunintelì Klápai,   520
Tàs Gėrybės jùk kramtydami gárbina ſkaudʒey.
Ʒiemą, kàd Wakarais Ennykė ſnáusdama werpja,
Paukſʒteredams Rieſʒutys tûſaùs iſbuddina wiſſą;
O kàd Jėkė ſù Pimmè daug pluſt neſiláuja,
Tû Rieſʒutû Kruwà, kàd jùs ė Gômuri kiſʒa,   525
Jû glupùs Sznektùs, ir Ʒauną wiſſą nutildo.
Ógi dabàr kùs bùs, kad mûſu Môterû Gaujos
Sù Mergôms tą werpt', ſuſiſės pàs Kákalì ſʒiltą,
O Rieſʒutû nè bùs, ir Dantys grieʒdamos ʒyptere?
Taip pamatyſim' tù, kaip Windai mûſu Ʒupóniû   630

Die Arbeiten des Sommers.   59

Jaget die Frauen hinaus daß sie ziehen den Flachs, wie es recht ist!
Weniges stehet noch da, was nicht ganz zerwühlten die Säue,
Weniges, sehet, nur blieb noch zu Binden am Fuß und zum Waschtuch.
Aber was Hemd' anlangt oder Beinkleid, hin ist der Vorrath!
Seht, nicht die Pilzen einmal werden, Gott erbarm sich, uns laben.
Ganze Scheffel ja haben, wie Jeder es weiß, in den Ofen
Schon zum Trocknen davon, geschoben die Frauen der Deutschen.
Erdschwamm, Kaselark, Steinpilzen, Röthlinge, Rietzen,
Weißling, Gelböhrlein, nebst Tannen-Rietzen und Milchschwamm; ²²)
Solcher haben so Viel hinlaufend zum Wald sie gelesen,
Daß nach Königsberg gar sie Schwämm' hingeführet in Menge
Feil sie bietend dem Käufer, ertauschend sich andere Waaren;
Aber ein übriges Theil behielten zurück sie zum Vorrath.
Also blieben für uns nur Hunde-Pilzen noch übrig.
Aber was fangen wir an, wenn gesäuerte Rüben und schönen
Erbsenbrey wir nun kochen und nichts zum Abmachsel haben?
Wisset ihr doch wie die Schwämme, versteht man sie recht zu bereiten,
Herrlichen Wohlschmack geben der Hafergrütz' und dem Kohlkraut.

Gleicher Weis' ist's uns mit den Nüssen ergangen, den süßen:
Davon haben die Deutschen gehäufete Fäßer gefüllet,
Säck' auch vollgeladen noch außerdem zum Verkaufe.
Siehe, die lässigen Frauen dagegen der Unsrigen haben
Noch kein einzig Nüßlein, nicht auch das kleinste, gesammlet,
Auf daß unsere Zähne zu brechen was hätten im Winter.
Zwar die Männer gelüstet nach solchen Ergötzungen wenig.
Taback ist ihnen, wenn gleich voll Uebelgeduft sich das Haus füllt,
Köstlicher Labsal dem Gaum als alle die süßesten Nüsse.
Zahnlosen Mütterlein auch will solch eine Kost nicht behagen.
Ihnen ja biete nicht an, mein Freund, was nimmer ihr Theil ist.
Denn das Zahnüberbleibsel der altergekrümmeten Frauen
Tauget, wie Jeder ja weiß, für's Nüßlein nicht mehr es zu brechen.

Aber wir dürfen darob die Frucht nicht verachten, die Kläne;
Denn die Jungfrau'n, all' aufblühenden Jünglinge loben
Wenn ihr Zahn sie zerbricht, die Gabe von Grund ihres Herzens.
Wenn am Winterabend Ennyke spinnend am Rocken
Einschläft, weckt ein Nüßlein, zerknackt, sie gleich aus dem Schlummer.
Und wenn Jeke mit Pimme zu plaudern kein Ende kann finden,
Sieh, ein Häuflein Nüsse gespendet dem Gaumen zur Labung,
Weiß dem Geschwätz ein Ziel sogleich zu setzen der Thörin.
Aber was einst anfangen, wenn unsere Frauen im Kreise
Samt den Mägden umhergereih't am wärmenden Ofen
Spinnen und mangelnd der Nuß, umsonst zerknistern die Zähne?
Wirst du nur seh'n, wie dann die Spinneräder der Hausfrau'n,

Pákulū bey Linnū Gryżtės peżinėdami ſtapters.
Tùip Ziemù paſibaigs, jo més nùgi paſilikſim'.

  Stuy! tare Kaiminkas wiernay užſtódama Cėke:
Móters! ar jaù més wiſſay paſidůſime Gėdai?
Kàs tai pèr Nukimm's? dėl kô taip rėkiate Wyrai?   535
Ar wiſſay Duſſelės jaù norit' mùſu nudówit'?
Kàs jùms rùp' Linnùi bèy branktos Pakulù Gryſztes?
Kupikitės tikt už Laukùs, už Páżarą Ziemai!
Ant, ateina jaù Mikkielės diddele Szwentė,
Ir ſù jėje podraug Biaurybės Ruddenio ſlápjos;   540
O wey, dàr newalyt's ant Lauko ſtôw Waſarójas,
Irgi Kanápės Wėjū parblôkſztos ſwirinėja.

  Taip beſiprieżijant, ſztay! Wakmiſtras paſirôde,
Ir ſù jům' Mylátis, bey Pakalùns Pakamóre. —
Tůs tris baiſingus Sweczùs pamatydami Bùrai,   545
Taip nuſigando, kàd tů waiditis uſſimirſzo;
Bèt Pon's Wakmiſtras tůjaùs Berżinni nutwėręs
Ir bais rėkaudams taipo kalbėti pradėjo:
„Jûs Baudziauninkai! girdėkit', ką paſakyſu;
„O jûs Móters ſù Mergôms laikykite Burnas.   550
„Mės, kaip Użweizdai, ir Pónai jùſu ſtatyti,
„Waſarai ir Laukù Dárbams wiſſiems baſibaigiant,
„Jùs graudėnt', ir tėwiſzkay pamokit' uſſimanėm'.
„Diew's wiſſgáliſis, kùrs Swietą wiſſą ſutwėre,
„Ir mùms żmógiſzkus Umùs, bey Razumą dáwe,   555
„Tas żirdingas Tėw's, ir mùſū miel's Gēradėjas,
„Rupindams už mùs, mùs wėl doſney pamilėjo.
„Ir mùms Důnôs daug; o Bándai Páżaro dáwe.
„Zinnot' jùk wiſſi, kôks blógas bùwo Zopóſtas,
„Kaip Saulėlė wėl pàs mùs atgryżti pradėjo,   560
„Ir mės bùriſzkay Laukùs dirbt' ſuſibėgom'.
„Dėſztos ir Laſzinei ſù Kumpjeis irgi ſù Sùreis
„Baigėſ' jaù, o més praſtus iſzwirdami Kaſznius
„Ujdaro dairėmės, wiſſùr Meſôs paſigėdę;
„Bèt Kiſſiėlus ans gardùs ſù Szuppiniu mielu   565
„Bùwo jaù wiſſay ant Stalù mùſ' paſibaigę.
„O ſztay! kaip jaù wėl po Szalczū Szillumą jautėm',
„Ir gaiwinnanczę mùms Diew's wėl Wáſarą dáwe,
„Tů ir riebus Walgei wėl pamaſzi praſidėjo,
„O mės tů gardzey ką wirt' ir kept' praſimanėm':   570
„Ik' potám Pażalei wiſſi pilnôki paſtójo,
„Ir més wėl Szmotùs grecznùs iſzwirdami wálgem'. —
„Taipgi dabàr, Waſarėlei mielai jaù beſibaigiant,

Die Arbeiten des Sommers. 61

Zupfend am Knocken von Heed' oder Flachs, bald stillstehen werden!
Also vergeht denn der Winter und unbekleidet da steh'n wir.

Halt! rief Jeke, das Wort zu der Frau'n Vertheidigung nehmend:
Sollen wir Weiber denn ganz und gar uns lassen beschämen?
Was für Schreyen ist das, was für ein Schelten, ihr Männer?
Wollt ihr denn ganz und gar aus dem Leib' uns quälen die Seele?
Was doch kümmert ihr euch um Flachs, um geschwungener Heede?
Kümmert um Saat euch und Feld vielmehr und um Wintergefutter!
Seh't, vor der Thür ist schon Michaelis heiliger Festtag.
Mit ihm kommt annahend des Herbsts verdrüßliche Nässe.
Aber noch steht ungemäht das Sommergetreid' auf dem Felde.
Und noch wiegt auf dem Halm, gebeugt vom Winde, der Hanf sich.

Solches entgegnete Jeke. Da trat der Wachtmeister plötzlich
Ein, und Mylatis mit ihm, (nebst Pakalunas, der Kämmter **)
Aber die Gäste, die drey gestrengen erblickend, geriethen
Also die Bauern in Furcht, daß sogleich sie das Streiten vergaßen.
Der Herr Wachtmeister aber ergriff den birkenen Stab gleich,
Hob seine Stimm' empor, und sprach die verständigen Worte:
„Ihr schaarwerkenden Männer! vernehmet meine Verkündigung.
Und ihr Weiber, schweigt, ihr Jungfrauen haltet die Lippen!   550
Wir, zur Aufsicht euch verordnet, und eure Gebieter,
Weil nun der Sommer entweicht, vollbracht im Gefild' ist die Arbeit,
Wollen euch fromm ermahnen und väterlich solches erinnern:
Gott, der Allmächtige, welcher die Welt erschuf, die gesammte,
Menschliche Sinnen uns gab, Vernunft zum herrlichen Vorzug;
Dieser herzlich uns liebende Vater und Gaben-Vertheiler
Immerdar sorgend für uns und immerdar freundlich im Wohlthun,
Hat uns Brod die Fülle, dem Vieh sein Futter gegeben.
Wissen wir doch, wie höchst armselig der Vorrath bei uns war,
Als die Sonne von Neuem zu uns herwendend den Lauf nahm,   560
Und wir in bäurischer Schaar hinzogen zur Arbeit des Feldes.
Würste, Geschnitte von Speck, Salzkäs' und geräucherte Keulen
Hatten ein Ende, wir alle den schlechtesten Bissen im Topf schon,
Wünschten uns Abgemach sehr vermißend das Fleisch allenthalben.
Aber der Hafermehl-Brey und das Erbsengerichte so schmackhaft,
Gänzlich ach, war es bereits von unseren Tischen verschwunden.
Doch, da geendet der Frost, seitdem wir die liebliche Wärme
Fühlten und abermal Gott den erquickenden Sommer uns schenkte,
Stellten allmählich auch wieder sich ein fettreichere Speisen,
Und wir wußten sogleich was Beßres zu kochen und braten;   570
Bis nachher alle Räum' anfüllend sich häuften mit Vorrath,
Und wir an herrlichen Schnitten von Fett uns labten bey Tische.
Jetzo, dieweil sich zum Ende der liebliche Sommer schon neiget,

„Rėžnaswiens Bludùs ir Pūdus pradėda tárßkit;
„Kàd po tiek Wargû bèn kartą wēl paſidzaugtu,
„Ir taip daug pardówitas Dußelès gaiwitu.   575

„Alle Zmogau, Zmogau! ſaugókiſ'to ne minėti,
„Kùrs tâw ant Laukû beginėjant ir truſinėjant,
„Sù ſawo dangißkais Sargais kribzdėti padėjo.
„Wey! ką Žėme tâw wiernay, augidama dáwe,   580
„Ir, ką Sódai bey Darżai ſydėdami róde,
„Wiſlab jaù, kaip pùts, żinnai, Rampè pakawójei,
„Ir ißczėrauſi, kàd Diews laikyſ', żiemawódams.
„Argi dabàr tâw nè reikės aukßtyn pażurėti,
„Ir kasdien daugſyk' tą kłôwit' irgi pagárbit',   585
„Kùrs taip daugel wēl iß Naujo tâw dowanójo?
„Tai Kaimynai! tai wyriauſa Reikmene juſû,
„O potám kùs Pônams reik's atlikt maloningiems,
„Ir, ką Szuilėms ir Banyczôms pùlaſi kyßtert;
„Ar, kùs man reikės mokėt', kàd aß jodinėdams,   590
„Ir ſkwierūdams kartais jùs lankyti pradėſu.
„Żinnot' jùk ſoktù, kàd Wákmiſtrai paſiróto,
„Ir Burùs glupùs neßwánkey kéikdami bára.
„Taigi dabókités ir Maßnùs Czėſû priſikráukit',
„Kàd kożnám, kùs reik's's, ź Czėſo Reikalą tikrą   595
„Czuptert irgi nuswért' tūjaus ſù Sáuje galėſit'. —

    Taip mùs atſuſdams, Pôns Amtsrót's mùſ' maloningas,
Mùms juſû Myliſtą ßī kartą páliepe sweikit,
Melsdams nuſiedžey wiſſus, Czėſu paſiruntt',
Kàd mán jùs ſkwierės ir kartais pliekt' ne reikėtu   600
Nės diddey biednû Szirdis jo gailiſi Bùrû.
Taigi dabàr paſakiau, kùs mán paſakyti reikėjo:
O juſû Myliſtai, kàd ßwēſit' Ruddeni riebu
Daùg Linksmybjû wėlidams paſiliecawójju.
Tikt n'użmirßkit' irgi manęs, ir máno Namėliû,   605
Kàd Pulkais ſuſikwieſit' ź Czėsnis, paſilinksmit'.
Jaugi ganù ßamſyk, jaù mielą Waſarą baigkim',
Ir prieß Ruddeni, kùs mùms reik's, nugamit' n'ußſimirßkim'.

Läßt, ein Jeder, die Schüssel und Töpf' aufs Köstlichste sprudeln:
Sich nach vielfacher Noth einmal recht wieder erlabend,
Um den Lebensgeistern Erquickung zu geben, den schlaffen.

  Aber o Mensch, o Mensch, vergiß im Herzen nicht dessen,
Der auf Feldern behütend, wo du hinliefst und dich quältest,
Durch seine himmlischen Wächter die Regung verlieh und Bewegung!
Sieh' was die Erde geschenkt, hold, mütterlich, treu dir erzogen, 580
Was im Gemüs- oder Fruchtbaum-Garten dir köstlich geblüht hat,
Alles das hast du bereits wohlwissend verwahret im Winkel,
Wirst es im Winter wohl auch verzehren mit göttlicher Hülfe.
Mußt du nicht dankerfüllt aufrichten zum Himmel dein Antlitz,
Mehr als einmal den tagtäglich zu loben und preisen,
Der dir von Neuem geschenkt den Reichthum erquickender Güter.
Dies, ihr Nachbarn, bleibt fürwahr, eure größeste Dankpflicht.
Dann kommt, was ihr den Herren, den irdisch gebietenden, gnäd'gen,
Leisten sollt, sodann: was den Schulen und Kirchen zu spenden,
Oder was mir auch gebührt, wofern einfordernd die Zahlung, 590
Reiten ich werd' in die Dörfer und euch zusprechend besuchen.
Kund ist's euch was gehört, sobald sich der Wachtmeister seh'n läßt,
Und die säumigen Wirth' anfährt mit scheltenden Worten.
Drum seyd zeitig bedacht, reich anzufüllen die Beutel:
Daß wenn Jeglicher kommt, zeithörig den Antheil zu fordern,
Ihr mit füllender Hand sogleich eingreifet und spendet!

  Solches entsandte diesmal uns, anzuverkünden der Amtsrath,
Unser hochgnädige Herr, euch hold ihr Lieben, zu grüßen,
Herzlich Jeglichen bittend, sich wohl zu versorgen bey Zeiten;
Daß, euch nie zu gemahnen, die Noth erheischt und zu strafen, 600
Denn herzinnig und tief ja rührt ihn das Elend der Bauern.
Also hab' ich verkündet was mich zu verkünden die Pflicht hieß.
Euch, ihr Lieben, wenn einst ihr den Herbst, den gesegneten, feyert,
Mich empfehlend, wünsch ich' der Freuden recht viele von Herzen.
Aber vergeßet auch meiner und meines Hauses, dabei nicht,
Wenn ihr in fröhlicher Schaar euch ladet zum festlichen Gastmahl.
G'nug für jetzt! beendend den Sommer, den lieben, vergeßt nicht,
Auch dem Herbst entgegen zu schau'n, beschaffend was Noth ist!

Dritter Gesang.

Die Gaben des Herbstes.

Inhalt.

Schilderung der absterbenden Natur. Das Pflanzenreich verlieret seine blühende Gestalt und die thierische Schöpfung verbirget sich vor der rauheren Witterung, V. 1—68. Indeß regt sich der Mensch, um die gespendeten Gaben des Sommers für den Winterbedarf anzuordnen. Während die wirthliche Hausfrau mit ihren flinken Mägden hiebey geschäftig ist, wird ein Brautfest angesagt. V. 69—108. Die Gäste erscheinen im festlichen Anzug. Das Hochzeitmahl, Speise, Getränk, Spiel und Tanz werden beschrieben. V. 109—187. Die Freude des Festes unterbrechen plötzlich zwey ungebetenen Gäste, die bey den Nachbarn in üblem Ruf stehen. V. 188—213. Vergleichung der Sitten höherer Stände mit dem Betragen des Landmannes bey seinen Gastmählern. Klage, daß die Verdorbenheit sich bis auf das Gesinde und die Dienerschaft verbreitet. V. 214—304. Verhaltungsregeln, wie der Landmann bey dem Einschlachten des Viehes und bey der Aufbewahrung des Wintervorraths zu Werke gehen soll. V. 305—389. Warnung vor der Schwelgerey der vornehmen Welt. Dabey angeknüpfte Betrachtung: daß die Menschen aus gleichem Staub entsproßen sind und von Natur kein Unterschied der Stände statt findet. V. 390—434. Bey den Gesprächen auf der Hochzeit klaget Selmas, daß der Herbst seines Lebens gekommen und sein graues Haar bey den Unverständigen zur Verspottung dienet. V. 435—468. Gleiche Klage des Nachbarn Enys über zwey untauglichen Wirthe, die Haus und Hof vernachläßigend den Mitbewohnern des Dorfes ein böses Beispiel geben. V. 469—542. Gerügter Unfug beym Dreschen des Getreides. V. 543—563. Blick auf die Vorzeit Litthauens und Klage über Entweihung des Sonntags. V. 564—631. Aufruf an die Wirthe, das Hausvieh im Winter gehörig zu versorgen, und frommer Wunsch: das Jahr mit frohem Dank gegen die Vorsehung zu beschließen! V. 632—655.

Ruddenio Gerybes.

Ant, Saulēle wēl nu muſ' atſtódama rittaſ',
Irgi palikkuſi mùs greitů Wakarop' nuſileidzia.
Wey! kasdien daugiaus ji mums ſawo Spindulī ſlepja;
O Szeßelei wis ilgyn kasdien iſſitieſia.
Wējai ſu Sparnais pamaži jau pradėda mudraut', 5
Ir Szillumōs Atſſankas iſzbaidydami ßlamßczia.
Todėl ir ūrū Drungnums atwēſti pagáwo,
Irgi Senyſtę jau graudėna Kailinus imtiſ';
Bobą ſu Diedů blogů pas Kakalī ſuncžia,
O kittus atßilt' į Stubbą ragina lyſti, 10
Ir Walgiůs drungnůs bey ßiltą Wirralą walgyt'.

Ʒėme ſu wiſſais Paßalais įmurruſi werkia,
Kad muſū Ratai jōs iſzpláutą Nuggarą draſko.
Kur pirm' du Kuinu lengway mums paweže Naſztą,
Jaugi dabar ketureis Arkleis pawažoti ne piggu. 15
Ratas ant Aßies braßkėdams ſukkaſi ſunkey
Irgi Ʒėmes bjaurias iſzplėßdams teßkina Szmotais.
Wey, Laukū Sklypai wiſſur ſkendėdami máudoſ'
O Lytus Ʒmonėms teßkėdami Nuggarą ſkalbja:
Wyžos ſu blogais Sopágais Wandenī ſurbja, 20
Ir bjaurůs Purwůs, kaip Taßlą mīdami minko.

Ak, kur dingot' giedros jusgi Pawaſario Dienos?
Kaip mes pirma Syk' Stubbōs atwėrdami Langus,

Die Gaben des Herbstes.

Sieh, wie scheidend von uns die Sonne schon wieder dahinrollt,
Und im schnelleren Lauf sich früher zum Abend hinabsenkt!
Immer verbirget sie mehr ihr strahlendes Licht unsern Augen,
Und die Schatten nun werden von Tage zu Tage schon länger,
Muthiger heben die Winde schon an, ihr Geflügel zu schütteln,
Scheuchen die letzten Bleibsel der Wärm' hohlsausend von hinnen,
Daß die Lüfte, die lauen, unsanft und kühler uns anweh'n.
Diese nun mahnen das Alter, in wärmenden Vließ sich zu hüllen,
Senden das Mütterlein, schon und den schwächlichen Greis an den Ofen.
Aber uns Anderen frommt's, ins Zimmer zu schlüpfen zur Wärmung
Und an laulicher Speis' und erwärmender Kost uns zu laben.

  Thränen weinet die Erde, durchwässert in all' ihren Tiefen,
Daß ihr die Räder den Rücken, den ausgespühlten zerreißen.
Wo zweispännige Pferd' erst leicht wegzogen die Fuhrlast,
Ist es nun möglich kaum hindurch zu fahren mit Vieren.
Knarrend ertönet das Rad, was schwer sich dreht um die Achse,
Ausgerissene Stücke von Erd' aufsprützend umherwirft.
Sieh, die erhöheten Flächen der Felder versanken in Wasser;
Plätschernd aber zerwäscht der Regen den Leuten den Rücken.
Bastschuh' ärmlich an Fuß und Stiefel, die ziehen schon Wasser,
Treten und knäten wie Teig, den Blott, zusammen, den garst'gen.

  Ach, wo seid ihr geblieben, des Frühling's heitere Tage?
Als wir zum ersten Mal, die Fenstern öffnend des Zimmers,

Szildanti szilto̊s Sáulélės Spindulį jautėm'?
Lyg kaip Sapnas koks, kurrį miegodami mátom',
Ogi pabuddę jo potam trumpay paminnėjam':
Lygey taip praszo̊ko mums su Wasara Dziaugsmas;
Ogi dabár Purwynai, kad jūs kruttina Wyjos,
Nėy Kisselus ant Ugniės pleszkėdami tėszka.
Wislab, kas pas mùs lakszydams Wasarą szwente,
Ar plezdendams ant Laukū linksmay szokinėjo,
Wislab, kas lingódams ir' Dèbesū pasikėle,
Ir passdzauges taip, Grudelius su Wabalu walge,
Wislab jau prastójo mùs ir nulėke sléptis'.
Taip Laukai passlikko mums wissùr gedulingi,
Irgi Grozybės sù néy Kápas sen's passrodo.

Krúmus ir Girrės linksmùs jau Giltinė sukka,
Ir Grózybės jū gaiszinn' draskydama Wėtrą.
Szakos, ant kurrių po Lapais užgimme Weislė,
Ir Lizdelij' nėy Lopszij' czypsėdama werke;
Ar apželusi jau potam lakszydama jūkės',
Ir sawo Pėną be Momo̊s skraidydama gáude,
Tos Wietėlės jau wissùr taipo̊ nustrėde,
Kad jos, ney Zagarai sausi subūdami barszka.
Tén, kur Meszkins ant Kelmū Bittės kopinėjo,
O Meszka Waikùs glupùs murmėdama žindė;
Tén kur Brėdžiei draskanczū Wilkū nusigando,
O Wilkai sawo Weislę kaukt' ir plészt' pamokinno,
Tén kur Wanag's su Waikais daug sulėse Wisztū,
Ir Warnai Pulkais Zasyczus páwoge musū,
Tén, žurėkit', tén Dzaugsmai taipo pasidėjo,
Kad tikt' Warnos dar Bjaurybę Ruddenio garbin',
O Paukszjtelei su Dainoms ankszstay passlėpe
Irgi be Rupescsū saldzey sapnódami miegti.

Ak, Darzū Grozybes jus, su sawo Zolelėms
Jus Kwietkeles jaunos, jusgi Pawasario Szlowe!
Ak kur dingo jusū Puikums su sawo Kwapėleis!
Wey! ka Sodai mums margay zydėdami rode,
O ka Wasara mums potam augidama sulė,
Tas wissas Gerybes jau Kampė pakawojam',
Irgi su Pūdais ar Skauradoms wirdami walgom'.
O jus Zasys, jus Niekus pluszkėdamos Antys,
Eikit', maudikities pakól dar atwirros Uppes;
Jus Gaidziei su Wisztoms, ir kas Mezinni krapsztot'
Begkit', skubbikitės, ben kartą dar passlinsmint'!
Alle ne dingokit' kad mės del Alaso mielo,

Die Gaben des Herbstes.

Den erquickenden Strahl empfanden der wärmenden Sonne!
Wie ein Traumbild, welches im Schlaf wir erblickten und dessen
Wir im Erwachen darauf eines Augenblicks nur gedachten,
Schwand der Sommer dahin, verschwand mit dem Sommer die Freude.
Aber nun sprützet der Blott empor, wenn die Sohl' auf den Grund tritt,
Gleich einem Haferbrei, aufsprudelnd dort an dem Feuer. —
Alles was fliegend bei uns den Sommer festlich geweilet,
Was auf Feldern umher mit freudigem Flattern gehüpfet,
Alles was schwebenden Flug's sich hoch zu den Wolken empor hob,
Nach dem Ergötzen verzehrt' ein Körnlein oder den Käfer,
Alles das flog schon fort, sich irgend wo zu verbergen.
Also blieben die Felder in einsamer Trauer da stehen.
Wie ein alterndes Grab erscheint nun jegliche Schönheit.

Wälder und fröhlich Gesträuch macht sterben die Göttin des Todes.
All' ihren Schmuck entreißt der Sturm mit streifenden Händen.
Zweige, wo unter dem Laub auflebend die Brut an das Licht kam,
Zwitschernd im Wiegenneste den ersten weinenden Lauf gab,
Oder befiedert hernach auf Aesten hüpfend sein Spiel trieb,
Ohne die Mutter umher schon flatternd und fangend die Speise:
Diese grünenden Räumlein all', entkleidet von Blättern,
Steh'n sie, wo trocken die Aeste mit knarrenden Tönen sich schaukeln.
Dort wo der Bär am Stamm' aufkletternd die Bienen gebrochen,
Während die murmelnde Bärin die tölpischen Kinder da säugte,
Dort wo das Elenthier erschreckt, vor dem reissenden Wolf floh',
Aber die Wölf' ihre Jungen zu heulen gelehrt und zu rauben;
Dort wo der Habicht samt seiner Brut, viel Hühner davon trug,
Krähen in Schaar hinweg uns haben gefangen die Gänslein,
Dort seh't, dort erstorben sind sämmtliche Freuden, so daß nur
Raben das Lob allein verkünden des greulichen Herbstes.
Aber die singenden Vögel, die haben sich enge verborgen,
Um ohne Sorgen den Winter in süßem Schlaf zu verträumen.

Ach, ihr Zierden der Gärten, mit euern Gewächsen und Kräutern,
Ihr aufknospenden Blumen, ihr Herrlichkeiten des Lenzes!
Ach, wo seid ihr geblieben mit Farbenschmelz und mit Wohlduft?
Was der Fruchtbaumgarten in bunter, prangender Blüthe
Wies, was der Sommer darauf erzog von reifendem Obste,
Alle die Gaben sind abgepflückt, verwahrt schon im Winkel,
Oder wir speisen sie jetzt gekochet in Topf oder Pfanne.
Ziehet ihr Gäns' hinaus, ihr Nichts herschnatternden Enten!
Weil noch offen die Ström', auf daß ihr zuletzt euch noch badet.
Auf, ihr Hähn', ihr Hennen und was sonst scharret im Kehricht,
Laufet doch flink hinaus, noch einmal euch fröhlich zu machen!
Wähnen doch möget ihr nicht, als ob wegen lieblicher Stimme

Ar dėl jusū Dainū szwentū jus sźeriame Twartūſ'.
Ne, mes del Mieſós tiktay jusū girriame Balſą.

  Tikt' Dywai żurėt', kaip Moters dillina Stungius,
Ir baiſu klauſyt', kad Bobos tarszkina Pūdus!
Elze ſu Pimme kampūto Titna'o jėszko,
O Selmyke ſaw iß Autū Purwelį ſwilinn'.
Bet Annūrte ju Berge Skauradą żuroja.
Ir kad daug Ugniės ben weik po Katilu degtu
Su pilwotais Żuba s wis į Kaminą pūczia.
Jeke ſu Mylinne dzowitą Pagalį ſkaldo,
O Enſkys ſauſós Malkelės atnesza Glebį.
Alle Dorczys Nenaudelis pas Kakalį ßilta,
Snausdams ir Żubus laiżydams Edeſio tyko:
Nės Aste Pietums uupenėtą żuttinna Gaidį,
Ir kellis Kwieczū Plyckus į Kakalį szauja.

  Dorcziui taip beſilaiżant ir diddey beſidzaugiant,
Stay, Kwieſlys puikey rėdits ir raits paſirode,
Ir wiſſus Swodbon' ateit' pas Laurą paprasze.
Swotū kożnaswiens tojaus Keppurrę nuwojdams,
Ir uż Garbę tą diddey, kaip reik dekawódams,
Laurą pagarbit' ir Swodbon' ateit' pażadėjo.
O wey, wós aßma Diena potám paſirode,
Stay, wiſſi Kaimynai ſwodbißkay paſirėde.
Stėpas ſu Mylū Kurpes ſaw naujās nuſipirkę,
O Janis ſu Luddū dailės Wyżās nuſpinę,
Kėdės', ir Swodbon' nukelaut' Kuinās pażabójo.
Ypaczey iß wiſſū Enſkys ſawo Szimmelį prauſe,
Ir balnódams jį prie Szonū priſėge Kilpas.
Taip ißrėdęs jau Żirgelio Nuggarą wiſſą
Tūj' ſawo Kulßes ſu naujū Dirżū ſurakinno,
Ir ant Blauzdū ſwodbißkus Sopagūs uſſimowe. —
Moterū Puſſė Kapós Suneſius palydėt' paſiſule,
Nes ir jas Kwieſlys į Czėſnį buwo pakwietęs;
Todėl jos taipjau, kaip reik Wießnėms ißſirėde.
Alle ne wokißkay, kaip kėlios jau praſimáne,
B t lietuwißkay, kożna tarp jū ſuſiglamże.
Juk żinnai, kaip muſ' Lietuwninkes dabinėjaſ',
Kád wirßet', ar į Czesnis nukelaut' uſſigeidzia.
Kykas ſu Nometū bey Ploßte Moterū Rėdai,
Bet Wainikkas ſu Kaſſoms Mergū Dabinėjims.
Bobos ßukßtu jums, margū Wainikkū norėti,
O jus Mergos wėl minnau! n'uſſigeikite Kykū.

Die Gaben des Herbstes.

Oder hochfestlicher Lieder wir sorgsam euch pflegen in Gittern.
Nein euch ertönet nur Preis, ob des Fleisches köstlichem Wohlschmack.

  Wunder zu seh'n: wie die Frau'n geschäftig stumpfen die Messern!
Gellender Ton dem Ohr: wie das Mütterlein klappt mit den Töpfen!
Else und Pimme, die suchen den Feuerstein auf, den gespitzten;
Und Selmyke, die brennt sich Zunder aus leinenen Binden,
Aber Annorte und Berge, die scheuern die Pfannen schon fleißig.
Diese, damit die Flamm' aufschlag' hell unter dem Kessel,
Blasen mit pausiger Wang' anfeuernd die Gluth im Kamine.
Jeke zugleich und Mylinne, die spalten die Kloben zersplitternd,
Während Ensys herbringt des trockenen Holzes den Arm voll.
Aber Dozys der untaugliche Wicht, am wärmenden Ofen
Liegt er schlummernd und macht die Lippen schon wässern zur Mahlzeit;
Denn den gemästeten Hahn abbrüh't dort Aste zum Mittag;
Etliche Weitzenfladen auch schiebet sie flugs in den Ofen.

  Während Dozys da liegt, auf den Mittag harrend den Mund netzt,
Siehe, da reitet geschmückt der Gastumbitter zur Thür ein, *)
Ladet das sämtliche Haus zur Hochzeit ein bei dem Lauras.
Aber der Gäste sogleich ein jeglicher zieh't seinen Hut ab,
Sich auf's tiefste darob verneigend, der Ehre zu danken.
Alle versprachen zu kommen auf's Fest und den Lauras zu ehren.
Als nun der achte Tag erschienen, da machten sich alle
Nachbar'n fröhlich auf, mit Hochzeitkleidern geschmücket.
Stepas und Mylas, die hatten neulederne Schuhe gekaufet;   90
Janis und Luddas indeß Bastsohlen sich zierlich geflochten,
Zäumten die Klepper schon auf, zum Hochzeitshause zu reiten.
Sonderlich hatte vor Allen Ensys seinen Schimmel gesäubert,
Ihn gesattelt und funkelnde Biegel geschnallt an die Seiten.
Also hatt' er das Roß hochstattlich geziert, ihm den Rücken
Samt der Dünnung zusammen mit neuem Riemen gegürtet,
Aber sich selbst an Füßen die Hochzeitstiefel gezogen.
Siehe, der Jünglinge Schaar anschloß eine Schaar von den Frau'n sich.
Denn die Frauen auch waren vom Hochzeitbitter geladen.
Drum, wie's feinen Gästen geziemt, auspußten auch sie sich: 100
Doch nicht in deutscher Tracht wie sich Manchem zu kleiden schon einfällt
Sondern in litthauschen Schmuck, einfach verhüllten sich Alle.
Weißt, wie die Litthauerinnen zu pußen sich pflegen, wofern sie
Gastlich zu Freundes-Besuch hinausgehn oder zum Festmahl.
Haub' und Hüll' und Leintuch, das ist die Kleidung der Frauen;
Aber ein hoher Kranz nebst Flechsen, die Zierde der Jungfrau'n ²)
Fern sei's Frauen von euch, den Kranz zu verlangen, der Bräute!
Ihr Jungfrauen behüte, daß ihr auch begehrtet die Haube!

Taip kaip girdit', diddis Pulk's wissaip issirėdęs,
Irgi neßwankey klykaudams, pas Laurą nukāko. 110
Lauras tůj' pasiklonodams paswėikino kożną,
Ir į sawo Namelį wieżlibay suwadinnęs,
Sztay, pawittôt' wissůs Middaus tů atneße Pleczką,
Ir Swotus linksmus meilingay rágino surbti.
Alle Moma Marczôs wissokiū sunéße Plyckū, 115
Ir sawo sukwiestus Swetelius taipo pamilėjo,
Kad kelli jau buriszkas Szutkas prasimanė.
Taip Pirmónes jiems Swodbo linksmay beragáujant,
Sztay tůj' p'o Warrus redyta parweże Porą,
Ant kurriôs ßwent's Wiskupas pas Diewstalį ßwentą, 120
Winczawodams, kaip reik, Żegnonę buwo padėjęs.

Gentys ir Kaimynai iau wissi suribėgę,
Ir Jaunikki su Marczę paswikinnę dailey,
Tůj' gardżey pawittôt į Lauro suwede Namą.
Lauras irgi Moczutte jo, surrukkusi Boba, 125
Gerejos' diddey Dukters suláukusiu Swodbą;
Nės Ilsbutte jû Dukczutte buwo paskiausi,
Ir priegtam uż Szulcio į Taukius nutekėjo.
Todel Tewai jôs sukwiete Gimminę wissa,
Tytweik daug dėlto kaßtawos' irgi stelláwos', 130
Karw û tris bérżczias, o Jaucziû du mėsinėjo.
Bet kiek Kiaulû bey Awjû, Miesininks nerokáwo.
Alle Ząsû bey Wyßtû wos wiena pasilikko.

Tas Miesas wissokias, ßeip ir taip sukapótas,
Milkas, Kukkorus talp smarkey pléßkino Swodbai, 135
Kad ant Uliczû wissur Uzims pasikėle,
Ir Karmyns Pauluks dėlto diddey nusigando.
Taip ißwirtus jau Walgius iß Katilo semdams,
O Peczenkas su Rābleis iß Kakalio tráukdams,
Milkas Kukkorus, kaip girdit', buwo sutaisęs 140
Irgi Sweczėms ißalkusiems wis rágino sulit'.
Myke Staltieses tojaus atneßusi plonas,
Swodbißkay, kaip reik, ißrėde didděli Stalą.
O potam Kwiesfei greiti daug suneße Walgiu,
Jautienôs riebjôs, Kiaulienôs irgi Żąsienôs, 145
Plauczû bey Kepenû bey daugel żuttitû Blekiû.

Swotams taip, potam Tewemus' ßwentay pasiskatczus,
Ir krikßczioniszkay pas Stalą jau susisėdus,
Lauras sawo Sweczůs meilingay rágino walgyt',
Ir kaip Dußei reik, passotit' ir pasilinksmit' — 150

Die Gaben des Herbstes.

Also in mancherlei Schmuck, wie ihr höretet, sämtlich gekleidet —
Zog zum Lauras die Schaar, unter Sang und lautestem Jubel.
Dieser nun hieß sogleich mit Verbeugung die Gäste willkommen,
Und nachdem er in's Haus sie geladen mit höflichem Anstand,
Holt' er sogleich eine Flasche mit Meth, einschenkend den Gästen,
Nöthigte freundlichen Blicks auffordernd die frohe Gesellschaft.
Aber die Mutter der Braut trug allerlei Fladen, der feinsten,
Auf, und gewann durch Liebe so sehr das Herz aller Gäste,
Daß sich schon Mancher bei Tisch vergaß im bäurischen Scherze.
Als sie die Erstlinge froh der Hochzeit also genossen,
Siehe da führte man her zu der Thür das geschmückte Brautpaar,
Ueber welche den Seegen der heilige Pfarrer an heil'gem
Gottesaltar, wie's ziemt, bei der Trauung hatte gesprochen.

Alle Gefreund' und Nachbar'n liefen zusammen und grüßten
Bräutigam segnend und Braut mit herzlichen Wünschen, und führten
Bey'd in das Haus des Lauras zur frischen Bewirthung der Lippen.
Lauras aber zusamt dem alternden Mütterlein waren
Hocherfreut, daß sie beyd' erlebet die Hochzeit der Tochter.
Denn es war Ilsbutte von all' ihren Töchtern die Jüngste:
Und nun ward sie als Gattin vermählt dem Schultheiß von Talken.
Darum hatten die Eltern gebeten die ganze Verwandschaft,
Reichliche Spende gemacht, nicht Kosten gesparet und Aufwand:
Hatten drei giestigen Kühe geschlachtet und zween der Stiere.
Schaaf' und Schweine die wurden vom Schlächter gar nicht gezählet,
Aber der Hüner und Gänse war kaum nur Eines geblieben.

Solcherlei vieles Gefleisch, zerhauen in vielerlei Stücken,
Richtete Milkas, der Koch zum Mahl mit solchem Geräusch zu,
Daß der sprudelnde Ton hinaus erscholl auf die Gassen;
Und der Nachbar Paul darüber in Schrecken versetzt ward.
Als nun das Kochen vollbracht, ausschöpft' er das Fleisch aus dem Kessel,
Aber die Braten, die zog er mit Gabeln heraus aus dem Ofen.
Solch Gefleisch, wie ihr hört, anrichtete Milkas, der Koch nun,
Um die hungrigen Hochzeitgäst' aufmunternd zu laben.
Drauf trat Myke hinein, ausbreitend das feinste Gedeckzeug
Ueber den größeren Tisch zum festlichen Mahl, wie es ziemet.
Gleich auftrugen der Speisen die Gastumbitter sehr Viele:
Fleische von Rindern, den fetten, von Gänsen nicht minder u. Schweinen;
Lung' und Leber in Meng' und dampfgesiedeten Fleck auch.

Als nun die Gäste gebetet das heilige „Vater Unser",
Und sich, christlicher Weise, zu Tisch bei einander gesetzet,
Nöthigte Lauras sie hold anmahnend zur Schüssel zu langen,
Und wie's Herz verlanget zu sättigen sich und zu laben.

Taipgi bewalgant jau ir burißkay beſidʒaugiant,
Lauras ßukterejo: ßtay tůj' Tarnai paſirode
Ir Allaus maenaùs ſu Drogais atneße Baczką;
O Kwieſlei ſu Kragais ſwodbißkais ſuſibegg,
Pywo ſudrumſto Malkus tikt koßia, tikt koßia,   155
Nės tirßtoks Allus perdėm per Gomurį plaukdams
Ir tirßti Malkai weikiaus priſotina Skilwį.

Sztay wiſſi Swotelei ſu Paſimėgimu walgę —
Ir tirßču Malkelu jau doſnay priſiſurbę,
Poterù, kaip Krikßczonims reik, ſkaityt' uſſimirßo,   160
Swietißkas Dainas dainót' dabar uſſimane.
Stepas nů riebjů Kummelú daug pamelawo,
O Enſys ſawo pónißkus ißgarbino Jáuczus,
Mylas ſu Pirßtù Dambrelį ſkambino púſdams,
O Doczys Strunas itempdams cʒirßkino Smuiką.
Kitti wėl kittaip Szutkas taiſydami jůkeſ'.   165

Bet ir Moters ſwodbißkay paſidʒáugt n'uſſimirßo;
Elʒe ſu Pimme dainawo Paʒukû Dainą,
O Mylinne ſu Pakulene garbino Gaidį.
Bet Gaſpadinnes wießlibos ſkyrù ſuſiſėdo.
Ir kas Namui reik', kaimynißkay pawapėjo: 170
Dake ſawo Ʒąſis, ir Jeke diddelis Antis
Garbidamos, Dywû wiſſokiû daug ſumelawo.
Juk ʒinnai, kaip daug plußket' gal Moterû Budas,
Kad jos ant Cʒeſniû dėl Namo Reikmenû wapa.
Taip beſipaſakojant, ßtay Ʒaldejai ſuſibėgo,   175
Ir ſawo burißkus ant Sʒokio ſkambino Ʒaiſlus:
Dainalis Cimbolus, ir Strunalis cʒirßkino Smuiką,
O Balſatis Ʒubùs ißtempęs birbino Wamʒdį.
Sztay tojaus Enſkys Mergas Kruwon' ſuwadinnęs,
Su puikieis Kaimynû Klapais rágino ßokti.   180
Mylas ſu bjąureis Sopagais Elʒę nutwére,
O Kairuks apſáwęs Kurpes Mylinnę pagrėbe,
Ir lietuwißkay ant Aßlôs ßokdami ſpardeſ'.
Bet kitti ſu Wyʒomis tyczoms ißſirėdę,
Ar baſi, Kubus nuſiwilkę, Sztukką padare.   185
Juk ʒinnai, kaip linkſmas Bur's perdaug priſiſurbęs,
Kartais ant Cʒeſniû durnas Szutkas praſmano.
Bet girdėkit' dar tolaus, kas cʒe paſidare:
Du Kajmynu ne kwieſtu Swotbon' atſibaſte,
Wiens jù Slunkium', o kitſai Peleda waddinnam's.   190
Lauras kolojo nůpertą Porą matydam's;
Alle Bobutte jo dėl to diddey nuſigandeſ'

Die Gaben des Herbstes.

Also aßen sie froh nach ländlicher Sitt'; aber Lauras
Rief den Dienern und sich, sogleich erschienen dieselben
Auf der Trag' herbringend ein Faß mit köstlichem Alus.³)
Die Gastbitter sogleich hertrugen die festlichen Kannen,
Füllten den Gästen behend das aufgerührte Getränk ein.
Dieser bündige Trank, wo er ganz hinfließt durch die Kehle,
Ist ein Labsal, traun! ersättigend schneller den Magen.

Unsre Gäste jedoch, voll Wonne genießend der Speisen
Und des bündigen Tranks gußreich einschlürfend, vergaßen
Christlich das Vater Unser, am End' als ziemet, zu beten;
Fingen an weltliche Lieder (wohl ist es Schande) zu singen:
Stepas erdichtete Viel von trefflich genähreten Rossen,
Während indeß Ensys seine herrlichen Rinder herausstrich.
Mylas Finger entlockte der Mund-Harmonika Töne,
Aber Dozys der stimmt' anstreichend die Saiten der Geige.
Ander' auf andere Weis' hintrieben thörichten Kurzweil.

Auch die Frauen vergaßen nicht fröhlichen Scherz bei der Hochzeit.
Else und Pimme begannen das Lied von der Hechel zu singen, ⁴)
Aber Mylinne vom Hahn; ihn pries zugleich Pakulene.
Doch die ehrbaren Frau'n, beisammensitzend im Kreise,
Sprachen, als Nachbarinnen, von Haus erzählend und Wirthschaft:
Dake lobte die Gäns' und Jeke die Enten, die großen.
Mancherlei Wundergeschicht' auch ward von ihnen erdichtet.
Weißt ja die Sitte der Weiber, wie Vieles zu plaudern sie haben,
Wenn auf des Hauses-Bedarf gesprächig sie kommen beim Gastmahl.
Also erzählten sich Jen', als plötzlich die Spielleute kamen   175
Welche zum Tanz sogleich anhoben ihr bäurisches Tonspiel:
Dainalis rührte die Zimbel, und Strunalis strich auf der Geige.
Die Sackpfeif' aber blies Balsatis mit pausigen Wangen.
Siehe da rief Ensys alsbald zusammen die Jungfrau'n,
Auf sie munternd zum Tanz mit den schönen Gesellen der Nachbar'n.
Mylas mit bäurischen Stiefeln am Fuß ergriff nun die Else,
Aber Kairys in Schuhen bekam die Mylinne zu fassen;
Drehten sich hüpfend umher auf dem Boden im Litthauer-Tanze. ⁵)
Andre, Bastsohlen lieber mit Fleiß angethan, oder baarfuß,
Zogen das Oberkleid aus, und verübten allerlei Schwänke.   185
Wissen wir doch, wie der Bauer im fröhlichen Rausche bisweilen
Manchen thörichten Schwank ausübt bei Festen der Hochzeit.
Aber vernehmt hier weiter ein vorgefall'nes Ereigniß:
Zwei ungebetene Nachbar'n, hatten zu Gast sich geschlichen,
Einer Slunkis von ihnen, der Andre Beleda mit Namen;
Lauras sie beid' erblickend, begann ihre Frechheit zu schelten.
Aber die Alte gerieth in solch Entsetzen darüber,

Tů Gumbu waitot' ir skaudzey sirgti pradėjo;
„Rods ne gražu kad kas ì Cžesnì weržast lysti,
„Kur tikt sůkwiesti Biczullei gal cžestawotis'.   195
„Stuy, Nežwankeli! ne lysk, kur lysti ne tinka!
„Lauk' ik' Lauras taw per Pasłą šauks pasirodit',
„Ir kaip wiežlibą Kaimyną lieps pasilinksmint'.
Todėl wiežlibi Swotelei taip nusigando,
Kad jie neygi Tabako jau rukyt' ne galėjo,   200
Bet dėl Ižgastiês iš Rankū ižmete Pypkius.
Żaidėjai taipjau dėl tokio diddėlio Stroko,
Su Zaislais sawo skambancžeis po Sůlu nulindo;
O wissi, kurrie linksmay šokinėdami rėke,
Stapterėjo tojaus ir baisey blauti palowe.   205
Dainos nu Gaidziū, nu Wištū irgi Żąsyczū,
Kalbos nu Wilkū nu Meškū irgi nu Jauczū,
Dėl Baisybės tôs tūjaus ì Niekq pawirto.
Irgi Sweczei wissi, tylomis kasydami Galwas,
Kas tam Strokui reik, ne šeip ney taip n'issimano,   210
Ik' Ensys iš Papykio Berzinni pagrėbęs,
Slunkiaus irgi Pelėdos Szonus skalbti pradėjo,
Ir potam Plaukū nusitwėręs ižmette laukan'.

Alle ne dywikities, Kalbas girdėdami tokias!
Juk ir Ponai, ponižkay daug Syk' prisirijȩ,   215
Buriškus Sztukkius, kaip mes pramanydami jůkias' —.
Burū rods Daugums tarp musū, ne mandagey elgias',
Ypaczey ant Czesniū linksmū tul's randast Durnas,
Kurs daug zaunidams Krikštinoms Gėdą padaro.
Alle ne dingokim', kad kožnas Pon's issirėmȩs,   220
Wis šwentus ir wiežlibus tikt ištaria Daiktus.
Ak! Szlapjurgis ir tarp jū perdaug prisikošęs,
Buriškas Szutkas ižplopt' taipjau nesigėdi.

Ak! tare Selmas, aš tiek Mėtū Szulcu bebūdams,
Dwariškus Budus ir Ponū wissą Rabatą   225
Pluš tšitėmijau, girdėdams irgi žurėdams,
Anday tropijos', kad aš su Gromatą Pono,
Pas wyrausì Dumczų raits nukelauti turrėjau;
Pas kurrì puikū Szlapjurgių daug susibastę!
Aš, kaip Tarnui reik, sawo prastą Mucę nuwożęs,   230
Ir paikey pasìklonojęs, tů Gromatą rodziau;
Irgi padawȩs ję, tytzoms ì atdarą Kukni
Ilindau pažurėt, kokius ten šuttina Rasnius.
Nėsa papratȩs jau tarp Ponū Skianturę rodyt,
Ney koks Draugas jū nebijaus' ney šokis ney tokis.   235

Daß sie am Magen erkrankt, gleich schmerzlich anhub zu wimmern.
„Freilich nicht fein, wenn Einer zum Gastmahl heimlich sich eindrängt
„Wo nur gebetene Freunde sich festlich können vergnügen.
„Halt Unhöflicher du! was schleichst du, wo du nicht hin sollst?
„Warte bis Lauras doch selbst einladen dich läßt durch den Boten,
„Und als ehrbaren Gast theilnehmen dich heißt am Vergnügen!
Drob erschracken zugleich die ehrbaren, anderen Gäste,
Also, daß sie nicht mehr vermochten zu rauchen den Tabak,   200
Und die Pfeife sogar vom Schreck entsank ihren Händen.
Die Spielleute jedoch sich nicht versehend des Vorfalls,
Krochen unter die Bank mit ihren tönenden Werken.
Plötzlich stockte der Tanz, die fröhlichen Tänzer nun hörten
Auf, zu jauchzen hochlaut, ein Ziel gleich setzend dem Jubel.
Auch die Lieder verstummten von Hähnen und Hühnern und Gänslein.
Alle Gespräche von Wölfen, von Bären, von Rindern, die hatten,
Wegen des garstigen Falls, nunmehr erreichet ihr Ende.
Schweigend wußten die Gäst' allsamt nicht, was zu beginnen;
Rieben zweifelnd das Haar aussinnend, bald Dieses bald Jenes,
Bis Ensys aufzürnend zuletzt zu dem birkenen Stab griff
Und dem Slunkis gederb und Peleda den Rücken begrüßte.
Drauf sie Beyde, gefaßt am Schopf' hinaus zu der Thür warf.

Aber verwundert euch nicht dergleichen Reden vernehmend!
Denn auch vornehme Herren, wofern bei Tisch sie geschwelget,
Pflegen dergleichen Schwänke wie wir Landleute zu üben.
Zwar ist mancher Thor wohl unter uns Bauern zu finden,
Der bey gastlichem Mahl unedele Sitten verkündet,
Und die Kindtauf=Feste besonders entehrt durch Geschwätze.
Aber glaubet ja nicht, daß jeglicher Herr, der so hoch fährt,
Stets ein Heiliger sey, gottselig an Werken der Tugend,
Ach, zu Viele nur giebts der vornehm schwelgenden Zecher,
Deren bäurischer Mund sich nicht schämt, unsittlich zu scherzen!

Ach sprach Selmas, das Amt vieljährig verwaltend des Schultheiß,
Hab' ich die Sitten der vornehmen Herren, ihr Treiben und Schwelgen
Kennen gelernt, sehr Vieles gehört und mit Augen gesehen:
Jüngst ereignet' es sich, daß hinaus gesandt von dem Herr'n ich
Zu dem obersten Rath hinreiten mußte mit Briefen,
Wo sich der stattlichen Wüstlinge Viel zusammengefunden.
Wie es dem Diener geziemt, verneigt' ich mich, thörigter Weise,
Hielt in der Hand mein bäurisch Mützlein, zeigte den Brief vor;
Abgegeben denselben, nun schlich ich mich hin zu der offnen
Küche mit Fleiß, zu erspäh'n, was dort man brühet und bratet.
Denn gewohnt, mich schon bey vornehmen Herren, als Einen
Ihres Gleichen zu zeigen, nicht fürchtet' ich Diesen noch Jenen:

Cze trys Kukkorei dużżi man tů pasirode:
Wiens Neßwankelis mesinėjo Wanagą jůdą,
O kitsai su Nagais draskydams ißtissa Zuiki,
Kirmelů gywů Lizdus iß Wedaro krapßte;
Alle treczassis du bjauru Ryku nusitweręs,   240
Kuppuizes baisias į Bludą tarßkino platu;
Nes tas Kuppuizes musu Ponai garbino skaudzey.

    Taipgi bezurint man jau Dußei pikta pastojo,
Ir aß pro Durris ißßokęs wemti pradėjau;
Bet tyczoms ne sakiau delko man taip pasidare,   245
Żinnot' juk kaip Ponpalaikiei tů jůkiasi Burui;
Todėl tykojau tyloms uż Durrů nulindęs,
Kad pamatyczau ben, kaip Ponai mus' czestawojas',
Kukkorei Walgius naujus jau buwo sutaisę,
Taip kad wissas Dwar's dėl jů smirdėti pradėjo.   250
Sztay tů ponißki Tarnai wissi susibėgo,
Ir jau wisłab kas ant Stało reik, suneßoję
Wirtus ir keptus Walgius tojaus sugabėno.
Aß Rankas sawo burißkas, kaip reik, susiėmęs,
Ponißkų bey nobażnų wis Poterų łaukiu.   255
Sztay żuru, kiekwiens tarp jů jau rengiasi sėstis'
Ir wissay Dangaus użmirßęs, immasi Sźaukßtą,
Irgi beżaunidams Walgius į Gomurį kißa.

    Aß dar toklas Bjaurybes, kol gyw's ne reggėjęs,
Taip nusidywijau, kad jau kone rėkti pradėjau,   260
Tikt susimisliję̨s, kad man cze ne dera rėkaut,
Wis pamaży snipßdedams ir kytrey pasislėpdams,
Taip ißkołojau, kad Szunnys kaukti sunikko:
Jús Ißputtelei pilwoti, júsgi Bediewjei!
Ar jau Gėda jums, ßwentay Rankas suslimti,   265
Ir aukßtyn pażurėt' kad riebjus immate Kasnius?
Mes sukrerę Burai, mes wyżoti Nabagai,
Szen ir ten wis stumditi, bey daug pristwargę,
Tankey wos Pluttas saussas į Wedarą kißam'
Ir tikt su blogů Skinkių gaiwinname Szirdis,   270
O tikt ir uż tai kasdien dėkawojame Diewui;
O jus Nepreteliei! Walgius wis rydami riebjus,
Ir wis Rinkßwynius į Pilwą koßdami storą,
Diewo bey Dangaus wissay paminėti palówet'.
Taip trumpay padumoję̨s saw, ir Atraßą gawę̨s,   275
Tů kone dwilinks, ir neswietißkay nusigandę̨s,
Pro Durris ißßokau irgi Namů parjójau.

Die Gaben des Herbstes.

Siehe da zeigten sich mir drey wohlbeleibeten Köche,
Einer der Ungezog'nen zerlegt einen schwärzlichen Habicht, *)
Aber der andere streift' am gestreckten Hasen mit Nägeln,
Ihm der lebendigen Würmer Genist aus dem Leibe zu reißen.
Doch der dritte von ihnen ergreifend zwei garst'gen Gefäße,
Drückte die häslichen Kröten mit Prasseln breit in der Schüssel. *)
Denn solche Kröten die sind das gepriesenste Labsal der Herren.

  Als ich den Greuel erblickte, da ward es mir übel und wehe,
Daß ich sofort zur Thür unwohl hinauslief des Hauses. —
Aber mit Fleiß nicht sagt' ich, warum mir also geworden:
Denn ihr wisset ja wohl, wie die Herr'n gleich spotten der Bauern,
Darum schwieg ich und schlich zur Thür mich leise des Zimmers,
Um zu seh'n, wie die Herren sich nehmen bei festlichem Gastmahl.
Aber die Köche, die hatten nunmehr die Speisen bereitet,
Und der gesamte Hof anfüllete ganz von Geruch sich.   250
Siehe, da liefen sogleich die Diener zusammen der Herrschaft,
Trugen Alles herbei, was nur zu der Tafel gehöret:
Alle gesott'nen sowohl als alle gebratenen Speisen.
Ich nun faltete gleich, wie geziemt, die bäurischen Hände,
Auf das Vater unser, das christliche, wartend, der Herren.
Aber was sah ich anjetzt? Ein jeglicher eilte zum Sitz nur
Ohne zu beten, vergessend des Schöpfers und griff zu dem Löffel.
Also bei eitlem Geschwätz führt Jeder die Speise zum Munde.

  Ich, dem solch ein Gräuel noch, weil ich lebte, nicht vorkam,
War auf's höchste verwundert und hätte fast laut aufgescholten.
Aber ich dachte daran, daß hier nicht zu schelten, der Ort sey.
Leis' aufseufzt' ich nur. Verbergend darauf mich aus Klugheit,
Brach ich so heftig aus, daß die Hund' aufbellten, in Klagen:
„O ihr Gottesvergess'nen, ihr aufgeblasenen Leiber!
„Ist's denn Schande für euch, aufzuheben heilige Hände?   265
„Und zum Himmel zu schau'n, wenn euch der gesegnete Tisch labt?
„Wir bastsohligen Armen, in Dünger nur watenden Bauern,
„Hieher gestoßen und dort, viel Noth erduldend und Elend,
„Haben oft trockene Kirsten von Brod nur zum Munde zu führen,
„Schlechtestes Tafelbier kaum, um des Herzens Durst zu erlaben;
„Und doch danken wir Gott dafür tagtäglich von Herzen.
„Aber ihr Unholdsel'gen, die stets ihr die fettesten Speisen,
„Samt dem köstlichsten Wein in den Leib euch füllet, den größten,
„Habt ganz aufgehöret, an Gott und den Himmel zu denken!
Als ich das kürzlich erwog, da ward mir die Antwort des Briefes;
Hurtig sprang ich hinaus, denn entsetzlich war ich erschrocken,
Fast gedoppelt zur Thür und schwang auf's Roß mich zur Heimkehr.

Ak! tare Dēwomils, neſwankios muſû Gadynes
Ant wiſſû Szelmyſtû jau wiſſay paſileido.
Pons ir Tarnas jo Peklon' tikt' bēga, tikt' bēga. 280
Ans iſtrēmęs wis, ir ponißkay paſiputęs,
Wardo diewißko jau gēdējas paminēti;
O kiſſai, kad jam itiktu, niekinna Diewą.
Pons Apjekelis, Welnop' ſioleis beſiſukdams,
Ir Tarnus ſaw' ißrinktus apjekti mokinna. 285
Diews ir Žodis jo, Baznyczû muſû Grożybes
Giesmēs nobażnos, taipjau kaip Poterei muſû,
Neprieteliems tokiems nēy Smarwe Meżinnio ſmirdi.
Lumper irgi Kamedijes apjekino Poną,
O Tarnai jo be Drausmēs kekßaudami jukiaſ', 290
Ak, kur dingo Wieżlibums jau muſû Gadynû!

Taip beſipaſakojant, ir Swodbą wiſſą bebaigiant,
Sztay tūjaus wyżots atbēges Blebberio Tarnas,
Ak tare, linksminkities, jau wēl Czesnis paſidaro.
Tikt girdēkit', kaip Bendiksas Żąſiną pjauja, 295
Kaip Bernullis paſirittęs Awiną ſmaugia!
Simmas ſawo Namams wienragi Bullu ſtekēna;
Bet Alwins Darże taip ſmarkey ſwillina Kuili,
Kad per Mylę Dumai nēy Debeſei paſikēlę,
Sáulę ſu Zwaigzdēms ir ßaltą Nleneſt tamſinn'. 300
Taigi dabar Deßrû wiſſokiû bus priſiwalgyt',
Nes Laßinû bey Kumpjû jau rukyt' pakabytû
Żiemai pas Burus Daugybe diddele kaba,
O dar wis daugiaus Mieſôs i Kaminą kemßa.
Taigi dabar Czesnis lietuwißkay paſidare — 305
Ir Wargùs wiſſùs użmirßę wēl atſigáuſim'.

Alle ne miſlikit', tokią girdēdami Kalbą,
Kad ant Apjuko ji mums yra pramanyta.
Juk per Mier' mes Bēdziei ant Laukû priſiwargom',
Ir greiti, kaip Burams reik, i Baudziawą bēgom', 310
Meßlą weßt', użkreſt, użart', Grudelius barſtyti,
Szēną kirſt', ſugrēbt', ir po Kraikû pakawôti,
Ir wiſſas Gerybes i Skunes ſuwalyti.
Ak kas tai Darbai, kurrus atlikt' truſinējom!
Lytus mums daugſyk', taip dirbant, Nuggarą práuſe, 315
Ir tūls Twankas iżartyts daug kēpino Kiáußę.
Mēs beſidowidami daugſyk' Kropas nedarytas,
Ir Pluttas menkas blogay kramtydami walgom'.
Tankey mes Twanke praſtay maißydami Skinkt,
Ir Wandens Malkus iß Klano ſemdami gērem'. 320

Die Gaben des Herbstes.

Ach! sprach Dewomil, sehr verderbt sind unsere Zeiten!
Nur auf lauter Betrug ist der Sinn fast Aller gerichtet.
Herr und Knecht sie eilen und eilen zur Hölle zu kommen.
Jener voll herrischen Stolzes, die Händ' in die Seite nur setzend,
Schämet des göttlichen Nahmens sich irgend auch nur zu erwähnen.
Dieser verachtet Gott, damit er Jenem gefalle.
Der verblendete Herr jagt im Galopp zu den Teufeln,
Lehret die Liederlichkeit auch seinen erwähleten Dienern.
Gott und göttliches Wort, unser Kirchen einfache Schöne,
Unsere frommen Gebet' und rührenden Lieder, sind diesen
Unholdseligen nur ein übler Geruch von dem Misthof.
Schauspiel und Kartenspiel erschlaffen die Herren verblendend;
Aber die Diener, wer wehrt's? die spotten der Keuschheit, in Unzucht.
Ach, wo seid ihr geblieben ihr Tugenden unserer Zeiten!

Unter solchen Gesprächen nun ging die Hochzeit zu Ende
Siehe da kam alsobald des Blebberis Diener gelaufen,
Bastige Sohlen am Fuß, und rief: schon wieder ein Gastmahl!
Freuet euch! höret ihr nicht, wie Bendix schlachtet die Gänse?
Wie Bernullis den Widder herbeiführt, ihn zu erdrosseln?
Simmas erlegt fürs Haus, den Stier, den einfach gehörnten.
Aber Alwinas, der sengt im Garten den Eber so grausam,
Daß sich der Rauch davon sehr weit, gleich Wolken, emporhebt,
Und fast Sonne, Gestirn und den Mond verfinstert, den kalten.
Nun wird's allerlei Würste schon geben, uns gastlich zu laben;
Denn die Streifen von Speck, hing man hinauf in den Rauch schon.
Für den Winter nun räuchern die Bauern schon Viele der Keulen. *)
Aber sie hängen des Fleisches noch immer mehr im Kamin auf.
Nun ist die Gastmahlzeit der Litthauer fröhlich gekommen
Wo wir das Elend vergessen und von der Noth uns erhohlen.

Denke ja Keiner, das Wort mit seinen Ohren vernehmend,
Daß dies Scherz nur sei, uns zu verspotten, erdichtet!
Ueber die Maaßen zu haben wir uns zerquält auf dem Felde:
Schnell, wie es Bauern ziemt, hinzogen wir all' in das Schaarwerk
Dünger zu fahren, zu streu'n, einzupflügen, zu säen die Körnlein,
Heu abzumähen, zu harken und unter die Sparren zu bringen;
Kurz die gesegneten Gaben allsamt in die Scheuren zu sammeln.
Was für Plage war das, was für ermüdende Arbeit!
Uns Arbeitenden wusch mit Erguß der Regen den Rücken;
Manche glühende Hitz' auch stach uns brennend die Scheitel.
Unabgemachte Grütz' oft war uns Arbeitgequälten
Einzige Nahrung nur nebst trocknem Kirsten des Brodtes.
Schlechtes Tafelbier diente zum Trank uns, gemenget mit Wasser,
Oft nur Wasser allein geschöpfet vom Teich, in der Tagsgluth.

Prakaitō taip daug nu Weido mums nulaszėjo,
Kad per Nost teßkanczios wis rittosi Growes.
Ak, mes Bėdziei! ak, wissur diddey prisiwargom!

    Augi dabar Naßtas Wargû wissas nusikratę,
Jau pasilinksmikim', bensyk' Czesnij' susikwietę.   325
Tam jůk Diews důsnus Gerybes mums dowanojo,
Kad nusimucziję bei kaip mums reik, trusnėję,
Wel atsigáutumbim', gardzey kramtydami Kasnius.
Darbo reik, nės taip kożnam Diews paliepė walgyt';
Walgio reik, kad Dirbanczus Syla ne pamestu.   330
Taigi ne czėdikim, mußt' pjaut' ir skerst' sawo Walgi.
Waike, numußk drasą Jautukką saw nupėnėjęs,
Pjauk Awjû kellias, ne czėdik Awinę luiną,
Rißk Zasis, Pyles, Wißtas i diddelį Půda;
Skerßk daglus Parßus, pasiskerßk nutukkusę Kiaulę;   335
Walgyk sweiks Deßras iß Kropo saw paskdaręs.
Imk Raumens Stukkius, sukapojęs kimßk Smageninns,
O kad dar ne ganà, nusitwėręs diddelę Zarną,
Kimßk drasû Plauczus, n'atbok, pad plyßdama drikstęrs.
Ir Kepenû n'užmirßk kad storą pridrėbi Deßrą.   340
Nės tokie Daiktai taw gal diddey susigadit',
Juk zinnai koks kůd's daugsyk' Pawasario Czėsas,
Ar ne geray kad dar per Mėßlus spirgini Spirgus,
Ir kad per Ruggius i mielą Baudziawą begdams,
Argi Namej' ka weikdams saw issißuttini Kumpi?   345

    Rods tare Lauras su Miera wis reik paspurtit'.
Proto reik kad ką Ruddens Czėse mesnėji,
O kad czerauji wėl reik su Razumu czeraut'.
Ar tai Prot's kad kas sulaukęs Ruddeni riebu,
Wis bestjokdams ir dainodams Laßinus ėda,   350
Ir pristryt' aklay kasdien i Karcziamą lenda?
Juk girdėjot jau, kaip ans Doczys ßokinėdams,
Ir kasdien girtodams bey durnay smaguraudams,
Iß Bedôs paskiaus kaip Smirdas Ubbbagui teko.
Waike! priwalgydams ir gerdams mandagey elgkis';   355
Met's tur' daug Dienû ik' wissas jis pasibaigia,
O kożna Diena daug Kasniû nor' pasisotit',
Pusryczei kasdien, ir Pietus ir Wakarene.
Skilwi permaldyt' ir ramdit' Paßaro stena,
O dar irgi Paludiėnai daug Syk' issißiepę,   360
Kad Darbai Laukû prasiplátina, lukuria Szmotû.

    Taigi ne wis kasdien nėy Swodbą diddelę kėldams,

Die Gaben des Herbstes.   83

Tropfen des Schweißes entquollen so viele dem glühenden Antlitz,
Daß über Stirn' und Wang' hernieder sie rollten in Strömen.
Uns armseligen ach! überall übergroß war die Plage!

  Auf, nun! jegliche Last abschüttelnd von unseren Plagen,
Laßt einmal uns erfreu'n, zusammen gebeten zum Gastmahl!
Dazu ja hat uns Gott mildreich geschenket die Gaben:
Wenn wir uns derb zerquält, derb abgemattet in Arbeit,
Daß wir uns wieder erfreu'n, durch köstlicher Bissen Erlabung.
Arbeit ist Noth; denn essen hieß Gott nach vollendetem Werk nur.
Essen ist Noth; daß wieder du Kraft erlangest zur Arbeit!
Nur! nicht gesäumt, gehörig uns einzuschlachten den Vorrath:
Schlachte nur kühn o Gesell, den Jung-Stier, trefflich genähret!
Schlachte der Schaaf' einen Theil, verschone den hornlosen Bock nicht!
Stecke die Hühner, die Enten, die Gäns' in den Topf, in den großen!
Stich die gestreifeten Ferklein, stich das gemästete Schwein ab!
Iß, dir bekomm' es, die Wurst, wohl zubereitet aus Grütze!
Nimm dir Stücke von Fleisch, zerhau' sie und stopfe die Markwurst.
Hast du noch nicht genug, so ergreife den größesten Darm nun,
Füll' ihn wacker mit Lungen! nicht fürchte daß platzend er reiße.
Auch der Leber vergiß nicht bereitend die Wurst, die gedrungne!
Diese Dinge ja können sehr herrlich zu Statten dir kommen,
Weißt doch, wie abgemagert das Frühjahr öfters erscheinet
Ist's nicht gut, wenn um Düngerfuhr-Zeit du Schnitte von Speck noch *)
Brötelst, wenn in das Schaarwerk, das liebe, du ziehend im Kornauß,
Oder zu Hause was schaffend dir brüh'st die geräucherten Keule?

  Immer mit Maaß, sprach Lauras, so muß man handthieren u. leben:
Wenn du im Herbst einschlachtest, so brauche Vernunft in dem Schlachten!
Wenn du verzehrest den Vorrath, so brauche Vernunft im Verzehren!
Ist das Vernunft, wenn Mancher, des Herbstes Reichthum erlebend,
Stets unter Lachen und Singen die Schnitte verschmäuset, die fetten,
Und zu verblendendem Rausch hinschleicht tagtäglich ins Gasthaus?
Hörtet ihr doch wie jener Verschwender, der singend und springend
Täglich die leckersten Bissen nur schmaust' und sich thöricht berauschte,
Endlich in Noth gerieth und zum schmutzigsten Bettler herabsank.
Anstand und Maaß o Gesell, obacht' in Essen und Trinken!
Sieh' es zählet das Jahr viel Tag' eh's gehet zu Ende.
Jeglicher Tag indeß will vielerlei Bissen zur Sätt'gung.
Morgen und Mittag und Abend erheischen ihr tägliches Theil doch,
Um zu erbitten den Magen, der strengen, und ihn zu besänftigen.
Auch die Vesperzeit anlacht mit freundlichem Zahn uns,
Zu erlauern ein Schnittlein, bei längerer Arbeit des Feldes.

  Lebe daher und verzehre nicht also dein Gut, als wenn täglich

Iwiey kokias Krikßtynas padarydamas czerauk!
Ne kasdien wis su Smalstummais Wedarą linksmik
Irgi ne wis durnay ir taip saw Uzdarą pustik,
Kad paskiaus Walgius taw reiks ißplurpt nedarytus.
Paſtarnoks ſu Morkais Ropes irgi Repukkai,   365
Barßczei ſu Burrokais bey rauginta Lapiene,
Zirnei kad ſu Puppoms jūs ißßuttini Pūde;
Ir Szupinys gardus taipjau ir mandagi Grucze,
Su Kiſſelum' kad jūs ſaw ißpleßkini wirdams   370
Ar potam wiſſaip wirtū Kartuppeſiū Walgei,
Ir Kelmuczei kad jūs ſaw ſu Uzdarin werdi:
Wiſlab bus gardū, ir taw diddey ſuſigadys,
Kad kasdien, kaip reik, bandyſi mandagey czerauť,
Irgi beczeraudams kittū Dienū paminēſi.   375

Alle ne pyk Gaidau! kad Zodi dar pasakyſu:
Tarp Lietuwninkū daug Syk' tul's randaſi Smirdas,
Kurs lietuwißkay kalbedams ir ßokinedams,
Lyg' kaip tikras Wokētis mums Gedą padaro.   380
Daug tarp muſ' yra, kurrie durnay priſirije,
Wokißkas Dainas dainet', ir keikt' paſipratin'
Ir kaip Wokēczei kasdien į Karcziamą bega.
Todel tuls Zoplys ſuplurpęs wiſſą Zopoſtą,
Kartais pusnugis ant Apjuko replineja,   385
Jus Puſtelnikai! ar tam Diew's ſawo Gerybes
Mums kasdien wiſſur ir taip dosnay dowanoja,
Kad mes jas, tikt wis kaip Kiaules eſdami rytum?
Pilwą rods kasdien protingay reikia palinkſmint',
Bet ir kas ant Pilwo reik, wis turrime rupit'.   390

Tai jau wis tieſą ßwepluodams ißtare Buzzas:
Zinnom' juk wiſſi, kaip mes nūginteli gemam',
Taip didźauſas Pon's, kaip mes wyżoti Nabagai,
Ciecorus taipjau, kaip jo ſkaroti Padūnai;
Ubbag's taip, kaip Pons kytrauſas uzgema glupas,   395
Ir taip wiens, kaip kitt's, iß Papo Moterū ſurbja;
Pons Szilkūſ', o Bur's Szaudūſ' werkßlen' paſiſlēpęs,
Ik' abbu po to protingay pradeda miſlyt'.
Ak! ne padywik man dēl tokio dywino Zodźio.
Juk żinnai, kad wis Tieſa, ką czē ſuwapējom'   400
Taip kiekwiens Zmogus wargingay pradeda ſopterť,
Kad ſis iß Tamſos į Swietą rittaſi ßwieſą,
Ir potam Lopßij' ſapnodams ßaukia Pogalbos;
Wiens taipjau, kaip kits, uzgimdams uzgema blogas.
Kad Ponaczus į garbißką Patalą deda,   405

Die Gaben des Herbstes.   85

Du ein Hochzeitmahl anrichtest oder ein Taufmahl!
Schmeichle nicht stets bei Tisch durch Leckerbissen den Magen!
Auch verschwende so thöricht das Abmachsel nicht zu den Speisen,
Daß du zuletzt die Gericht' unabgemacht müßest verzehren!
Rüben und gelbliche Mähren und Pastinakwurzeln und Wrucken; [10])
Eingemachete Rüben, die rothen, gesäuerter Kopfkohl,
Erbsen auch wenn du mit Bohnen gemischet sie brühest im Topfe,
Edele Grütze, nicht minder gestofete Erbsen, die zähen,
Schmackhafter Hafermehlbrei, wenn du sprudeln ihn läßt an dem Feuer,
Oder Erdtoffelgerichte zu allerlei Speisen bereitet,
Stobblinge selbst, wenn da nur mit Abmachsel koch'st diese Schwämme,
Alles das wird dir schmecken und dir höchst köstlich behagen.
Wenn du versuchest mit Maaß, wie's ziemt, zu genießen und Anstand;
Beim Genießen auch täglich zu denken, daß Morgen ein Tag sei.

Aber o zürne nicht Freund! ein Wort noch muß ich dir sagen:
Unter den Litthauern findet sich mancher unsaubere Gast auch,
Der zwar litthauisch spricht; auch litthauisch hüpfet im Tanze,
Aber als rechter Deutscher, uns Schande nur macht im Betragen.
Viele schon giebt's unter uns, die thöricht sich voll zu berauschen,
Deutsche Lieder zu singen und deutsch zu fluchen gewöhnen, [11])
Täglich in's Gasthaus rennen, wie Deutsche zu thu'n es gewohnt sind.
Daher kommt's, daß oft ein Thor seinen gänzlichen Vorrath
Durchbringt, nackend zuletzt hinschleicht zur Schande der Leute.
Ihr verwüstenden Schwelger! hat Gott seine Gaben, die milden,
So er uns täglich schenkt, zu solchem Ende verliehen,
Daß wir sie schwelgend, gleich den garstigen Säuen verprassen?
Was von Innen den Leib ergötzt, zu beschaffen, ist Noth zwar,
Aber was auf den Leib gehört, ist tägliche Pflicht auch.

Wahr ist dieses, sehr wahr, sprach Bussas mit lispelnden Worten:
Jeglichen ist es bekannt, wie wir nackend das Licht hier erblicken,
Bastsohlentragende Bauern und hochgestiefelte Herren,
Kaiser sowohl als Lumpengekleidete Unterthanen,
Bettler und kluger Herr, sie werden in Dummheit gebohren;
Jener hat thöricht, wie dieser an Brüsten der Mutter gesogen,
Einst in Seide der Herr, auf Stroh der Bauer geweinet,
Bis der verständ'ge Sinn aufging, in ihnen, zu leuchten.
Ach, verwundere dich nicht des wunderlichen Geschwätzes!
Wahrheit bleibet doch stets, du weißts, was thöricht ich plaudre.
Armlicher Anfang des Menschen! wie gafft er umher doch in Einfalt
Wenn er aus dunkeler Nacht in die leuchtende Welt sich hinaufwälzt.
Und nichts hat er am Leibe; der Eine so bloß, wie der Andre.
Rufet um Hülf' uns an sogar in Träumen der Wiege.
Wenn man den jungen Herrn hinlegt auf das prächtige Lager,

O Burus prastus į tamsų Paßalt̃ kißა,
Ar suwystitus ant menko padeda Dumblio;
Kiek jie, misliji tikt' saw patys ßnesza Lobjů?
Ponů dar ney wiens su Kardu nė gimmę Swiete,
O tarp Burų wėl ney wiens saw n'atneße Zagrę,   410
Ar EfFeczioms Padary es, ar Negeli Gr.ėblui.
Pons didzōs Gimmines tarp Burų, wis pasiputęs,
Ney Lißinų Taukai ant szilto Wandenio plaukia;
Bet nabagelis Burs sky lėtą Mucę nuwóžęs,
Dėl jo Zaibo let's pas szaltą Kakaltą dreba,   415
Ar iß tolo klonojos' diddey pasilenkęs.
Bet jau taip koz am Diews Wietą mandagey toike,
Kad wiens kaip baisus Kunnigaikßtis Skiauturę rodo,
O kit's per Purwus klampódams Mežini rauso.

Rods yr' daug Žopliu, kurrie nabagei Burą   420
Iß nelabos Szirdies per puiką Drimmeli laiko,
O štay patys juk daugsyk' kaip Drimmelei elgiasi,
Kas tokiems Ißdyke.ėms gardzey paswalgyt
Ir prisisurbt' saldzey pelnytu Reikalą kožną?
Kas Dirwas užartu, sėtų bey nuwalytų?   425
Kas Grudelius ißkulsu, ir pardūt' nuwažotų?
Kad ne Lauro, ney dosningo Jano ne butu.
Zinnom' juk, kaip kožnas Pons su sawo Namißkieis,
Rudden į' Důnos ir gardziu Pyrágu ne tekęs,
Burui iß Bėdos į Rankų Pinnigą brukka,   430
Irgi bezlostidams jį maldo, kad susimiltu:
O štay, tů paskuy kaip diddis Pons tsiremęs,
Irgi neswietißkay darkydams wargina Berzu,
Argi beßypsodams jo prastą niekina Namą.

Rods, tare Selmas, taip ir man daugsyk' pasidare,   435
Kad aß ßalrykaudams šen ir ten jodinejau;
Amtmons keike taip, kad man Plaukai paßkaußę,
O tarp Burų daug manę jau kone wissą prakeike.
Anday trovijos, kad aß į Baudziawą jodams
Kaip Szaltißui reik, įdrozau Tinginį Slunkiu: 440
Bet jis tů manę pešt' ir mußt' pusikėsęs man tare:
Ar jau užmirßai, kaip Pons tawo Nuggarą skalbe?
Aß dėl Zodzio to bjauraus diddey nusigandęs,
Jau kur Galwą sawo nukißt' wissay ne žinnójau:
Ber kitti Baudziauninkai dainódami jukėsi.   445
Tai atlikkom' jau! wissur Niekai pasidare.
Lygey kaip antay ßąkūts Pawasario Sniegas,
Kad jis prádeda tirpt' Žiemōs jau nedėra Kelui,
Lyg taip su Garbėnis wissoms ir man pasidare.

Die Gaben des Herbstes.

Aber den Bauerknaben hinsteckt in den dunkelen Winkel,
Oder zusammengewickelt hinwirfst auf die strohene Matte!
Wie viel brachten sie mit, was denkst du, von eigenen Gütern?
Keiner der Herren noch kam mit dem Degen gesprungen in's Leben,
Aber der Bauern auch brachte noch Keiner den Pflug in die Welt mit,
Nicht die Geräthe zur Egde, nicht hölzerne Zacken zur Harke.
Doch wie erheben sich bald, die vornehmen Herren, und schwimmen
Ueber den Bauren, wie Fett obschwimmt dem saulichen Wasser.
Der Armselige dort, abziehend sein lappiges Mützlein,
Bebt vor dem blitzenden Herrn am kalten Ofen in Einfalt;
Ihn von Fern' erblickend schon muß er sich tief vor ihm neigen.
Also doch ordnete Gott hier Jeglichem weislich den Platz an,
Einer sollt' als Fürst erheben die furchtbare Scheitel,
Aber der Andere streuen den Dünger hinwatend im Blotte.

   Viel' hier giebt es der Thoren, die unedeldenkend im Herzen,
Uns armseelige Bauren für thörichte Träumer nur halten.
Siehe! doch handeln sie selbst sehr oft als thörichte Träumer.
Wer verschaft' ihnen wohl, den Uebermüthigen, Speise,
Schmackhaft labend, und süßes Getränk und jedes Bedürfniß?
Wer doch pflügte den Acker, wer sä'te, wer mäh'te denselben?
Wer ausdrösche die Körner und führ' in die Stadt zum Verkauf sie?
Wenn der Laurus nicht wäre, der mild handreichende Janus?
Wissen wir doch, wie der Herr samt seinen Genossen des Hauses,
Wenn es ihm mangelt an Brodt im Herbst, am köstlichen Weisbrodt,
In der Noth dem Bauer ein Stücklein Geld in die Hand drückt,
Flehend ihn bittet und streichelt, auf daß er sich seiner erbarme.
Siehe doch bald nachher, so brüstet er wieder als Herr sich,
Fähret mit schändlichen Worten ihn an, und plagt ihn tyrannisch;
Ja, er verspottet wohl gar die elende Hütte des Armen.

   Freilich so ist's, wohl hab' ich das oft erfahren als Schultheiß,
Hieher reitend und dort, erwiederte Selmas: der Amtmann
Pflegte so grausam zu fluchen, daß mir auch die Haare sich sträubten.
Aber der Bauren hat mancher mich längst verwünscht in den Abgrund.
Jüngst ins Schaarwerk reitend geschah' mir's, daß ich den Slunkis,
Wie's dem Schultheiß ziemt, ob Säumniß züchtigend anhielt;
Aber er wehrte sich gleich und sprach die verhöhnenden Worte:
Hast du vergessen, wie letzt der Herr dir den Rücken begrüßte?
Gleich erschrack ich so sehr, der schändlichen Worte mich schämend,
Daß ich den Blick nicht wußte, wohin zu verstecken und wenden.
Aber die Bauren, darob hohnlachten und sangen ein Liedlein.
Ende zu End' ist's schon! überall sind nichtige Dinge.
Wie im Lenze der Schnee, sieh dort, der schabigtgewordne,
Wenn er gemach zerfließt zum Winterwege nicht mehr taugt,
Also ergeht's auch mir samt meiner Herrlichkeit aller!

Ba! kaip jauns buwau (kur dingot' mano Dieneles!) 450
Ay! kaip jauns buwau, wiſſi manę girdawo Klapai.
Ar but' Pons ar Burs, ar Bern's, ar Slugine Kerdzaus,
Ir Waikai be Bukſwū ir dar ſtadami Papą,
Wiſſab ir wiſſur, kaip girdit', laupſino Selmą;
Ogi dabar żillam wiſſi jau jūkiaſi Bloznui. 455
Pons taipo kaip Burs Szaltiſzu niekina ſenų.
Aß daugſyk' paʒabódams ſaw nuplikuſi Kuinę,
Ir Karczus ſillus ant Sprando jo pamatydams,
Su Duſawimais iſzwyſtu ſawo Senyſtą.
O kad Ruddenij' per Purwus į Baudziawą joſu, 460
O mano Kuinpalaikis klampodams żengt ne nujegia;
Aß jo taip gailūſ', kad kartais Aſzarū Srowes,
Ypaczey kad iſzkolots jodau, warwa nū ſubū,
Taip aſz, miſlik tikt', gailūſi paſénuſio Kuino;
Nes jis trilika Metū man kokeis ſodinėjant 465
Ant Balno manę wieźlibay, į Baudziawą wilko.
Ogi manęs, jelek Diewe! nuplikkuſo Terno
Jau wiſſay ney ſis ney tas ſuſimilt' ne ſupranta.

Ak! tare jam Enſys iſtraukęs diddelį Peilį:
Mans Brolau ſirdings! kam ſpardaiſ' taip ſuſtraukęs? 470
Juk ir man taipjau kaip taw wiſſay paſtare.
Sztay, Bródkraunis ſis, ant ſzalto Preikalo altą,
Rodoſ' tikt' żurėk, jau ney iſdilluſi Delcze,
Ar kaip baiſey koks nukumpęs Wanago Snapas.
Kad aſz tai pamatau, tūjaus man Giltine rodoſ' 475
Kaip je Moloraus Ranka molawódama raſzo
Ir ſu jós Dalgiū kumpū nugandina Swietą.
Ak Brolau! ſio Stungio, ſio nudilluſio Stungio
Aſz taipo gailūſ', kad kartais, werkt' neſliáuju;
Wis blogyn eidams ſu manim' ſenésnis paſtoje: 480
Nes jis trylika Metū man Deſzras meſinėjant
Ir Laſzinū Szmotus ant Swodbū mandagey pjáuſtant,
Kaip Ugnis baiſi per Mieſą ſzókdawo kietą,
Ir kaip koks ſmarkus Bindokas ſkeldawo Káulus,
Kaip man Jons, Aſzmys ir Lauras Luddimą dūda. 485

Bet ne gana dar bus. Aß taw daugiaus paſakyſu:
Tam' Kiemė Brolau, kur aß ſawo ſzuttinu Pūdą,
Du tikrū Szelmjū pagreta ſu manim' gywėna.
Wieną jū Baudziauinkai Pelėdą waddinna,
O kittam per Prawardį jie pramine Slunkium? 490
Dar wôs Mėtai, kaip aſz tam' Kiemė budawojauſ'.
Todėl kaip Naujoks Kaimynū wiſſą Rabatą

Die Gaben des Herbstes.

Als ich jung noch war, wo bliebt ihr glücklichen Tage?
Als ich jung noch war, da priesen mich alle Gesellen,
Herren und Bauern, sogar die Knecht' und die Mägde des Hirten,
Knaben im Flügelgewand', und an Brüsten noch saugende Kinder,
All' überall, ihr hört, hochpriesen da seelig den Selmas.
Jetzt in dem grauen Haar verspottet ein jeglicher Schalk mich;
Herr und Bauer verhöhnt den altgewordenen Schultheiß.
Oftmals, wenn ich den Klepper, den kahl gewordenen, zäume,
Und sein graues Kammhaar seh' an dem Halse, so steigen
Seufzer in mir empor: Mein Roß, wie bist du gealtert!
Wenn ich aber im Herbst durch's Moor hinreite zum Schaarwerk,
Und mein armer Träger kaum durchzuwaten noch Kraft hat,
Dauert er mich so sehr, daß die Thränen mir rinnen vom Auge,
Sonderlich wenn ich gescholten dahin ziehe, — stürzen sie stromweis.
Also, dauert mich sehr, o glaub' es, der Klepper, der Alte,
Dreizehn Jahre bereits, im Galopp hinfliegend, so hat er
Auf dem Sattel mich stets hochstattlich getragen ins Schaarwerk.
Aber was mich betrift, des kahl gewordenen Dieners,
Will sich Keiner zuletzt, Gott sei mir gnädig! erbarmen.

    Herzlicher Bruder, sprach Ensys, ein Messer, ein großes
Hervorziehend, was zürnest du, runzelnd die Stirn so?
Gleiches Geschick, wie dich allhier, hat mich auch betroffen.
Dieser Elennstiel, auf kaltem Ambos geschmiedet, [12])
Siehe schon gleicht er jetzt dem abgenommenen Monde,
Oder dem Schnabel vielmehr, dem krummgebog'nen des Habichts.
Wenn ich diesen erblicke, so stellet mir gleich sich der Tod vor,
Wie er von Malers Hand oft pflegte gemalet zu werden,
Mit gekrümmeter Sens', auf daß er die Lebenden schrecke.
Bruder ach! dieser Stiel, dies ausgeschartete Messer,
Dauert mich also zuweilen, daß bittere Thränen ich weine.
Denn gealtert wie ich — ist unbrauchbar es geworden.
Dreizehn Jahr' itzt hab' ich mit ihm zertheilet die Würste,
Auf den Hochzeitfesten, zerlegt die fettigen Stücke.
Wie ein Feuer so schnell durchdrang es das härteste Fleisch auch;
Gleich dem schärfesten Beil, so pflegt es die Knochen zu spalten,
Wie's die Nachbar'n Jons, Asmys und Lauras bezeugen.

    Aber noch nicht genug, ich will dir ein Mehreres sagen:
Freund, im Dorfe, woselbst meinen Topf ans Feuer ich stelle,
Wohnen nicht weit von mir zwey rechte Schelme beisammen:
Einen von ihnen, den nennen die Schaarwerksleute Peleda,
Aber der Andere heißt, beynahmig getauft, ihnen Slunkis [13])
Kaum erst hab' ich ein Jahr mich angebau't in dem Dorf hier.
Als ein Neuling kenn' ich daher noch sämtlicher Nachbarn

Ir jů Klaſtą bey Szelmyſtę dar ne paʒyſtu;
Alle Peledôs ir Kaimynu prikiamo Slunkiaus,
Aß jau taip baiſėjauſ' kad man padreba Kißkos,   495
Tikt girdėk! aß tokius taw Dywus paſakyſu,
Kad Plaukai taw ant ʒillôs Galwôs paſißauʒis.

Trobas Smirdů tů kad joa kas nor' ißtėmit',
Nėy Puſtynes iß wiſſů Paßaliů paſtrodo.
Kad aukßtyn ʒuri, pamatai ſudriſkuſt Kraiką,   503
Ant kurrio Sklypus nupleßtus kleſtina Wėjai,
Kad wiens cʒė, kits tėn nů Stogo rittaſl Lopas.
Sparai po Kraikų ſu Czytais klibba ſupuwę,
O widduj' wiſſur po Stogu Letgalei kaba
Su Plaußais ar Karklais be Negeliů ſukabtti,   505
Bet apacʒoſ', kad jů Buttus bjaurus paʒurėſi,
Tů jůs kaip Staldus ar Kiaultwarczus pamatyſi.
Nės kur tikt' ʒuri, wiſſur Meʒinnys paſirodo;
Juk jie ir Kiaules Stubboj' laikyt neſigėdi
Ir kad jiems padywiji, dar baraſl ſmarkey.   510

Anday tropiſoſ', kad aß Peledą ſutikkęs,
Jam dėl kiaulißkôs Bjaurybės ką paſakyti,
Ir jį, kaip Kaimyns, wiernay bandʒiau pamokiti:
Kiaule, tariau, ka dirbi? ar wiſſay neſigėdi?
Juk tu jau kaip Szudwabalis Meʒinij' paſirodai,   515
Ar girdi, kaip Szudwabalis, jau Szude paſmirda.
Aß uʒwakar tawo Namus blogùs prawaʒodams,
Kad ißtėmicʒau tikray, tycʒoms paʒurėjau.
Taipji beſopſant man Arklys mano ʒwengti pradėjo,
Ir tůjaus tawo Sparu wiens nu Stogo nupůle,   520
O Langu wienam perdėm Skyle paſdare.
Sztay tůjaus, girdėk tikray, ką taw paſakyſu;
Tů trys Kiaules daglos ſu daglais ſawo Parßais,
Lyg kad ſkėrde kas, Stubboj' ſußwiggo neßwankey,
Ir pro Langus ir Plyßus kuleis ißſiritto.   525

Tokius aß Dywus kól gyw's niekadôs ne ſukaukęs,
Taip nuſidywijau, kad man Plaukai paſißauʒe.
O tu Neprieteliau ſkarots ſu Walkata Slunkium,
Jau wiſſay neſigėdita tarp Ʒmonu paſirodit'.
Juddu ne tinkat' Kiaulpalaikes kellias warinėti;   535
O dar kaip Gaſpadorei, ſu kittais Gaſpadorais,
Wis aukßcʒaus Czesnij', tarp Swotů lendate ſėſtis,
Ir tikt wis gardʒey ſmaguráut' ir maukt' ißſiʒojat'.
Al, kad Wyrauſybė jau ant muſ' ſuſimiltu;

Die Gaben des Herbstes.

Lüderlich Treiben nicht ganz, allen Trug und all' ihre Ränke.
Vor Peleda jedoch und den Nachbarverachteten Slunkis
Kam mir sogleich ein Schreck, daß mir die Schenkel erbebten!
Höre nur! Wundergeschichten, dir will ich erzählen, so arge,
Daß dir die grauen Haar' auch sollen zu Berge sich heben:

    Wenn ein Mensch die Gebäude der beiden Garstigen ansieht,
Wie verwüstete Trümmer erscheinen sie rings aller Enden.
Siehest du oben hinauf, so gewahrst ein zerriss'nes Dach du,
Wo die zerfetzten Kappen ein Spiel hinflattern dem Winde,
Also daß hier ein Flick, ein anderes dort von dem Dach stürzt.
Sparren und Giebel des Dach's sind aufgelöst und verfaulet.
Inwendig aber hängen die Enden der Latten vom Dache
Ohne Nägel, mit Bast verbunden und Weidengesträuch nur.
Wenn in den untern Stock du schauest der schmutzigen Häuser,
Werden wie Ställe sie dir erscheinen und Hürden für Säue.
Denn wohin du nur siehst, gewahrest du Haufen von Dünger;
Schämen sich diese doch nicht, in dem Zimmer zu halten die Säue.
Wenn du dich wunderst darob aufzürnen sie heftig noch scheltend.

    Sieh' es traf sich ohnlängst, daß ich g'rad dem Peleda begegnet'
Und sein schmutziges Wesen sofort vor Augen ihm stellte.
Als ein getreuer Nachbar versucht' ich ihn ernstlich zu warnen:
Säuling, sprach ich zu ihm, wie lebst du? verlorst alle Schaam du,
Daß du dem Mistkäfer gleich in dem Düngerhaufen da wohnest?
Und wie solch ein Käfer den Duft verbreitest des Düngers?
Erst Vorgestern fuhr ich vorbei dein elendes Haus nur,
Hielt' es genauer zu seh'n und recht mir zu merken, mit Fleiß an.
Als ich so schaut', erhob mein Pferd aufwiehernd die Stimme,
Alsbald fiel von dem Dach der Sparren Eine hernieder,
Die in das Fenster schlug und ein großes Loch darin durchstieß,
Siehe, da hoben sogleich, gib merksam Acht, was ich sage,
Wie wenn's Schlachtmesser würgt, drey streifige Säue mit ihren
Bunten Ferklein im Zimmer unhöflich zu schrei'n an, und stürzten
Flugs über Hals über Kopf zu dem Fenster hinaus durch die Oefnung.

    Solch' Erscheinungen hab' ich, so lang ich leb' nicht gesehen.
Drum verwundert' ich mich, daß die Haare zu Berge mir standen,
Unholdsel'ger du, zusamt dem umtreibenden Slunkis,
Schämet ihr Beid' euch nicht, unter Augen den Menschen zu treten?
Ihr verdientet es kaum, die Säue zu hüten der Nachbar'n,
Und doch strebt ihr als Wirthe bei anderen ehrbaren Wirthen
Auf dem Gastmahl stets unter Gästen höher zu sitzen:
Immer nur köstlich zu schmausen und immer nur köstlich zu zechen.
Ach, wenn die Obrigkeit über uns sich endlich erbarmte

Ir abbu ben weik iß Kiemo muſu pagnitu! 535
Juk jau mes wiſſi ſmirdet' dėl jumma pradėjom'.
Taip aß jam paſakiau, bet jis Berżinni nutwėre, —
Ir kad Milkas man umay ne but' paſitaikęs,
Raſſi manę tůjaus ant Wiėtôs butu numußęs.
Taigi matai Gaidau! kaip kartais Waid's paſidaro, 540
Kad Nenaudelt bokt bandai pamokiti,
Ir pamokidams jį, kaip reik, paſidraſini kolot'.

Taip beßpaſakojant ir Swodbę wiſſą bebaigiant,
Żeme ſu wiſſais Daiktais wirpėti pagáwo.
Tů Sweczei wiſſi, dėl to diddey nuſigandę 545
Iß Swetlyczôs buriſzkôs kuleis iſſiritto,
Taip kad jů kelli ſweikas Akeles iſſibade,
O kitti Rankas, ar Rojas buwo palużę.
O ßtay wis dėl Niekniekû taipo nuſtikko,
Nės Naujats ſu ßeßeis Kullikais kuldami Żirnius, 550
Taip neſwietißkay Wirkßczas ſu Spragilu dauże,
Kad ir Peles po Szaudais kribzdėti ne dryſo,
O Sweczû Daugum's ſaw Negandas paſidáre.

Alle ne dywikities, Kalbas girdėdami tokias,
Juk Naujats kas Met's ſuláukęs Ruddeni riebu, 555
Ir ißkuldams ſawo Jawus ißgandina Swietą.
Tas neßwankus Darb's kurri Naujats praſimáne,
Daug Neſandorû bey Waidû Swiete padáre.
Alle ne żinnot' dar, dėl ko Naujats ne pateikia,
Ir dėl ko jis taip kas met's ſu Spragilu dauża. 560
Sako daug Żmonû, kurrie jo Szuppini walge,
Kad jiſſai dėl to ſawo kreiwą wargina Skunę
Kad ben weik girtût' ir lėbauti ką pagamitu.

Ak, tare Willus, bengi palauk ſu Paſaka ſawo.
Jau perdaug Dywû! jau Auſis muſu praſkuddo. 565
Ak! kur dingot' jus lietuwißkos Gadineles,
Kaip dar Pruſai wokißkay kalbėt' ne mokėjo,
Ir ney Kurpjû ney Sopagû dar ne pażinno,
Bet Wyżas, kaip Burams reik, neßodami gyrės'.
Tai dar wießlibû Kaimynû beygi Biczulliû, 570
Gedėtiſ', ir jûs ißpeikt' ney wiens ne priwale.
Ogi dabar, żelėk Diewe! tikt Gėda żurėti,
Kad Lietuwninkai kaip Wokėczei ſopagėti,
Ar ſu Kurpėms Ruddenij' ant Czėsniû paſtrobo.

Die Gaben des Herbstes. 93

Und euch beide doch bald aus unserem Dorfe hraustrieb!
Denn wir sind ob euch in üblen Ruf schon gekommen.
Solches sprach ich — als dieser den Birkenstab zornig empor hob —
Und wenn Milkas nicht gleich zu Hülfe gekommen mir wäre,
Hätt' er mich auf der Stelle vielleicht mit dem Stabe getödtet.
Also siehest du Freund, wie bisweilen der Streit sich erhebet,
Wenn du den unnützen Wicht zu belehren versuch'st, wie es recht ist,
Und dich ziemend dabei erkühn'st ein wenig zu schelten.

Solches erzählten sie sich; ein Ende nun hatte die Hochzeit,
Als ein Geräusch entstand, daß der Boden erdröhnet' und Alles
Rings umher. Alle Gäst' erschracken darüber so plötzlich
Daß über Hals über Kopf aus dem bäurischen Saal sie sich stürzten,
Also daß Jener von ihnen die Augen sich fast ausgestoßen
Dieser sich Händ' und Füße sogar bald hätte gebrochen.
Aber warum geschahe der Schreck? Um nichts oder gar nichts.
Denn es begann Naujatis mit sechs Gehülfen zu dreschen [14)]
Schlug aber gleich so gewaltig das Erbsengestreu mit den Flögeln,
Daß auch die Mäus' im Stroh sich nicht erkühnten zu regen,
Aber die Gäste darüber in großes Entsetzen geriethen.

Wundert euch keinesweges jedoch, diese Reden vernehmend
Jährlich ja pflegte Naujatis, den Herbst, erlebend, den fetten,
Bei des Dreschens Beginn also zu erschrecken die Leute.
Dies unschickliche Thun, auf welches derselbe verfallen
Hat viel Zank und Streit bereits angerichtet im Dorfe.
Aber ihr wisset es nicht, warum Naujatis nicht ruhet,
Und Jahr aus Jahr ein den Flegel so heftig heumschlägt.
Sagen der Leute doch Viele, die bei ihm genießen die Erbsen,
Daß er darum so sehr zerquält die verfallene Tenne,
Um nur früher zum Zechen und Schwelgen sich Geld zu verschaffen.

Hör' einmal doch auf, sprach Willus, mit deiner Erzählung!
G'nug von den Wundergeschichten! die Ohren schon wollen uns weh thu'n.
Ach, wo sind die Tage geblieben der litthauschen Vorzeit,
Als noch die Preußen nicht wußten in deutscher Zunge zu reden;
Stiefel und Schuhe nicht kannten, vielmehr, wie es Bauern geziemet,
Sohlen, gebunden am Fuß zu tragen, für Ehre noch hielten!
Damals durften vor Andern die ehrbaren Wirth' und Gevattern
Sich nicht schämen, noch wagt' es, sie Jemand verächtlich zu höhnen.
Aber daß Gott erbarm', anjetzt ist es Schande zu sehen,
Wie die Litthauer, gleich den Deutschen, mit Stiefeln an Füßen,
Oder mit Schuhen erscheinen bei festlichen Mahlen zur Herbstzeit.

Alumpes, kaip mes wokißkay kalbėdami sakom',
Rods taipjau Lituwninkams neßot' ne pritinka;
Nes ir jas musû Tėwû Tėwai girt' ne norėjo;
Alle Sopagù jau prancusißkay sudabitû,
Ir puikiokù Kurpjû gedėjos' paminėti.
Ik Prancusai jau potàm pas mus susibaste, 580
Ir prancuzißkas Manieras mùs pamokinno.

Tėwai musû sėni pirm to ne turrėdami Szuiliû,
Rods ne Pybeliû ney Katgismû dar ne pažinno.
Jie tikt' iß Galwôs ßwentus mokinnosi Mokslus,
O ßtay tikt dauglaus Garbej' laikydawo Diewą, 585
Ir ßwentoms Dienoms Bažnyczan bėgdawo greitay.
Ogi dabar, želėk Diewe! tikt Gėda žurėti,
Kad Lietuwninkai prancusißkay pasirėdę,
Į Bažnyczią, wôs ißgirst' ką kyßteria Galwas,
O paskuy tû žaist' ir ßokt' į Karczamą bėga. 590
Ir Bažnyczoj' ißgirstû ne menėdami Žodziû,
Burißkas Szutkas glupay taisydami jûkias'.
Bet dar to ne ganà: Taip pasėlgdami Tėwai,
Ir Waikus glupus su sawim' į Karcziamą welka,
Kad ir jûs ßwentàs Dienàs atßwėst' pamokitu
Tikt Dywai klausyt' kad Burai prådeda zaunit': 595

Paikalis ant Lytaus, ant Giedros baraßi Durras,
Wiens taria, perßwiesû kittam ne gana Szwiesybės;
Szuile ßiam ne gera, o ans Pamokinnimą peikia.
Szulmistras kelliems per jaunsir niekq ne moka,
O kittiems tas pat's persėns ir blogs pasirodo. 600
Jis giedodams ßiam per daug nemandagey rėkia,
O kittams tas pats, kaip reikia, rėkti ne moka.
Wiens taria perdrasus, o kitts ji lėtą wadinus,
Taip Kunnigams, taip Szulmistrams wissur pasidaro,
Kad Szwentoms Dienoms Nenaudelei susibaste, 605
Ir neswietißkay glupas Akkis ussipylę.
Nů Kunnigû bey nu Darbû jû pradeda zaunit.
Bet ir wiežlibû Krikßczonû dar ne pristokam',
Dar yr' tarp Lietuwninkû wiernû Gaspadorû;
Ir dar Tėwû yr' kurrie mylėdami Diewą, 610
Patys ne tiktay ßwentay ir mandagey elgias',
Bet ir sawo Namus, kaip reik, pridabodami waldo.

Mylas, ak! ansai wertap pagirtinas Mylas,
Buras rods nė Pons, alle wiežlibs mandagus Buras.
Jo Namùs, kad kartais jûs lankyt' ussigeisi; 615
Lygey kaip Bažnyczę kokę rąsi redytus.

Die Gaben des Herbstes.

Klumpen wie wir im Gespräch mit deutschen Wort sie benennen,[15])
Ziemet dem edeln Litthauer eben so wenig zu tragen:
Unsere Altervåter, die wollten dieselben nicht rühmen.
Stiefel am Fuß, verfertigt nach neufranzösischem Zuschnitt
Und hochzierliche Schuhe, die schämten sie gar sich zu nennen,
Bis die Franzosen darauf einschleichend ins Land zu uns kamen,
Und der französischen Sitten Gezier beibringend uns lehrten.

Unsere ältesten Väter, die keine der Schulen noch hatten,[16])
Wußten von Katechismus und von der Bibel noch wenig,
Mit dem Gedanken nur faßten sie auf die heiligen Lehren.
Aber tiefere Ehrfurcht bewiesen sie Gott in dem Herzen,
Eilten an festlichen Tagen in frommer Andacht zur Kirche.
Leider Gottes! anjetzt ist's wahrlich, Schande zu sehen:
Wie sich die Litthauer gar in französischen Anzug gekleidet,
Nur was Neues zu hören kaum stecken den Kopf in die Kirche,
Und sodann zum Spiel oder Tanz hinlaufen in's Gasthaus;
Wo sie das Wort sogleich, das im Tempel gehört, vergeßend
Bäurischen Scherz zu treiben beginnen und bäurischen Unfug.
Nicht genug indeß, daß die Väter verüben den Ausschweif,
Auch die schuldlosen Kinder hinführen sie mit in das Gasthaus,
Daß sie den heiligen Tag, schon früh entheiligen lernen.[17])
Wunder ist anzuhören, wie thöricht sie schwatzen, die Bauern:

Paikalis schilt auf den Regen, auf heitere Witterung Durras,
Einem ist es zu hell dem Andern ist es zu dunkel;
Diesem die Schule zu schlecht und jenem verächtlich die Lehrart;
Dem der Schulmeister noch zu jung und nur wenig gelehrt auch;
Jenem ist er zu alt und gar zu schwächlich am Leibe,
Diesem singt er nicht recht, anstrengend zu stark seine Kehle,
Jenem dünkt er den Ton nicht ganz gehörig zu treffen.
Einer, der nennet ihn dreist, dem Andern heißt er zu blöde.
Also ergeht's dem Lehrer der Schul' überall wie dem Pfarrherrn,
Wenn an heiligen Tagen die unnützen Nichte versammelt,
Und sich unanständig die thörichten Augen begossen,
Von der Kirchendiener Geschäft anheben zu plaudern.
Aber es fehlet auch nicht an edeln, christlichen Nachbarn:
Biedere Litthauer giebt's noch Viel' hier unter den Wirthen;
Väter noch gibt es genug, die Gott von Herzen auch lieben,
Mütter, die nicht nur heilig und tugendhaft selbst sich betragen,
Sondern auch ihre Kinder, ihr Haus, mit Sorgfalt regieren.

Mylas, jener wahrhaft hochzuverehrende Mylas,
Ist zwar nur ein Bauer doch fromm und edel an Tugend!
Wenn du sein Haus einmal gastfreundlich wolltest besuchen,
Wie die Kirche geschmückt anständig wirst du es finden.

Stalds jo nėy ßwents Altórus taw paſirôdys,
Ant kurrio Knygélės ßwentos gulli padėtos:
Kad jis pats ar jo graſey mokīti Waikėlei,
Daug priſidirbę bey wiſſur wiernay truſinėję,   620
Tů ſu Giesmėmis ſaldziems linksmay paſidzaugtu
Ir Wargùs ßio Amżio ſaw lengwùs padarytu. —

    Taip ant Swieto jau, kaip mums ßwents praneßa Raßtas,
Wis Pulkélis miels Wiernujů buwo maźesnis,
Kaip ans durnas Pulks Nelabujů irgi Bediewjů.   625
Wogt' klaſtot' ißplėßt' ir ſu Gwoltu paſſawit';
Szelmyſtes pramanyt' kekßaut' bey Diewą paniekīt',
Ir kas dar daugiaus yr' Pramonů pramanyti;
Tai wiſſa Wiera baiſingos muſů Gadynės.
Ak katrul jau Cźėſas muſů nelabs nußbaſte!   630

    Mes Lietuw'ninkai, pirm to ne paźydami Swietą,
Dingojom wis, kad tikt Szweiſteris irgi Prancuſas,
Zmones ſu ſwetimais ſawo Mokſlais moka ſupainot',
Ir kad Wokeczei tikt wogt' ir kekt' neſigėdi.
O ßtay tarp Lietuwninků taipjau nuſidůda,   635
Kad lietuwißkas tuls Smirdas irgi Bediewis
Lietuwai ir Lietuwninkams mums Gėdą padaro.
Ak Lietuwninkai! ßirdingi mano Brolelei!
Ben neſlygikim' akliems ßio Swieto Bediewjiems,
Ir n'atbokim', kad į mus źurėdami Bloznai,   640
Szypſoſ' ir glupus Sztukkius pramanydami jůkiaſ'.

    Taigi dabar aß jus, kaip wiernas Klaps pamokydams,
Ney prancuſißkay, ney wokißkay ne pagyriau;
Bet tikt burißkay kaip Draugas juſu paźyſtams,
Jums tieſoj' paſakiau kaip man paſakyt' paſitaikė.   545
Ant! jau Mertino nulydėjom' diddelę Szwentę,
O Adwentai ſu Kallėdoms jau priſiartin'.
Wey, kaip iß Wakarů tamſů ruſtaudami Wėjai
Wėl jau į ziemjus bey Rytus pradeda tráuktis,
Ir Ziemôs Szalczus pas mùs į Lietuwą wáro.   550
Ak! jau ſtubikkimės ben weik Stubbas paſißildyt',
Ir gaſpadorißkay Stones Galwijů paprowit'.
Kad mihnau! niėks, ney Parßuks turrėts ne ſußaltu.
Juk kiekwiens Galwijas, kad jau randąſt Gródas,
Muſů Rupeſczėms wierniems paſtliecawodams,   555
Ir į Sáujas muſů źurėdams Paßaro laukia.
Důkim', bet wis ſu Protù padalydami důkim'.
Nes atriſienczôs Ziemôs Ilgummo ne źinnom',

Die Gaben des Herbstes.

Anzusehen darin ist der Tisch als ein heiliger Altar,
Worauf immer ein Buch, ein heiliges lieget, damit er
Selber, oder im Kreis' seiner wohlunterrichteten Kinder,
Wenn sie getreu und flink sich müde gequälet in Arbeit,
Gleich ergötzen sich mag an wonneseligen Liedern,
Und aufheiternd also vergessen die Mühen des Lebens!

Aber so war auf der Welt, wie die Schrift uns, die heil'ge, verkündet
Immer kleiner die Zahl der Edelgesinnten und Frommen
Als der thörichte Haufen Unedelgesinnter und Frevler.
Trug und Entwendung des Gut's, Gewalt und Beraubung des Andern,
Ränke zu spinnen, zu buhlen und Gott den Herrn zu verachten
Und was sonst noch weiter von witzersonnenen Lastern
Dies ist ganz fürwahr, der Greuel unserer Tage!
Unsere Zeiten ach; wie tief doch seyd ihr gesunken!

Vormals kannten wir zwar, wir Litthauer, wenig die Welt noch:
Dachten in unserem Sinn, daß Schweitzer allein und Franzosen,
Mit verderblichen Lehren die Welt zu verführen verständen;
Oder die Deutschen sich nur zu entwenden und fluchen nicht schämten.
Sieh, ein Gleiches jedoch geschieht auch, jetzo bei uns schon,
Daß manch garstiger Wicht, und gottesvergessene Frevler
Unserm Litthauer-Volk und Lande zur Schande gereichet.
Ach ihr Litthauer, ihr herzliebsten Brüder, ich bitt' euch,
Stellt euch Jenen nicht gleich, den Verblendeten, Gottesvergessnen!
Achtet es nicht, wenn gleich verächtlich die Anderen euch anseh'n,
Und mit spöttelnden Zahn euch, Bied're des Volkes, verlachen!

Nun so hab' ich als treuer Genoß' euch verkündet die Wahrheit,
Nicht französisch nicht deutsch euch Lobeserhebung gehalten;
Sondern bäuerlich nur als wohlbekannter Gefährte,
Ehrlich herausgesagt, was mir zu sagen geziemte.
Sieh! verlebt ist schon Martini heiliger Festtag
Näher nun kommt der Advent und die Weihnachtfeier geschritten.
Zürnend schon wehen die Winde von früher sich dunkelndem West her,
Fangen nach Norden bereits herum sich zu dreh'n und nach Osten, 28)
In das Litthauer-Land herscheuchend die Kälte des Winters.
Auf! so lasset uns eilen, nun bald zu erwärmen die Zimmer;
Aber dem lieben Vieh hauswirthlich zu bessern den Stall auch:
Daß, behüthe! ja Keins, auch ein Satz-Ferklein nicht erfriert.
Jegliches arme Thier empfiehlt sich unserer Pflege
Lieb' und Sorgfalt ganz; so bald anhebet der Winter,
Siehet nach unserer Hand, von ihr erwartend das Futter.
Geben, doch mit Vernunft ausspendend lasset uns geben!
Wissen ja können wir nicht, wie lange der Winter noch dauert:

Ir kiek prieß ßwentas Welykas liks, ne numánom'.
Ar ne geray, kad jau wargingay perſîemawoję, 660
Greczną Zopoſtêlę mums dar paſilikkuſt matom'.

    Nagi dabar, jau ſtirkimês, ir wapėti paláukim'!
O Diewe důk mums, kad Szwentės wiſſûs nulydėję,
Irgi suláukę Naujmetì, bey ßwentay paſidzange,
Wêl suſikwieſtumbim, kaimyniſzkay paſiſweikit'. 665.

Die Gaben des Herbstes.

Ob gegen Ostern wir einst erübrigen Viel oder Wenig.
Löblich doch ist's fürwahr, wenn kümmerlich gleich in dem Winter
Wir uns beholfen, noch köstlichen Vorrath zum Sommer ersparen.

Also lebet denn wohl! aufhören nun laßt uns zu plaudern.
Geb' es Gott! daß wir, nach gefeyerten sämtlichen Festen
Wenn wir das Neujahr fromm verlebt und mit heiliger Freude,
Uns beim gastlichen Mahl nachbarlich wiederum grüßen!

Vierter Gesang.

Die Sorgen des Winters.

Inhalt.

Nach des Herbstes Kühlung und Näße stellt endlich der Frost sich ein und bauet Brücken über die Gewässer. Der stürmende Ostwind sauset durch den Forst. Die fröhlichen Gesänge sind verstummt. Nur der Wölfe Geheul schallet durch die entblätterten Wälder. V. 1 — 100. Aufforderung an die Jäger, den Verheerungen dieser Raubthiere Schranken zu setzen. Bey der Versorgung mit Winterholz aus den Forsten wird großer Mißbrauch getrieben. Warnung vor Beschädigung junger Bäume und heimlicher Fällung des Hartholzes. V. 101 — 151. Verhaltungsregeln über den Gebrauch des Feuers zur Verhüthung vor Schaden und Unglück. V. 152 — 242. Merkwürdiges Beyspiel zur Belehrung über den Gebrauch des Feuergewehrs. Durch einen unvorsichtigen Schuß geht das Dorf in Flammen auf. V. 243 — 321. Beschreibung des Winterschaarwerks; die Dorfschaften stellen Fuhren, um das ausgedroschene Getreide nach der Stadt zu schaffen. Hiebey offenbahret sich der Geiz und die Grausamkeit des gegenwärtigen Amtsherrn. V. 322 — 410. Tröstender Zuruf an die armen und geplagten Dorfbewohner. V. 411 — 459. Aufforderung zur wirthlichen und bedachtsamen Haushaltung, besonders zur liebevollen Versorgung des Hausviehes. V. 460 — 510. Trost für diejenigen, welche nur wenig geerndtet, und sich kümmerlich durchhelfen müßen. Ermahnung, an die Jugend sich frühe an Entbehrungen und Unfälle des Lebens zu gewöhnen. V. 511 — 578. Rückblick auf die entflohenen Freuden des Lenzes und Sommers. Nochmaliger Zuruf zur sparsamen Haushaltung begleitet mit dem frommen Wunsch: alle Sorgen der Liebe und Obhut des großen Hausvaters — anzubefehlen. V. 579 — 625.

Ziemôs Rupescziei.

Ant! Ziemôs Narsai, jau wel rustaudami gryżta,
Ir Szaurys pasiszaukęs wel mùs atlekia gandit!
Wey! kaip ant Eżerû wissur Langai pasidáro,
Lygey kaip antay, Stiklórus įdeda Stiklą!
Taipat Namai Żuwû, kur Warles Wasarą szwente,   5
Del Barniû Ziemôs ney su Szarwais ussidengia,
Ir Tamsoj' miegót' kiekwieną Gywolį suncżia.
Ant! Laukùs Ziemys jau taip nugandino bardams,
Kad ir Balos ir Klampynes pradeda ráuktis',
Ir Purwynai jù teszket ir slurpt' pasiláusa.   10
Kelas, kad jt megina trenkt żokinedami Ratai,
Ney koks Bubuas itemptas del Paszalio trinka,
Taip kad Garsas jo toli Galwoj' atsiliepja;
Taipgi dabùr jau wel Swiets sweiktt pradeda Ziemą.

Ak! jau ben ir reik; Kaledû diddele Szwente   15
Artinas', ir Atpentai nar' poryt' pasibaigti.
Ruddenis, ans Dramblys, perdaug nemándagey drebdams,
Ir besiwolodams Purwùs' mùs wargino skaudzey.
Rożnas į Klumpes ir į Wyżus tsinerdams
Kolojo jo Darbus, ir jo Madarą skystą;   20
Bet ir Ponai su żulneis skraidydami Zirgais,
Ir su poniszkais kasdien wieszedami Redais,
Betkskant Purwams neszwenką Ruddenį peike.

Die Sorgen des Winters.

Siehe, des Winters Zorn wildtobend kehret schon wieder!
Mit aufsträubendem Haar hersteucht, uns zu schrecken, der Nordwind.
Rings auf Teichen umher dort werden nun Fenster gebildet
Wie, wenn des Glasers Hand einsetzet die Rauten des Glases.
Ueber der Fische Gezelt, wo Frösche den Sommer gefeyert,
Breitet ein Panzer sich aus anitzt, vor dem Schelten des Winters;
Jeglich Leben darinn sinkt tiefer ins Dunkle, zu schlafen.
Von des östlichen Sturms Gebraus' erschracken die Fluren,
Daß die Sümpf' und Moore zusammenschrumpften und also
Nicht der Blott aufsprützt und nicht die Nässe mehr einsaugt.
Auf gefrorenem Weg, wenn tanzend der Wagen dahinrollt,
Rasselt's wie dumpfes Getöne der festgezogenen Trommel,
Was ein Echo ein weites in unseren Ohren zurückläßt.
Also heißet die Welt den Winter begrüßend, willkommen.

  Wahrlich, es ist auch Zeit! denn der Weihnacht heiliger Festtag
Nah't herbei, der Advent will Uebermorgen schon enden.
Hat der beleibete Herbst uns doch auf's Aergste gewaschen,
Und sich wälzend im Blott recht sauer gemacht uns das Leben.
Alle die Sohlengebind' an den Füßen getragen und Holzschuh'
Häben sein Werk gestraft, und sein verdünnend Gewäsche.
Aber die Herren, die haben, auf stattlichen Rossen sich taumelnd,
Täglich zu Gast' ausreitend, in vornehme Kleider gehüllet,
Ob hochsprützendem Blott, nicht minder gescholten den Garstling.

Todėl ł Ziemjùs wiffi żurėdami Zmonės,
Ir sánsós Ziemôs diddeygi belaukdami skundės'.   25

    Taip wiffiems bedėjůjant ßtay, Pażars pasidáre;
Ir tůj' żiemißkay wiffur plesdendami Wėjai
Darganas i Pie us, kur Gandras miegti, nubaide.
Iß Debesiů Ziemů potam ißkißufi Galwą,
Ney Pikczurna kokia su Szudais Ruddenio barßi   30
Ir su Szalczeis jo ßlapjůs nudėgino Darbus;
Ik ji jau potám Ruddens ißkópufi Szudus
Ant wiffu baifiu Klampynu Kėlą padare
Ir su Ragėms wėl skraidyt' ir czoßt pamokinno.
Taipgi dabar, kur mes pirm tô Pawasari linksmą   35
Szwentėm' ir Zolelės jo margas saw nuſiſkinėm',
O paſkuy Dżaugſmůs ßiltůs ſu Waſara baigėm'.
Tén Puſtynai ſu baltais Kalncais paſitůre,
Ir Ziemů ſaw żiemißkůs Kwietkůs nuſipinė!

    Tikt Dywai żurėt', kaipo barzdoti Pußynai   40
Su ſawo Kůdais garbanotais wiſſur paſtrodo,
Ir ney puderoti Ponáczei ſtow' tſirėmę;
Bet kitti nůgi Żaga ai tarp jů paſtienkę
Burißkay po Stogais jů ſtowėdami drėba,
Ir raudódami klėnojaſ', kad żwilpina Wėjai.   45
Bet ir Kerplėßos, ir jů Kelmai nuſigąſta,
Kad ſmarkus Ziemys ſawo Dumples prádeda juddit',
Ir beſijodaris ney ſu Sėtais dulkina Sniegą.
Taipgi dabar wiffi paſlėpę Gywulei Girrů,
Wėtroms wėl beruſtáujant, ir ſumißay beſtujáujant,   50
Cze wiens Urwoj' ſaw ßiltay, kaip gal iſiguſtęs
O kitſai tenay ant Wirbo tuppi beſnáusdams.

    Taip Paukßtėlei mieli jums, taip mums paſidáre,
Ir taip jůs, kaip můs bauginn' braßkėdami Szalczei.
Jůs Ziemôs Smarkůms i ßaltą Girrę nubaidė,   55
O můs jis beſſpurtidams i Stubbą ſuwárė,
Ir paſtkildit' nuſuntė pas Kakalt mielą.
Juſů Namai ßalti, kur jůs miegódami krankiat',
Jůs ne gal użſtot', kad jůs ißgandina Szalczei.
Mės, kad můs Ziemys perdaug użkibbina grumzdams,   60
Tů kytrey paſilėpt' i ßiltą Paßali lendam',
Ir tykam' Kampė Ziemôs n'atbódami Kerßto,
Saw tikray ſußilt' karßtoką Wirralą ſtėbjam'.
Ak jůs Wargdienelei, jus nůgi Nabagelei!
Ar but' ßilta ar ßalta, ar kitta koks dywinas ůras,   65

Die Sorgen des Winters.

Drum hinwendend ihr Auge sofort zum nördlichen Himmel
Harrten des trocknenden Winters die Leut' aufklagend vor Sehnsucht.

    Als sie nun Alle geklagt, aufklärte sich plötzlich der Himmel:
Winterlich flatterten gleich die Wind' überall und vertrieben
Alles Geschlagge nach Süden, woselbst der Storch seinen Schlaf hält.
Siehe da hob aus den Wolken die Wintergöttinn ihr Haupt nun, *)
Schalt, einer Furie gleich, den Herbst und sein schmutziges Wesen;
Aber ihr Frosthauch trocknete bald sein nasses Gesudel,
Bis sie zuletzt, den herbstlichen Schlamm überwunden, auf jedem
Sumpfigen Moor aufschlug den Winterweg, den gebahnten;
Drauf mit Schlitten uns lehrt' in zirkelnden Tanz hinzugleiten.
Wo unlängst auf der Flur die farbigen Blumen wir pflückten,
Als die freundlichen Tag' uns festlich weilten des Lenzes,
Wo wir die wärmeren Freuden daraus geendet des Sommers,
Haben sich Wüsten anjetzt erhoben mit weißlichen Bergen,
Und sein winterlich Blumengekränz' hat der Winter gewunden.

    Wunder ist's anzuschau'n, wie die bärtigen Fichtenwälder
Mit gekräuseltem Haar da steh'n, uns weisend die Scheitel,
Wie die gepuderten Herren, die Händ' in die Seiten gestützet!
Ueber die niedern Gesträuch, die kahlen, gebückt zwischen ihnen
Stehen sie bäurisch, ihr Obdach suchend mit Zittern, und neigen
Klagend ihr schwaches Haupt, wenn pfeifend der Wind durch den Forst saust.
Auch die wurzelgestürzeten Bäum' erschrecken und Stümpfe,
Wenn der scharfe Nordost seinen Blasebalg setzt in Bewegung,
Wie mit Sieben der Schnee anhebt zu sichten und stäuben.
Alles Gewild und Leben im Wald hat itzt sich verborgen,
Während die Stürm' ergrimmt sich raufend einander bekämpfen.
Eins hat tief in der Höhle so warm sich gebettet, als möglich,
Und ein Anderes sitzt auf Zweigen in Schlummer gesunken.

    Ihr geliebtesten Vögel, so gleicht euer Schicksal dem Unsern!
Euch aufschrecket wie uns, zerängstend der knatternde Frosthauch,
Daß vor des Winters Grimm ihr tief in die Wälder geflüchtet.
Uns aber hat der Störer mit Hast gejagt in das Zimmer,
Und zum Ofen gesandt, zum lieben, uns wieder zu wärmen.
Euer kaltes Gezelt, worin ausruhend ihr schlummert,
Kann euch nicht Schutz verleih'n wenn des Frosts Entsetzen euch anfährt.
Wir wofern der Nordost zu viel uns bedrohet und ansicht,
Schlüpfen zum wärmenden Ort sogleich uns schlau zu verbergen
Wo wir dem Zorn' trotzbietend des Winters gewarten im Winkel,
Daß uns ein heißes Gericht, geschlürft erwärme von Innen.
Ach, ihr Mühegeplagten, ihr Nackenden, ach, ihr Elenden,
Habt', sey's kalt oder warm, oder welch ein wunderlich Wetter,

Rubais wis wienais ir tais paczeis uſſidengiat'.
Mes kad Saule mums perdaugel Nuggarą kaitin',
Tů Trinyczůs ar Robotus wėsůs uſſimáujam'.
O kad jau perdaug Ziemys mus prádeda dowyt'
Sztay tůjaus Wilnoną ſaw ir Kailinus immam', 70
Ar tikray ſuſſikt' į ſziltą Patalą kopam.

Taip bedumojant man, Wilkai Gaujoms ſuſibėgo,
Ir kaip pratę yr', Tamſoj' tralalándami ſtáuge.
Ak, jus Neprietelei! ar jau Mėſôs paſigędat?
Ar jau wėl Skilwij' jums Peſtninkai paſidare? 75
Eikſz Szauri baiſus, iſzkléſtyk Nuggarą Blozniů!
Báuſk, priſpáuſk ſu Szalczeia jůs kad gloda jů butu.
Juk baiſu żuret', kaip jie bas Waſarą mielą,
Ney Mieſninkai per Laukůs beginėdami ſmáugia.
O kad jie Pagirrij' użpůla Kaimenę linkſmą, 80
Tai neſtrupin', ar lėſa ar tukkuſi Kiaulė.
Irgi ne gailės, kad koki Kuilukką ſuėda,
Bet ir Kuilt diddeli jie parpleſzt' neſibijo.
Taip tie Neprieteliei Kiaulénôs jau priſidę,
Dar neſſotinn', bet ir Jautienôs uſſigeide, 85
Taip berżdzias, kaip ir werſzingas pámuſza Karwes.
O ir tai ne ganà, jie wis daugiaus iſſiżoję,
Jau ir Jáuczů ſzeſzergiů parpleſzt' neſibijo.
Ay! kiek Margů kiek Dwiliů jie Swiete ſuėda!
Zali ſu Laukiů kytrů, bey binguſt Kerſzt, 90
Kartais į Laukůs nuſibaſtę, prádeda gandit'.
Bet ir jůdo'jie daug ſyk' n'atbôdami Bullaus
Pléſzyt', ir Mieſôs priſléſzt' į Kaimenę ſzoka.
Kerdzaus ir Pieminiů, kad jůs alkôdami baido,
Kartais taip n'atboj', kad wôs į Pagirri tráukiaſ' 95
Ir nuſinėſzę ką, tůjaus tikt' ėda, tikt' ėda.
Ak Ziemi, Ziemi, ſuſtmilk padaryk mummis Prową!
Juk ne Daugio reik, ſztay, jau Galwijů ne tékſim',
O potam dar můs paczus ſu Gimmine muſů,
Moterės ir Waikůs Wilkai mieſinėt' paſidraſys. 100

O jus Medėjei mokyti, jus Lieſtninkai!
Kam ne ſzáudot, ką Waldônai paliepe ſzaudyt'?
Argi ne żinnot, kad ney wiens malônings Karálus
Jůs użmuſzt ir iſzgaiſzt' Żmonėms nepawydi?
Ar dykay jis jums Kulkas bey Paraką dawe? 105
O dėl ko Wartus kytrus pas Girrę paſtate,
Ir linkſmay gywent' jiems Ubą primuſza Lauko?
Ey, kiekſyk į Szilą wogt' nuważôdami Burai

Die Sorgen des Winters.

Immer nur einen Rock, euch Tag und Nacht zu bedecken!
Wir, sobald uns die Sonn' heißglühend befeuert den Rücken,
Ziehen uns dreyliche Kittel, die kühlenden an, oder Westen; *)
Aber wenn der Nordost nunmehr uns schneidender anweht,
Siehe so greifen wir gleich zum Wollenkleid oder zum Pelze;
Oder wir werfen, uns recht aufwärmend zu laben, in's Bett hin.

  Solches gedacht' ich bei mir, da liefen die Wölfe zusammen,
Und mit gewohntem Schrey aufbellten sie heulend und gräßlich
Ihr Feindseligen ach! gelüstet euch wieder nach Raubfleisch?
Ist es schon Fastenzeit bey euch in dem Magen geworden?
Komm o grausamer Nord und stürm' in den Rücken der Frevler!
Straf' und schlage mit Frost, auf daß ihr Odem nicht mehr sey!
Ist es doch gräßlich zu schau'n, wie den lieben, jeglichen Sommer,
Sie wie Schlächter umher auf Feldern laufen zu würgen,
Wenn im Vorwald sie anfallen die fröhliche Heerde,
Fragen sie nicht, was es sey, eine magere Sau oder fette.
Auch gereut's ihnen nicht zu erwürgen den Eber, den jungen.
Ja sie erdreisten sich gar den erwachsenen Eber zu tödten.
Wenn die Feindlichgesinnten also zerrissen die Säue,
Haben sie's noch nicht satt; es gelüstet sie auch nach den Rindern.
Giestigen Kühe sowohl als tragende werden gewürget.
Doch nicht genug; sie sperren den Rachen nach mehr auf: denn selber
Den sechsjährigen Stier hinzuwürgen, erfrechet ihr Zahn sich.
Ach, der Schwarzen der Braunen, wie Viele zerriß ihre Wuth schon!
Fielen sie letzt doch an, geschlichen zur Weide, den Röthling,
Dort den list'gen Gestreiften und hier den muthwilligen Buntkopf.
Ja den schwärzlichen Stier sogar nicht scheuend zuweilen
Stürzen sie gierig nach Raub mit einem Sprung in die Heerde.
Hirten und Hirtenknaben, die scheuchend den Wolfschrey erheben *)
Achten sie oft so wenig, daß kaum sie flieh'n in den Vorwald,
Wo sie den mitgenommenen Raub dann reißend verzehren.
Ach, Nordost, Nordost! erbarm' dich und schaffe doch Recht uns!
Sieh, bald werden wir gar kein Vieh mehr übrig behalten;
Endlich möchten wir selbst und unsere Häuser ihr Raub seyn;
Weiber und Kinder noch werden zuletzt die Wölfe zerreißen!

  Ihr wehrkund'gen Jäger, ihr Förster, warum nicht erschießt ihr,
Was die Landesherren euch doch zu erschießen geboten?
Wisset ihr nicht daß unser hochgnädige König des Landes
Sie zu vertilgen und tödten gar anderen Leuten erlaubet?
Hat er euch Pulver und Schroot umsonst gegeben! Warum doch
Stellt' er die Unterförster, die schlau'n an die Wälder und wies gar
Eine Hufe Gefild ihnen zu, daß fröhlich sie wohnen,
Ey! wie häufig auch bringt der Bauer, der heimlich nach Holz fährt,

Su Rażele dowanot' ſlaptoms jiems átneża Rumpi,
Ir aklay priſiſurbt' ſu Stopoms pripilla Gerklę? 110
Bet tai wis Klaſta; nės Wart's taipo priſiſurbęs,
Jau potám ir Priſėgôs atmit' uſſimirſzta;
O taip jam beKapanojant, klaſtodami-Wagys
Liepas użdrauſtas, Pußis ir Drutmedi wagia,
Ar nuſzżowe ſu Griekais ſaw parweża Briedi, 115
Irgi Namėj' ſlaptà mieſtnėdami jůkiaſi Szelmjei.

Rods, tare Selmas, tarp Burû ſedėdamas ſnkkant,
Rods juſû Myliſta jau patys tiek iſſimánot',
Kad klaſtot' ir wogt' wierniems ne pridera Klapams.
Aß Szaltyßus, aß mokkito Blebberio Zentas, 120
Daug Klaſtû tarp juſ' numanau i Baudziawą jodams.
Sztay! ben wieną tikt żodeli jums paſakyſu:
Tůls tarp juſ' mano Sėbrai, wôs i Baudziawą ſlenka,
Ir atſiwilkęs kad reik ſuktiſ', wôs replinėja.
Wiens ſtowėdams, ir wis ßėn ir tén żoplinėdams, 125
Paſakas ir Niekus wiſſókius użneßa Draugui,
O kitſai tikt wis i Pypki kemßia Tabaką,
Ar użdegt Ugniės i Pintt skilą wepſódams;
O wėl kitts ka wogt' ſlaptoms i Paßali traukiaſ',
Ir Rażelės kittû Draugû kytrey ſumedzojęs, 130
Taip ir kittiems Lietuwninkams tikt Gėdą padaro.

Rods tare Lauras, ney wienám klaſtot' ne pareitiſ',
O Lietuwninkams dar jů daugiaus ne pritinka.
Zinnom' juk wiſſi, kaip kożnas Lietuwą girria,
Ir kaip daug ſwetimû Zmogû, kad mûs pamatytu, 135
Iß wiſſû Kampû ßio Swieto jau ſuſibėgo.
Ne tikt Wokėcziei wiſſoki mûs pażurėti,
Bet ir daug Prancuzû mûs mylėt' ſuſirinko;
Taip kad ir lietuwißkay kalbėdami walgo,
Ir jau Rubais muſ' kaip mės wilkėti pagáwo; 140
Tikt margû Marginnû dar neßôti ne dryſta.

Taigi pamėſkim' jau tokí netikkuſz Budą,
O wiernay wiſſur ir wiezlibay paſielgkim',
Taip jau ir ſwetimi mus Burai girt' neſigėdės.
Tai jau diddis Grieks, ſlaptoms pakirſti Medeli. 145
Ey! kas tai per Grieks, kad kartais diddeli Raſtą
Szis ar tas ar ans paſkkirtęs prádėda ſkaldyt'
Ar kad Anżolus żulnus durnay ſukappojęs
Dûną kėpt' ar kądzowit', i Rakûli kißa,

Die Sorgen des Winters.

Zum Geschenk' ihnen dar, geräucherte Keulen in Körben,
Füllet durch Rausch sie zu blenden, mit vollen Flaschen die Kehle!
Alles doch zum Betrug; woferu er berauscht ist, der Waldwart,
Denkt er nicht an den Eid, vergisset, was seines Berufs ist.
Daher fällen die Bauern die list'gen, wenn Jener da schlummert,
Hartholz, welches verbothen, und Linden und Fichten entwendend,
Oder sie schießen sogar ein Elenn und führen mit Sünden *)
Solches heimlich nach Hauf', um lachend den Braten zu schmausen.

  Wohl, ja wohl, sprach Selmas, im Kreis' umsitzender Bauern:
Davon denket ihr Lieben, ganz recht, und sehet es selbst ein,
Daß Entwendung und Trug ehrliebenden Wirthen nicht ziemet.
Ich, als Dorf-Schultheiß, des gelehrten Blebberis Eidam,
Hab' in's Schaarwerk reitend so manchen Betrug wahrgenommen.
Sieh! ein Wörlein davon doch will anitzt ich erzählen:
Mancher von euch meine Brüder, der schleichet kaum hin in das Schaarwerk
Und wo er flink seyn soll, zur Stelle dort, rührt er den Fuß kaum.
Jener steht und erzählt bald hieher gaffend bald dorthin,
Allerley Mähr' aufheftend dem Freund und nichtig Geschwätze,
Dieser stopfet die Pfeif' und stopfet und wird gar nicht fertig,
Oder er schlägt kalmäusernd, um Schwamm anzuzünden, sich Feuer.
Aber ein Andrer dort, der schleichet sich fort an die Seite,
Um aufspürend den Vorrath der Nachbar'n, was zu entwenden;
Und entehrt hiedurch unser Litthauer Volk vor den Andern.

  Freylich geziemt sprach Lauras hier keinem Volke das Trügen.
Aber den Litthauern ziemts vor anderen Allen noch wen'ger.
Wissen wir doch, wie Jeder das Land der Litthauer hochpreis't;
Wie dasselbe zu seh'n so Viel' herströmmen der Fremden.
Läuft alle Welt doch jetzt von jeglichen Enden zu uns her.
Manche der Deutschen nicht nur herlockt unser Land zur Bewohnung; *)
Sondern auch viele Franzosen hereilten, uns lieb zu gewinnen.
Also daß litthauisch sie — zu reden, zu essen und trinken,
Litthau'sche Kleider sogar zu tragen bereits schon begannen;
Nur an die bunten Marginnen noch will ihre Tracht sich nicht wagen.

  Drum ihr Brüder, so laß't uns fliehen ein solches Betragen!
Tugend und Treue der Väter stets wollen wir üben, so werden
Auch die fremden Bauren sich uns zu rühmen, nicht schämen!
Schwer ist schon das Vergehen: sich heimlich zu fällen ein Bäumlein.
Welche Versündigung aber, wenn Jemand den Baumstamm, den großen,
Einen Rahnen sogar unerlaubt sich fäll't und zerspaltet!
Wirst du so frevelhaft seyn, die herrlichen Eichen zu schlagen,
Wenn du zum Brodtgebäck oder Trocknen, den Ofen einfeuerst?

Ar ne but' ir Kétas koks tam Reikalui tikras?
Ar Kulélis iß Fagarû sausû padarytas?

    Jaugi ganà, Kaimynai, Selmas tare, ganù jau
Kas Kriwulei reik, ißmanomay pasisákem';
Bet kas Ziemai dar reikés, trumpay pasakykim.
Zinnot, kad' Ugnis, kurrę mes skilgami darom,
Daug Naudôs daug Ißkadû mums gal padaryti.
Kad pasikurrę ję Kuklus, ar Szuppinį werdi,
Ar kad képdams ką gardžey, pas Kaminą sédi,
Tai taw iß drutû minkßti pasidaro Kasnei.
Ey koktu Dußélei, kad diddey prisiwargęs
Susnigts argi sulyts pas ßiltą Kakali traukies',
Ir mylėdams jį pamaži jau pradedi snáusti.
Ar ne geray, kad Diews Ugnéle mums dowanojo?
Bet ir Malkôs reik, kad nori Stubbą paßildyt',
Ar kad koki saw prisikaitęs ßuttini Pûdą.
Mislik, tikt, kas but' iß mus', kad wirt' ussigeide,
Kad mums reik, ney ßio ney to ne rąstums Swiete?

    Ogi ką, weiktumbim' kad korzes perßalę smarkey,
Uż Kakaliês ßiltôs ne rąstumbim' pasislėpti,
Bet néy Zwerys ant Laukû beginėdami wargtum'.
Taigi ne wengk Zmogau kas syk, kad Wirralą werdi,
Ar kad ßilditis' kytrey pas Kakali timsai,
Tam dékawot', kurs Ugni taw ir Szillumą dawe.

    Alle ne pykit, kad aß jums kaip pūlast Szulcui,
Dar daugiaus, kas reik trumpû Zodžiû pasakysu.
Tas Ugniês Skaistums, kursai mums žibbina Stubbą,
Ir kad werdam' ką Walgius ißßuttina Pûdė,
Ar Ziemos Czese, kad reik mums, Kakali ßildo;
Ta Liepsna, klausykit' tikt kad mes ne dabojam',
Daug ak, daug Ißkadû gal umay padaryti;
Taip kad jôs Smarkums Tamsoj' aukßtay pasikilęs,
Ne tiktay musû burißkas sudegina Szetras,
Bet ir ponißkus Buttus supleßkina greitay.
Juk girdėjot, kaip du syk puikam Karalauczui,
Dėl Raspustôs ir sunkû Griekû pasidare.
Argi ne matet jau perdaug tokiû Nabagéliû
Ubbaggais cinanczû, kurrius sußuttino Liepsnos?
Tuls iß jû saw pats be Protô Kakali kurdams,
O kitts Taukus spirgidams suswillino Namą.
O kiek sykiû glups ir nûpertas Sawowalninks,
Pypkį saw ussidegęs, tarp Szaudû nusibastę;

150

155

160

165

170

175

180

185

190

Die Sorgen des Winters.

Würde nicht schon ein Stobben hinreichend seyn dem Bedürfniß,
Oder ein Bündlein Strauch von ausgetrockneten Aesten?

 Aber genug! rief Selmas, wir haben genug, o ihr Nachbarn,
Was dem Krummholz gebühret, verständlich in Worten gelehret.*)
Auch was der Winter bedarf nun kürzlich will ich verkünden:
Seh't das Feuer, was wir anschlagend in Funken entzünden,
Welchen Segen es schafft und welche Zerstörung es bringet!
Dort auf flammendem Heerd, wo Erbsen dir sprudeln und Klöße,
Dort am Kamin wo du hochköstlichen Bratenduft athmest,
Wandeln die härtesten Bissen gemach, sich in weiche durchs Feuer.
Ach wie wohl du dich fühlst! wenn wacker du draußen zerquälet,
Vollgeschneyt und geregnet zum wärmenden Ofen nun hineilst,
Herzlich ihn liebend dabey versinkst in süßesten Schlummer!
Ist's nicht Segen, daß Gott den holden Funken uns schenkte?
Aber auch Holz ist Noth, so du warm dich fühlen im Zimmer,
Oder den sprudelnden Topf willst unterhalten am Feuer.
Denke was würd' aus uns, wenn kochen wir wollen die Mahlzeit
Und kein Feuer und Holz zu finden hier wär' auf der Ede?

 Oder wo blieben wir wohl, wenn heftig der Frost uns umsauset
Und wir am wärmenden Ofen nicht fänden ein bergendes Räumlein?
Gleich dem Wild' hinliefen wir kümmerlich dann auf dem Felde.
Höre daher nicht auf, o Mensch, so oft du den Topf dir
Siedest und arbeit frey ausruh'st an dem Ofen, mit Klugheit,
Dem zu danken der dir den wärmenden Funken geschenkt hat!

 Zürnen doch wollet ihr nicht, daß wie es gebühret dem Schultheiß,
Ich ein Wörtlein mehr, von dem, was geziemet noch lehre:
Dieser feurige Strahl, der hell uns erleuchtet das Zimmer,
Der, entbrannt auf dem Heerd, die Speisen uns siedet im Topfe,
Diese Gluth, die im Winter, wenn Noth ist, uns wärmet den Ofen,
Diese Flamm', o hört, wenn wir sie nicht sorgsam behüten,
Kann viel Unglück ach, im Augenblick uns bereiten!
Wenn des Feuers Gewalt ausbricht im Dunkel der Nächte,
Plötzlich zerstöret sie dann nicht nur unsre ländlichen Hütten,
Auch die Palläste der Herren verwandelt sie schleunig in Asche.
Hörtet ihr nicht, wie der Brand dort Königsbergs glänzende Gassen*)
Zweymal in Schutt gelegt, ob Muthwill und schwerer Versünd'gung?
Seh't ihr nicht der verarmten; der elenden Bettler so Viele,
Denen Haus und Haab' aufzehrten die Flammen, umherziehn?
Mancher auch hat sich selbst einfeuernd achtlos den Ofen,
Oder durch Fett im Feuer das Haus auf dem Haupt angezündet.
Oft auch hat ein Thor aus Leichtsinn frevelnd und Muthwill,
Sich mit brennender Pfeif' ins Stroh zum Lager geschlichen

Ir ßtĕk Diewę! taipo ſupleßkino Kiemą,
Kad iß wiſſo tikt wos Gal's Tworôs paſilickti.
Taip paſkuy toks Niepretelus Ißkadą padaręs,
Ir ney koks baiſus Razbaininks Swietr ne rimdams,   195
Jau paſiſlept' ir ßen ir tén tikt bega, tikt bega;
Taigi dabàr bilinek ſu jům' taip Ubagu tapęs.

Argi ne tyrete, kaip muſu mylimą Willu
Pernay Neprietelus Alwins ſuſwillino wiſſą?
Tas-ßirdings Zmogus Kaimynu muſu bebudams   200
Rożną wis lietuwißkay mylĕdawo Sebrą.
Ypaczey ir labjaus Szeimyną jis ſawo mielą,
Kaip ſawę patì cżĕdidams, mylĕt' ne patingo.
Darbą ney wienam jiſſai n'użdedawo ſunku;
O priſidirbus kiekwienám kaip reik' Gaſpadorui,   205
Wis gardzey keptùs ir wirtus důdawo Kąsniùs.
Tikt Dywai kláuſyt' kad Lauras muſ' Pakamore
Willnaus Kelnores ir Rukrę pradeda gerbit'.
To Zmogaus Namelius Alwins, kaip jau paminnĕjau,
Pypkt ſaw uſſidĕgęs, ir kirmyt' nuſibaſtęs,   210
Naktij' prieß Gaidzùs taipo ſupleßkino pernay,
Kad iß Name jo wôs Kůlas wiens paſiliko.

Ak mano Kaimynuczei! ak ßirdingi Brolĕlei!
Aß dĕl Diewo jus meldziu n'użmirßkite Willaus!
Ir kad jums jiſſai paſiklónos Ubbaggais eidams,   215
Běn ne padywikit' jám jo pamatydami Skrandą,
Ir kad jis Tewemuſ' ſkaitys, ne barkite Bĕdzu!
Nĕs kas Naktij' jam żelek Diewe! paſidare,
Tai mums per Pietùs kaſdien' dar gal' nuſidůti,
Kad mes kaip tuls Wokĕtis, praſtódami Diewą,   220
Szelmyſtes padaryt' klaſtot' ir wogt' neſilauſim'.

Taigi mokikis miels Zmogau, Czĕſù paſkrupit',
Kaip ziemawojant taw reikĕs kaſdien paſikĕlgtiſ'.
Szalant be ßiltôs Stubbôs ißbut' ne galĕſi,
O ßaltôs Kurßolĕs ſrĕbt' ir ſurbt' ne norĕſi!   225
Todĕl tankey taw reikęs Ugniĕs praſikilti,
Ir Aſoczius ant Ugnewietĕs paſtattyti.
Tikt minnau, ſaugôkis, kad ſaw Kakali kurdams,
Ir paſikeydams ką bey ſtanu Wirralą wirdams,
Ney ſawę patì ney kittus Draugus ne paſieiſi.   230
Juk girdĕjei kaip Alwins, anſai Sawawalninks,
Willui Negandas, Wargus ir Gĕdą padare.
Todĕl ne mirßeß kaſdien į Kaminą żwilgtert,

Die Sorgen des Winters.

Und, erbarmender Gott! die Wohnungen all' angezündet,
Daß vom ganzen Dorf ein Rest kaum blieb von dem Zaune?
Solch ein Unhold dann, nachdem er gestiftet das Unglück,
Ruh' in der Welt nicht findend, gleichwie ein frevelnder Räuber,
Fleucht bald hier, bald dort, sich irgendwo zu verbergen.
Rechte nun Einer mit ihm, da er selbst ein Bettler geworden!

Habt ihr nicht selbst erfahren, wie unserm Willus, dem lieben,
Jüngst Alwinas der Unhold, die ganze Wohnung verbrannt hat?
Jener leutselige Mann, unser Nachbar ja war er und liebte
Jeglichen Mitbewohner nach litthauischer Weise, von Herzen.
Sonderlich war er bereit, sein Hausgesinde, sein theures,
Wie sich selber zu schonen und liebreicher noch zu behandeln.
Keinem fiel er zu schwer mit vielaufbürdender Arbeit.
Wie's dem Hauswirth ziemt, austheilt' er die köstlichsten Bissen,
So gekocht als gebraten an sie, nach vollendeter Arbeit.
Wunder nur anzuhören, wenn Lauras, der edele Dorfschulz
Küch' und Keller anhebet des biedern Willus zu preisen!
Dieses Mannes Gebäud' hat, wie ich erwähnet, Alwinas
Als er mit brennender Pfeif' auf's Lager geschlichen, das träge,
Nachts gegen Hahnengeschrey, zu Jahr, in Asche geleget,
Also daß kaum ein Pfahl von der ganzen Wohnung geblieben.

Ach, geliebete Nachbaren, herzliche Brüder, ich bitt' euch,
Daß ihr um Gottes Willen ja nicht vergesset des Willus!
Wenn er als Bettler dereinst erscheint vor euch sich zu bücken,
So verwundert euch nicht des ärmlichen Pelzes, und wenn er
Sein Vater Unser hersagt; ausscheltet doch ja nicht den Armen!
Denn was ihm in der Nacht, verhüt' es Gott, wiederfahren,
Gleich Geschick kann täglich um Mittagszeit uns begegnen,
Wenn wir, wie Mancher der Deutschen des Schöpfers vergessend, in Frevel
Fallen, uns nicht enthalten von Trug und des Gutes Entwendung.

Lerne zu rechter Zeit, o Mensch, für Bedürfnisse sorgen!
Jeglicher Wintertag wird fleißige Hände ja fodern.
Kannst du bei scharfem Frost ungeheizt das Zimmer bewohnen?
Wirst du nur kalte Schaale genießen mit schlürfenden Lippen? *)
Noth wird's oftmals thun, anzuschlagen den feurigen Funken;
Noth, den gedörrten Topf auf die Feuerstelle zu setzen.
Nur, daß du sorgsam wach'st, wenn Glut du erweckest im Ofen,
Wenn du ein köstlich Gericht beisetzest zum Sieden und Braten,
Daß du nicht dir noch Andern bereitest durch Feuer, ein Unglück.
Hörtest du doch wie Alwin, der ausgelassene Frevler,
Den geliebtesten Willus in Elend gestürzet und Unglück.
Täglich vergiß also nicht genau den Kamin zu durchsuchen;

Ir kytrey krapßtyt' kad Godźiû kas paſidare.
O Stubboj' Newale ſukráut' ant Kakalio Skiedras.   135
Sßukßtu cze dźowit' ar dźáut' ben Pagalt wieną,
Żinnot' juk wiſſi, kokį mes Urdeli turrim',
Ir kaip Wyrauſybe tą kettina pakárti,
Kurs kaip Rietſpraudis Szaltyßaus Żodį paniekis.
Bet tai ne geray, kad kartais ko paſigedęs,   140
Naktij't tamſus Kampus ſu Żibburiû kopi,
Ar ant Waikpalaikiû kaip Tėwui reik, ne dabôji.

Selmui taip ßaltyßißkay Burůs bemokinnant,
Sztay, ant Ulyczôs tokſai paſidare Szuwis,
Kad ir Żemė ſu wiſſais Daiktais padrėbėjo,   245
O Stubboj' Langai naujey taiſyti ſudtiſko.
Rożnas, Szuwį tą girdėdams taip nuſigaudo,
Kad apgaißę tû kelli pů Sůlu nupůle.
Bet kitti tarp jû, daugiaus turrėdami Proto,
Iß Stubbôs Plauczuno tû Auleis ißtrito,   250
Irgi bekapanojant ant Kiemo Durraką rádo.
Nes Alwins Warnienôs eſt' permier' uſſigeidęs,
Bedźui tam glupám ußkrautą Pulloką dawe,
Liepdams, kad jam tů nußáutu dwylika Warnû.
Durraks paikes Waiks, Gaſpadôraus ſawo pakluſſęs,   255
Warnû mußt' tůjaus kiek reik ſu Pulloku bėgo.
Sztay, ant Kraiko jis ißwydęs diddelę Warną
Szowe taip durnay kad ßáudams użdege Skůnę,
Ir Kaimynû tû wiſſas ſupleßkino Trobas;
Bet ir Durraką Pulloks perplyßdams pagadinno.   260

Tokiai Negandai, żėlėk Diewe! nuſitikkus,
Tû Pons Amtsrots ſu Tarnais wiſſais paſtrode,
Ir tirinėdams kláuſe, kaip Ugnis paſtkeloſ'.
Sztay kiekwiens żirdingay werkdams irgi duſáudams,
Neprietelaus Alwino ir Warnû jo paminkßt.   265
Amtsrots ſu Tarnais, Kalbas girdėdami tokias,
Dywijoſ' diddey, ir Alwiną bardami ſpjaude.
Bet dar to ne ganà. Raſpuſtą reik korawôdit'.
Todėl ſu Lencugais jį drutay ſurakinno,
Ir ſurakįtą taip ant Rogiû nuweże ſudyt'.   270

Po penkiû Dienû Daugums Sudźiû ſuſirinko,
Ir Daugybę Luddininkû tojaus ſuwadinno.
Sztay tů Milkus ir Enſkys ſu Blebderio Żentů,
Lauras ir Laurene, Jeke ſu Pakulene,
Luddyt', ir ant Alwino kuſt' ankſti nukelawor   275

Wo er sich angesetzt, den Ruß wegschaffend mit Sorgfalt!
Holzgespän' auf den Ofen des Zimmers zu legen, ist Unrecht.
Auch einen Kloben darauf nur zu trocknen, behüte der Himmel!
Kund ist's, welchen Befehl wir sämmtlich ja haben empfangen,
Wie die Obrigkeit den zur Strafe des Todes verurtheilt,
Wer halsstarrig dem Wort entgegen sich setzet des Schultheiß.
Aber auch das ist Gefahr, wenn was aufsuchend der Hauswirth,
Nachts mit dem Splitterholz, dem brennenden, unter das Dach schleicht*)
Oder auf Kinder nicht wacht, beim Feuer, wie Vätern geziemet.

Während Selmas also die Bauren lehret' als Schultheiß,
Siehe da ging auf der Straß' ein plötzlicher Schuß vom Gewehr los,
Daß der Boden davon erdröhnt' und Alles, was drauf ist,
Und im Zimmer sogar zersprangen die Fenstern, die neuen.
Jeder, der hörte den Schuß gerieth dermaaßen in Schrecken
Daß er entweder davon betäubt herab von der Bank fiel,
Oder wer mehr Besinn noch hatte behalten, der stürzte
Ueber Hals, über Kopf, hinaus dem Zimmer des Plautis.
Siehe da fanden sie stracks am Dorfe da liegen den Durras,
Dem Alwin, sein Herr, nach Rabenbraten gelüstend,
Eine geladene Büchs', achtlos vertrauet, dem Thoren,
Anbefehlend, für ihn sogleich zwölf Raaben zu schießen.
Durras der thörichte Bub', ausführlich gehorchend dem Hausherrn,
Lief alsobald hinaus, die gehörige Zahl zu erjagen.
Da er nun auf dem Dach einen Raaben erblickt', einen großen,
Schoß er so blindlings hin, daß die Scheuer in plötzlichen Brand kam,
Und die Flamme zugleich die Häuser verzehrte, der Nachbar'n;
Doch das Gewehr zersprang und Durras lag selber beschädigt.

Solch ein Unfall, o Gott! war kaum geschehen, so fand sich
Schon der Amtsrath ein, nebst seinen sämmtlichen Dienern,
Scharf erkundend zu späh'n, woher das Feuer entstanden!
Siehe, mit Thränen gestand ein Jeder und herzlichen Seufzern,
Daß Alwin, der Unhold, mit seinen Raaben, nur Schuld sey.
Solch ein Wort vernahm erstaunlich sich wundernd der Amtsrath.
Den Alwin ausschalten zugleich verwünschend die Diener.
Aber es blieb nicht dabei. Der Frevel, der mußte gestraft seyn.
Drum ward Jener, mit Ketten sehr hart gefesselt und also
Auf den Schlitten geworfen und hin zum Gerichte geführet.

Nach fünf Tagen Verlauf ward zahlreich der Richter Versammlung:
Gleich zum ernsten Verhör einluden sie Haufen von Zeugen.
Milkas sofort und Ensys und des Blebberis Eydam, der Schultheiß,
Lauras und Pakulene zusamt Laurene und Jeke,
Reisten, um gegen Alwin zu zeugen und klagen, schon früh ab.

Taipgi dabar wiſſiems jau wieżlibay ſuſtrinkus,
Prowninkai atweſt' Alwiną Urdelį dawe.
Jis diddey duſáudams Prowninkams paſirode.
Ponai klauſe jį, kaip Sudzoms reik tirinėti,
Kad jie Prową nor kożnam wertay padarytiz 280
O ir Luddininkai wiſſi, Prowon' ſuwaditi,
Luddijo taip wertay, kad Ponai Luddimą gyre.
Bet Alwins, girdėkit' tikt, Rankas iſirėmęs
Prowninkams wiſſiems ney gėro ne dawe Zodzio.

Kas jums rup', tare jis, jus Prowninkai maloningi, 285
Kad Warnienôs kartais aß iſſikept' uſſigeidęs,
Warnû ben Porėlę ſaw Pietums nuſißauju?
Ar ne pawélijo gaißit' jas muſû Karálus?
Tarp Lietuwninkû daug yr ißdykuſû Burû,
Ir Bernû daug yr', kurrie tą niekina Walgį. 290
O man wis wiens Miers, kad tikt Mieſôs priſtwalgau.
O jus Bédzui man Kasnėlį tokį pawydit?
Ar ne ganà, kad aß jums Warnû nůneßu Kojas?
Ir kaip Burui reik, ſugáwęs dwylika Zwirblių,
Galwas nuſuktas kas mets jums důt' neſiſtengiu? 295
Taigi ben irgi mannęs ben kartą jau ſuſimilkit,
Kad aß iß Bedôs gawidams ſawo Dußélę,
Warnû ben kellias iſſikept kasmets nuſißaudau?
Juk jus Ponai mus Burùs jau taip nuſtekenot'
Kad paſkiáus mums éſt' reiks Zurkes irgi Pelėdas. 300

Selmas ſu kittais Szaltyßeis, Blebberio Sėbrais,
Dywijoſ' diddey, Dywùs girdėdami tokius.
Ak tare wiens tarp jû: toktu ſu muſû Gadyne,
Kad Sawowálninkai Drausmes n'atbódami Ponû,
Saw ir Artimųi bėdnam Iß ką pedáro. 305
Ar ne ganà Póns Amtsrots mus, kaip Tėws pomokydams,
Draudęs yr', ſu Puczkoms ant Padwárijû ßáudit?
O kiekſyk Kunnigai Mißas laikydami, bare,
Kad mes Ponams, kaip mums reik, klauſyt ne norėjom'!
Taigi dabar żurėkit tikt, kas mums paſidare! 310
Ak Alwin', Alwin! tu muſ' klauſyt' ne norėjei,
Kad tawę mes wiſſi wiernay graudendami barėm!

Rods żelek Diewe! muſ' Wießpatys maloningi
Burą, wis Pinnigû daugiaus norėdami, luppa.
Kad Alwins Porėlę Warnû képt' nußßáuja, 315
Ar Czerpėj' neßwankią jû ſaw ßuttina Mieſą,
Rods ne grażu girdėt' ir Burui diddelę Gėdą,

Die Sorgen des Winters.

Da sie sich insgesamt versammlet nun hatten mit Anstand,
Gaben die Richter Befehl, hervor den Alwinas zu führen,
Der hier schwerauffeufzend den Herren erschien vor die Augen.
Ihn nun fragten Jen' ausforschend, wie Richtern geziemet,
Wenn sie jedem das Recht aufrichtig streben zu fällen.
Aber die Zeugen gesamt auch wurden geführt vor die Schranken,
Legten ihr Zeugniß ab, also daß die Herren es lobten.
Aber Alwin, o hört es, der setzte die Händ' in die Seite,
Trotzig und gab kein Wort, kein gutes, den sämtlichen Richtern.

  Was bekümmert es euch, so sprach er, ihr gnädigen Richter,
Daß ich nach Braten zuweil herzinnig fühlend die Eßlust,
Mir der Raaben ein Paar zum Mittags-Essen erschieße?
Hat der König nicht selbst dies' auszurotten, erlaubet?
Viele zwar giebt es bei uns der verzärtelten Litthauer-Wirthe,
Viele der Knechte sogar, die solch eine Speise verachten;
Aber mir ist's gleichviel, welch Fleisch ich genieße für Wildbrett;
Und ihr wollet mir Armen auch solch einen Bissen beneiden?
Ist's nicht genug daß ich stets herbringe die Füße der Raaben? *)
Wie dem Bauren es Pflicht, auch fange der Sperlinge Zwölfe,
Ihnen die Köpf' umdreh' und sie jahrjährlich euch liefre?
Also doch habet mit mir hierinn einmal nur Erbarmen,
Daß ich in Elend und Noth mein kümmerlich Leben zu retten
Einige Raaben mir darf jahrjährlich schießen zum Wildbrett.
Denn ihr Herren, ihr habt uns ausgesogen so sehr schon,
Daß uns Bauren nichts bleibt, als Eul' und Ratten zu speisen.

  Drob verwunderte Selmas sich sehr nebst anderen Schulzen,
Mitgehülfen des Blebberis, hörend die Wunder von Reden.
Ach, sprach Einer von ihnen, so arg ist die Zeit schon geworden,
Daß auf der Herren Verbot, die Uebermüth'gen nicht achtend,
Sich und den Nächsten, den armen, in Unglück stürzen und Elend.
Hat uns der Amtrath selbst nicht genug als Vater gewarnet,
Daß wir mit Feuergewehr ja schießen nicht sollen im Hofraum?
Auch in der Predigt hat, wie oft! uns gescholten der Pfarherr,
Daß wir nicht Vorsicht genug dem Gebot der Herren beweisen.
Sehet, das haben wir nun davon, was itzt uns begegnet.
Ach Alwin, Alwin, du wolltest und wolltest nicht hören,
Wenn wir von Herzen gesamt dich ernstlich warnten und schalten!

  Freilich, daß Gott erbarm! die gnädigen Herren sie schinden,
Den armseligen Bauren, ihm nehmend den Pfennig, den letzten.
Wenn Alwin sich der Raaben ein Paar zum Braten herabschießt,
Oder ein Wild sich im Topf abbrüh't, was ihnen nicht ansteht,
Siehe so ist's nicht fein und bringet dem Bauren nicht Ehre.

Ziemôs Rupescziei.

Alle ką weiks Ƶmogus ſtokodams, ir Badu mirdams?
Dėl Bedôs juk kartais daug Dywû nuſidůda.
Tikt per Mier' ne geray, kad koczės glups Sawawalninks 320
Száudidams durnay kittiems ſupleßkino Namą.

  Taip wiſſiems beſiſkundzant Wakmiſtras atſibaſte
Ir Szaitydams į Karalauczu palieve rengtiſ'.
Tů pilwots Laimys wyráuſas jů Pakemore,
Wakmiſtrui paſiklonodams Repurrę nuwoʒe, 325
Ir kas Tarnui reik', atlikt' wiernay paʒadėjo.
Taip potám jiſſai ſuwadinnęs dwyliką Szulcû,
Urdelt dawe, po penkiû Dienû paſtrodit'.
Tůj' jie wiſſą Wyjlaukio ſuſuddino Walſczu,
Taip, kad iß wiſſû Paßaliû ſuſirinkę Burai, 330
Ney koks Skruzdelyns wiſſur kribʒdėti pagáws.
Kods taip reikia Padonams Ponams ſawo paßlußit',
Ir atlikt' wiernay, kad jůs jû ſpáudʒia Malone,

  Ak! tare Lauras, wießlibůs Ƶodʒůs paſakydams,
Ak, k.trul jau Czėſas muſû nelabs nuſtbaſte! 335
Roʒnas juk Zoplys, Wargdienû Nuggarą lupdams,
Sawo Malonę dár ißkélt' ir girt' neſgėdi.
Didgals, juk wiſſi paʒyſtat Didgalą ſmarkų,
Tas Newidons baiſus wis poniſſkay paſiputęs,
Ney Erßkėtis koks Nabagėli gandina Burą; 340
O jo Dumczus Kalbamils, toksjau Balamutas;
Rėkaudams wiasnéy Gaidys ſawo Skiauturę rodo.
Ak kaip maß tokiû, kurrie waldydami Swietą,
Gailis ſawo Ƶmonû, kaip reik, ir atmena Diewo!

  Tu ſtare Selmas jam, ſaugókis Didgalą kibbit, 345
Ir tylėk kad Dumczus jo taw mußa per Auſ.
Dumplės yr' naudingas Daikt's, į Kaminą půſti.
Bet prieß Wėjus puſt dar jos niekadôs ne vertėjo,
Ir Dobeſiû greitû Ƶingsnius ſtabdyt' ne galėjo.
O ar gal Errélui Ƶwirblis glups priſilygtt'? 350
Ar bloga Warlė prieß Lutą diddeli ſtengtiſ'?
Taigi dabókis, ſu Po u paſiputuſiu ßutit',
Ir laikyk ſawo Snukki, kad Kalboj' ne pariktu!

  Tus Ƶodʒius wiſſiemsgi begirdint, ißtare Selmas
Ir į Kailinus ißwėrſtus tujaus ißnėręs, 355
Amtsroto Jawelius ißkultus į Karalauczu
Su kittais wiernais Szaltyßeis nuweʒe greitay.
Bet ir Wakmiſtrui Pons Amtsrots buwo paliepęs,

Die Sorgen des Winters.

Aber was macht der Arme zur Mahlzeit, sterbend vor Hunger?
Traun! viel Wunderdinge gescheh'n aus Mangel und Noth nur. **)
Aber ein Frevel bleibts, wenn der thörichte Leichtsinn so weit geht,
Sich und Andern das Haus mit Feuergewehr anzuzünden.

    Während sich alle beklagten, so brachte den sämtlichen Schulzen
Der Wachtmeister Befehl nach Königsberg sich zu verfügen.
Aber Laimys, der wohlbeleibte, oberste Kämm'rer,
Neigte sein Haupt vor ihm und zog sogleich seinen Huth ab,
Alles versprach er getreu, Kraft Diener-Pflicht zu erfüllen.
Dieser rief alsbald zwölf Dorf-Schultheiße zusammen,
Gab ihnen flugs Befehl, sich nach fünf Tagen, zu stellen.
Die nun setzten des Schaarwerks ganzen Bezirk in Bewegung, **)
Daß die Schaar allseits der dorfeinwohnenden Bauern,
Wie ein Ameisenhaufen begann ringsum sich zu regen.
Also auch ist es Pflicht, daß die Untern, gehorchend den Herren,
Alles getreu erfüllen, wofern ihre Gnade sie drücket.

    Ach, sprach Lauras hierauf anständig in Worten der Tugend,
Ach, wohin ist's jetzt gekommen mit unseren Tagen!
Jeder Gaffer zerrupft dem geplageten Bauren den Rücken,
Sich nicht schämend dabey, seine gnädige Huld zu erheben!
Didgal, Jeder ja kennet den stolzen, tyrannischen Didgal,
Furchtbarer Mißgunst voll aufblähend, sich vornehm gebehrdend,
Wie ein Dornstrauch ritzet und schreckt er den Bauer, den armen.
Kalbomil aber, sein Rath gleich ihm, ein frecher Betrüger,
Schreyt unhöflich ihn an und hebt, wie ein Hahn, seinen Kamm auf.
Ach, wie Wenige giebt's von Allen, so herrschen auf Erden,
Die sich fürchtend vor Gott, mitleidig der Menschen erbarmen!

    Hüthe dich ja, sprach Selmas den Didgal zürnend zu reitzen.
Schweig' auch, wenn sein Rath unsanft dir schläget ins Antlitz.
Nütz' ist der Blasebalg wohl, den Kamin anzufachen; doch ist er
Gegen die Winde zu blasen, ein tauglich Ding nie gewesen.
Nimmer kann er den Schritt aufhalten der eilenden Wolken.
Oder, wie darf mit dem Adler ein thörichter Spatz sich vergleichen?
Gegen den Löwen der Kraft, ein elender Frosch sich gesperren?
Drum so hüte dich wohl, mit den Herren zu scherzen, den stolzen!
Halte bewahrend den Mund, dich nicht zu verseh'n in der Rede!

    Also redete Selmas vor Aller Ohren, die Worte.
Drauf in den Pelz sich schnell einhüllend, den außengekehrten,
Eilt' er das ausgedrosch'ne Getreide des Amtsrathes, samt den
Andern getreuen Schulzen, nach Königsberg führend zu schaffen.
Aber dem Amts-Wachtmeister befahl, aufs Schärfste, der Amtsrath:

Kad ir jis ſu Selma ant Pinnigû padabótu.
Nės to Amtsroto Szyksztummas buwo be Sotiês,   360
Ir kad kartais jis Warg-ienui dûdawo Graßi,
Tai tû tris Naktis dėl to megot' ne galėjo;
O ißaußus jau taip daugel Aßarû werke,
Kad jo Sluginės ir Bernai wiſſi nuſigando!
Tarnas jo Anuſſis ſu Mergù Suſukáte   365
Sako, kad jiſſai dėl to taip Ubbago baidoſ'
Kad jam Naktij' apmendot' ir werkt' ne reikėtu:
Nės jam Jůdikis dûts Sawnė kaip Grieks paſirodo,
Ir Tamſoj' wis ik' ißaußrant gandina Bėdzu.
Bet Dumczuks jo, kurs kasdien' jam Patalą kloja,   370
Ir kasnakts, kad koźnas jau ſaw miegt' iſsguſztęs,
Skarbus ſergėt' tur', penkias Źwakės uſſidėg-s,
Sako, kad jo Pons daug ſyk diddey nuſigandęs,
Irgi drebėdams prieß Gaidźus iß Patalo ßoka.
Nės prieß Gaidgyſtę wis jám Bilduks paſirodo,   375
Ir jo Skrynę ſu Skarbais i Kaminą wilka,
Todėl jis kasryts, kad jau wėl użteka Sáulė
Klupodams, kaip tikras Durn's, pas adarą, Skrynę
Uż Ißlaikimą Skarbû Tewemuſ' paſiſkaito.

    Todėl irgi dabar Szaltyßams i Karalaucżu   380
Dergiant ſu karalißkais Grudais nukelan us.
Werke jis kasdien' ir Naktij' rimt' ne galėjo.
Kartais keike taip, kad jo Wa kai nuſigando;
O wėl Kartais iß Knygėlû Poterus imdams,
Irgi duſáudams pas Knygas aukßtyn pażurėſo.   385
Taipgi bewargſtant jam ir gėdißkay bedėjojant,
Sztay, wiens jo Tarnû pargryźęs jam paſiróde;
Ir paſiklonodams, kaip Tarnui reik paſiklónot',
Jam Kupczelninko Bertolo Gromatą dawė.
Amtsrotui Laißkus atpleßant irgi beſkaitant,   390
Sztay ir Selmas jau pargrożęs iß Karaláucżaus,
Alle duſáudams ir linguſtas jam paſiróde.
Nės jau źillas buwo Źmogus, ir ſirgdawo tankiey.
Amtsrots, tris Źakkus naujû Skarbû pamatydams,
Wėl atſigawo ir ſunkiey duſáuti palowe.   395
Bet kaip jo Tarnai, kiek yr', ſurokóti pagáwo,
Sztay, kokia Neczėſtis! Du Graßiu paſigėdo.
Amtsrots dėl Ißkadós tôs taipo nuſigando
Kad per wiſſą Naktį wėl miegót' ne galėjo;
O ißaußus jau taipo ſumußdino Selmą,   400
Kad wôs tris Dienas ſuláukęs numirre Bėdzus —
Bet ir Wakmiſtrui taip ſmarkey muße per Auſt,

Die Sorgen des Winters.

Daß er mit Selmas zugleich auf's Geld stets hätte sein Auge;
Denn unersättlich ja war der Geitz des jetzigen Amtsraths.
Wenn er dem Dürftigen auch bisweilen gar reicht' einen Groschen,
Siehe so konnt er sofort drey Nächte deswegen nicht schlafen.
Wenn aufstrahlte der Morgen, vergoß er der Thränen gar Viele,
Daß die Mägd' und die Diener erstauneten über sein Antlitz.
Sagt sein Diener Annussis doch selbst und die Magd Susukate:
Jener habe deshalb so ängstliche Furcht vor den Bettlern,
Weil sie der Kummer und Thränen so Viel in der Nacht ihm bereiten;
Denn ein gegebener Pfennig erscheint als Sünd' in dem Traum ihm,
Aengstet im Dunkel den Armen bis stets an den leuchtenden Morgen.
Doch sein Heimlichvertrauter, der täglich sein Bette bereitet,
Jegliche Nacht, wenn tief versunken in Schlummer, die Welt liegt,
Seine Schätze bewacht, bey fünf hellbrennenden Kerzen,
Saget: daß oft sein Herr, auffahrend von heftigem Schrecken,
Früh gegen Hahnengeschrey mit Zittern hinaus zu dem Bett springt.
Denn gegen Hahnengeschrey erscheint ein nächtlich Gespenst ihm,
Welches die Kasten mit Geld entwendend fort zum Kamin zieht.
Drum an jeglichen Tag, wann aufstrahlt wieder die Sonne,
Kniet er, wahrlich ein Thor, vor dem aufgeschloßenen Kasten,
Betend ein Vater Unser für seiner Schätze Bewahrung. **)

Als die Dorf-Schultheiße das königliche Getreide
Unter Geschlagg' und Gestüm nach Königsberg hatten gefahren,
Aengstet' er Tag und Nacht sich ab, bis zu Thränen bekümmert.
Oftmals stieß er Verwünschungen aus, daß die Kinder erschracken;
Oftmals nahm er ein Buch hervor, um Gebete zu lesen,
Seufzete, haltend das Buch, sah starr empor zu dem Himmel.
Da er sich also zerquält' und selbstentehrend beklag'te,
Siehe da trat von seinen zurückgekehreten Dienern
Einer hinein, und machte, wie ihm geziemt, die Verbeugung,
Ueberreichend den Brief, vom Kaufmann Bertold geschrieben.
Als der Amtsrath itzt den Brief aufriß und ihn durchlas,
Trat auch Selmas hinein, von Königsberg wieder mit Schlitten
Heimgekehrt; doch seufzend und kränklich erschien er vor selbem.
Denn ein Greis war der Mann bereits und kränkelte häufig.
Aber der Amtsrath, drey Geldsäcke, von Neuem erblickend,
Lebete ganz wieder auf, vergaß sein Seufzen und Stöhnen.
Doch als die Diener nunmehr das Geld anfingen zu zählen,
Welch ein Unfall! siehe, da fehlten zwey Groschen am Ganzen.
Ob dem Schaden gerieth in solch Entsetzen der Amtsrath,
Daß er die ganze Nacht darob einschlafen nicht konnte,
Und am Morgen den Selmas so heftig mit Schlägen bestrafte,
Daß der Arme daran am dritten Tage den Tod fand. —
Auch dem Amts-Wachtmeister so grausam schlug er in's Antlitz,

Kad ir jis penkias Diznas ant Patalo strgo,
O Burus wissus, kurrie jo pardawe Grudus,
Liepe todél plėkt', kad jie pasiwëlinę buwo, 405
Ir tiek Rupesczių sunkių jam buw padaręs.
Tai Brolélei! tai wissa szio Swieto Malónė.
Tiek nuspelnom', kad wiernay atliekame Sluzbą!
Juk jau kas tikt nor', tas buriszką Nabagelį
Stumdo szén ir tén, néy kokį Szunni newértą. 410

Ticz tare Lauras, ne perdaug dėl to nusimikim!
Juk be Diewo Swiete nieks ne gal' nusidůti,
Ponai zemės szids ne gal' be jo ponawóti, ô
O mes Burai wél be jo ne galime wargti.
Roznas tur, kaip Diews jam styręs yr pasikakit'. 415
Tas kurs użgimdams auksztay kaip Pons atsisėdo,
Misslit' tur', kad jį tenay miels Diews pasodinno;
O tassai, kurs użgimdams Burů prasidėjo,
Gedėtis' Wyzelů buriszkų ne priwalo,
Kad tikt wieszlibay, kaip reik, atliekt' sawo Darbus, 420
Ir labjaus, kad jis szirdingay bijosi Diewo.

Tu Sawawalninke, Didpilwi! wis pasizauzęs
Ir néy Zaibas koks zaibůdams gandini Burą,
Ar tu nè taipjau kaip Bėdzus toks prasidėjei,
Ir Moma taip taw, kaip jam Pasturgalį sziůste? 425
Kas taw liepe Wargdienį nuludust spardet',
Ir pasidzaugt dėl to, kad jis waitoja dejůdams?
Diewas ant Sosto prakilnaus taw paliepe sėstis',
Ir Piktůs korawot' bey baust' taw idawe Szoblę;
Bet Teisůsus kirst' ir durt' taw ne dawe Walę. 430
Taigi dabókis, asztrų Kardą sawo pakeldams,
Kad n'tżeistumbei taw klausantį Nabagelį.
Alle matau, kad tu tyczoma Akis ussimerkęs,
Wierit' jau bijais, kad Diews wissur tawę mato,
Ir kad kartà jis atdengs tawo wissą Kapustą. 435
Ticz tikt, ik' Sudzia szio Swieto taw pasiródis,
Ir Ponùs taip, kaip ir mùs, Sudop' suwadinnęs
Algą kiekwienám, kaip pelnęs yr', sudawádis.

O jús Wargdineliei, jús wyżeti Nabagai!
Jús Baudziauninkai, Bernai ir Kaiménů Kerdzei, 440
Ir kas dar daugiaus yr' stenanczů Nabageliů,
Ramdikit ben Aszarùs irgi palánkite werkę!
Zinnom' juk wissi, kas pernay mums pasidare,
Kaip zelek Diews! Pons Amtsroty musů nabaznnks,

Die Sorgen des Winters.

Daß fünf Tage davon derselbige krank auf dem Bett lag.
Aber die Bauren gesamt, die hin mit dem Getreide gefahren,
Ließ er nicht minder schlagen, dieweil sich dieselben verspätet,
Und so viele, so schwere Besorgniß ihm hatten bereitet.
Das, ihr Brüder! das ist die Gnadenbezeugung der Welt hier.
Das unser Lohn, wenn wir den Dienst mit Treue verrichtet!
Jeglicher, wer er auch sey, der stößt den geplageten Landmann
Hin und her, wie den Hund, den man für unwerth erachtet. ¹⁴)

    Still sprach Lauras, wir wollen darob zu viel nicht gedenken!
Kann ohne Gott doch nichts hier auf der Welt sich ereignen.
Sieh', die Herren der Erde, sind ohne i h n doch nicht Herren,
Und wir Bauren doch auch ohne i h n nicht die Mühegeplogten!
Jeder, wie Gott ihm füget das Loos, muß hier sich begnügen
Welcher edelgeboren den Sitz einnimmt hoher Herren,
Denke, daß Gott voll Lieb' auf solchen Stuhl ihn gesetzet!
Wer als Bauer geboren, in niederer Hütte hervorging,
Darf der Sohlen von Bast, der bäurischen, nimmer sich schämen;
Wenn er verständig nur, wie's ziemt, vollendet die Arbeit,
Und noch mehr, wenn er Gott aufrichtig fürchtet von Herzen!

    Du, des Haar sich wild aufsträubt, übermüthiger Großleib,
Der ein wetternder Blitz, ausfahrend schrecket den Landmann!
Hast du nicht gleichen Beginn, wie dort der Arme, genommen?
Hat die Mutter dich nicht, wie i h n, mit der Ruthe gezogen?
Wer doch hieß dich so stoßen, den armen, bekümmerten Bauren,
Und darob dich erfreu'n, wenn Jener erseufzet vor Klagen?
Gott, auf höheren Stuhl dich liebreich setzend, er gab dir
Nur, um den Bösen zu droh'n und zu strafen, das Schwerdt in die Hände;
Aber er gab dir nicht Macht, den Gerechten mit selbem zu schlagen,
Und aufs Blut zu verwunden, der dir gehorchet, den Armen.
Hüte dich, daß du das Eisen, das scharfe, nicht frevelnd erhebest!
Doch ich gewahre, daß du vorsätzlich die Augen verschließest.
Nicht zu glauben, daß Gott allwärts dich sieht, und zukünftig
Deinen ganzen Betrug aufdeckend wird an das Licht zieh'n.
Still nur! es wird ein Richter dereinst noch kommen, ein höh'rer,
Welcher die Herren und Bauren vor gleichem Stuhl zu sich fordert,
Ihnen den Lohn zu ertheilen, den hier verdienten auf Erden.

    Die ihr euch kümmerlich plagt, ihr bastsohlentragenden Armen,
Ihr schaarwerkenden Bauren, ihr Knechte, ihr Hirten der Heerden,
Und wer mehr der Elenden hier seufzet in Mühsal und Kummer,
Stillet doch euere Thränen und höret nun auf mit dem Weinen!
Wissen wir doch, welch Schicksal vor einem Jahr uns begegnet,
Da unser Amtsrath, leider, der seelig verstorbene, Jeden

Numirdams nûglay mums Raudą didę padare.
Ak, Pon' Amtsrot, ak! del ko mums numirrei pernay? 445
Żinnot' juk, kaip mes perdaug raudódami Bedzei,
Ak żelek Diewe! baisingą Sukkatą gáwom'.
O Daugums użkimmęs jau kalbėt' ne galėjo.
Ogi dabar, kad wėl iß Naujo werkt' nesiláusim', 450
Ir ilgiaus neswietißkay waitodami káukßim',
Tur muſ' Akis ißkirmyt', ir Kuns nusidowit'.
O kas bus paſkuy, kad jau gywent' ne derẽsim',
Irgi Karálui, kas mums reik', atlikt' ne galesim',
Ukius muſ' atims ir nẽßt' lieps Ubbagû Krepßą. 455
Taigi ne kutikim', kad Pónai Skiauturę rodo,
Ir Welnû Wardùs kasdien' rokůdami keikia!
Diews kiekwieną rąs kartá kaip yr paſadėjęs.

Jaugi ganù ßiamſyk waitójus irgi dejáwus! 460
Skirkimės irgi Namû tieſog kélaut' n'ußimirßkim'.
Tikt girdẽkit, kaip ant muſ' jau baraſi Moters,
O Waikai ant Ulyczû beginėdami klykia.
Jáuczei ſu Arkleis, ir Karwes Paßaro stena;
O parßingos Kiaulės, bey ißalkuſios Awys, 465
Su kittais Daiktais ì mus żurėdami werkia.
Jau pargryßtam', jùs gaiwit' ben meldzami, láukit!
Gáuſit kas jums reik' ir ßendien' dar prißẽſit'.
Żinnom' juk, kaip reik Bandẽlę mylimą ſotit',
Ir kiek Sykiû ję per Dieną reikia pagirdit'. 470

Rods tare Simmas, rods taip reik gywent' Gaſpadoriems,
Kad jie nor'ggwent' kytrey ir pilnawot' Ukius.
Wokiéczei Lietuwninką per Drimmelk laiko,
O Prancuzpalaikiei ì jì żurėdami ßypſoſ';
Szypſoſ' rods, o tikt muſû ßauną garbingą Důną. 475
Ir Deßras rukytas ſu Paſſmegimû walgo.
O ßtay jau Lażinû lietuwißkû priſẽdę,
Ir muſ' Alù, ſu Gwoltù jau wiſſą ſugẽrę,
Wießlibùs Lietuwninkùs ißpeikt' neſigẽdi.
Tu prancuzißkas Żoply! ſu Szweiſteriu ſtoru, 480
Ir kas dar daugiaus ſuſibaſtėt', Lietuwą wargit',
Kas jums liepe, mus ir żmonės muſû paniekit'?
Ar ne galėjot' tén paſtikt', kur jus nuperėjo,
Ir Warlès bey Ruppuiżès jus ėßt' pamokinno.

Ay, tare Mylas, tu perdaug paſakai Prancuzams. 485
Juk żinnai, kiekwiens Żoplys tur ſawo Dawádą.
Mes Lietuwninkai Barßkus ir Szuppinì ſtenu,

Die Sorgen des Winters.

Durch seinen plötzlichen Tod versetzt in große Betrübniß.
Ach! unser Vater, warum hinstarbst du zu Jahr, unser Amtsrath?
Wisset ihr doch, wie weiland durch vieles Wehklagen und Weinen,
Leider Gottes, wir Armen, sehr hart erkrankten am Schwindel,
Und vor Heiserkeit sehr Viel' auch reden nicht konnten.
Wenn wir nun wieder aufs Neu' anheben zu weinen ohn' Aufhör,
Muß unser Auge vergeh'n und unser Leib sich verzehren.
Und was wird dann zuletzt, wenn wir nicht taugen zur Wirthschaft?
Wenn wir dem Könige nicht, was recht ist, können entrichten.
Nehmen wird man das Erb' und uns an den Bettelstab bringen.
Drum so härmet euch nicht, wenn schon die Herren euch drücken
Und im täglichen Fluch alle Nahmen herzählen der Teufel.
Gott wird Jeglichem einst, wie er zugesaget, doch finden,
Den gerechten Vergelt, ihm nach Verdienste zu spenden.

  Doch genug für jetzt, von Jammer und Klagen geredet!
Scheiden nun laßt uns, zur Heimath, gerad' hin eilend, zur lieben.
Höret, wie unsere Frau'n auf uns schon zürnen und schelten!
Wie die Kinder umher auf den Straßen laufen und schreyen!
Küh' und Pferde zusamt den Stieren verlangen nach Futter.
Hungrige Schaaf' auch tragende Säu' und andere Thiere
Sehen schon hin nach uns mit weinenden Augen und stöhnen.
Ja, wir kommen schon wieder zu eurer Erquickung: Geduld nur!
Heute noch werdet ihr haben zur Sättigung, reichlich was Noth ist.
Wissen wir doch, wie es Pflicht: das liebe Vieh zu bespeisen;
Wie viel Mal' an dem Tag' uns obliegt, solches zu tränken.

  Ja, sprach Simmas, so ziemet es wohl, rechtschaffenen Wirthen,
Wenn sie mit Klugheit wollen bewohnen und füllen das Erbe.
Für einfältig hält den Litthauer zwar jener Deutsche,
Jener Franzosen-Wicht, und weisen verlachend den Zahn ihm;
Weisen den Zahn, aber doch schmeckt unser Brod ihnen köstlich,
Unsere geräucherten Würste, die finden doch Beifall bei ihnen.
Aufgezehret schon haben sie sämtliche Schnitte von Speck uns,
Ausgetrunken mit Macht all unseren köstlichen Alus.
Doch sie schämen sich nicht der edlen Litthauer zu spotten.
O du französischer Thor! du unbeholfener Schweitzer!
Und wer her sich schlich, uns Litthauer kümmernd zu quälen!
Wer gab euch denn Geheiß, unser Volk und Land zu verachten?
Kontet ihr dort nicht bleiben, im lieben Lande der Väter,
Dort, woselbst ihr die Frösche zu speisen gelernet von Kind auf?

  Ey! sprach Mylas, du thust doch zu viel den armen Franzosen.
Jeglicher Thor und Gaffer, du weißt, hat seine Gewohnheit.
Wir Litthauer, wir preisen uns Rüben- und Erbsengerichte,

Su Laßineis gardžeis ißwirtus, girdami walgom';
Ir kulnu Deßru lietuwißkay padarytu,
Dar, kad turrim' tikt, ney ßeip ney taip ne nugrissom'; 490
Ne, ne nugrissom' dar, bet wis daugiaus ussigedjam'.
Kad Prancuzpalaikis riebju Warlu prisiedęs,
O Lietuwninks Žirniu bey Laßinu priswalgęs,
Kaip Krikßonims reik dosningo n'atmena Diewo,
Tai taip wiens, kaip kitts newerts kad Plutta nukąstu. 495

    Žalis su Dwyliu, su Margiu irgi su Palßiu
Yna, kad nor' est, Szaudu pamatydami Kult,
O kad iß tikros Szirdies jiems primeti Pluszta,
Tů su Liežuwju it krimst' i Gomuri tráukia,
Ir sawo Szaudus, wis i mus žuredami brazkin'. 500
Ak kad jie lietuwißkay kalbeti galetu,
Dar už Dowaną tą Stalde diddey dekawotu.
Wasara rods kittů, kad Piewu žydi Žoleles,
Ar kad koßnas Daikts Lauke sawo Paßarą krimsdams,
Su Pastmegimu walgo ir linksmay ßokineja. 505
Bet kad Ruddenis ir Žiema jau pradeda rustaut',
Ir wissi Daiktai Baisybju tů nusigandę,
Slepjas' ir pasislepę grauzia sawo Zopostą;
Tai jau ne Miera ką skirstit' ar pasisawit',
Bet už ger' reik imt', kaip důda Diews padalydams. 510
Žinnom' juk, ir jau daugsyk ißtirdami matem',
Kaip gywi Daiktai, kad Szaltis jau pasipurtin',
Slapos', ir Pilwůs skupay maitydami kramto,
Warles su Žuwimis, Weżei su sawo Weżyczeis,
Ir kas dar daugiaus po Ledu gywendami snaudzia, 515
Ar kas Girreṡa sumißay beginedami wargsta,
Wislab rods Žiemos Czese sawo Paßarą randa;
Nes dosningas Diews kiekwieną žinno pasotit'.
Alle su pilnoms Sauſjoms mus wis ßert' ne žadejo.
Taigi ne reik' tůjaus nusimit', kad musu Zopostas 520
Ant Lauku menks rodos' ar paſimažina greitay.

    Juk ne pirmas Met's kaip mes gywendami wargstam',
Irgi ne pirmas Sykis jau, kaip Szuppint werdam'.
Daug ißleidom' jau stupu Pawasario Czesu,
O kiek Wasaru bey wissokiu Ruddeniu matem'! 525
Klauskit' tikt Sennusus jus glupieji Bebarzdžei,
Ir girdekit', ką jie jums pasakys prisiwargę.
Jus Waikai glupi dar Swietą ßi ne pažystat'.
Bet ir jums ateis wargingos jusu Dieneles,

Die Sorgen des Winters.

Wenn sie mit fettigen Schnitten durchsotten, zur schmackhaften Speise,
Auch die edelen Würst', auf Litthauer-Weise bereitet,
Wenn sie vorhanden nur sind, verachtet wohl nicht unser Gaumen
Nein, er verachtet sie nicht, stets sehnt er hingegen nach Mehr sich.
Wenn der Franzosen-Wicht am Frosch sich ersättigt, am fetten,
Und der Litthauer sich erlabet, am Erbsengerichte,
Aber beyd' als Christen des gütigen Schöpfers vergessen,
Sind sie, der Ein' und der Andre, des Kirstlein Brodtes nicht würdig.

Siehe der Rothe, der Schwarze, der Falbe zusamt dem Gestreiften
Jnzet und sehnt sich nach Futter, das Strohgebündel erblickend.
Wenn du mit gutem Herzen und freundlich den Büschel ihm vorwirfst,
Langet er gleich mit der Zunge darnach und zermalmt's mit dem Gaumen;
Nagt mit Geräusch sein Stroh, indem er beständig dich ansieht.
Ach, wenn er reden nur könnt', in litthau'scher Sprache, dann würd' er
Für diese Gabe die sehr im Stall von Herzen noch danken.
Anders ist es im Sommer, wenn auf den Wiesen die Blumen
Blühen, und jegliches Vieh in dem Feld aufsuchend die Speise,
Mit Ergötzen sich nährt und froh aufhüpfet und springet.
Aber sobald der Herbst anhebt und der Winter zu toben,
Birget sich alles Leben vor seinem Zornhauch geschrecket,
An den sicheren Ort und zehrt am geborgenen Vorrath;
Denn steht's nicht mehr frey, sich den eignen Antheil zu wählen,
Sondern für lieb zu nehmen, was Gott ertheilt zum Geschenke.
Wissen wir doch es und haben es oft erfahrend gesehen,
Wie die lebendigen Wesen, wenn zürnend die Kälte sich aufmacht,
Sich verkriechen und karg ernährend den Leib nur erhalten.
Frosch und Fisch und Krebs samt seinen Jungen den Krebslein,
Oder was unterm Eis' haushaltend sich regt, oder schlummert,
Was im Walde vermischt umherläuft, kümmerlich darbend,
Alles das findet jedoch zur Winterzeit seine Speise.
Jegliches weiß der gütige Schöpfer zu sättigen. Doch nicht
Stets mit gefüllten Händen, verhieß er uns Nahrung zu spenden.
Darum darfst du nicht gleich verzagen, wofern sich der Vorrath
Sparsam nur zeigt auf dem Feld, oder schnell abnimmt sich vermindernd.

Nicht das erstefte Jahr ja halten wir Haus unter Mühsal,
Nicht das erstefte Mal aufsprudelt der Topf uns mit Erbsen.
Viele der Frühlinge schon durchlebten wir sparsam in Mangel,
Und wie manchen der Sommer, wie manchen der Herbste nicht minder!
Fraget die Alten nur, fragt, ihr unbebärteten Thoren!
Höret nur was sie erzählen, wie kümmerlich durch sie sich halfen.
Kinder, ihr Unerfahrnen, ihr kennet den Lauf dieser Welt nicht!
Aber es werden auch euch die Kummertage noch kommen,

Kad pamaži Lėtės ir Žirgus sawo pamėtę
Iž Bėdôs, pelnytiſ' ką nuſitwèrſite Darbus.

    Mes ſurukkę Dėdai, mėsgi kupróti Nabágai,
Mes taipjau kaip jus, ant Ulyczû ßokinėjom',
Ir taipjau kaip jus, ſawo jauną Waſarą ßwentem'.
Ar tikkėjomės, ſulûukę Ruddent kumpą
Taip umay nuſidowit' irgi pablogt' taip greitay?
Ak, kaip weikey žmogißkos nudyla Dienélės!

    Roznaswiens Žmogus, taip Pons, kaip Burs, praſidedams,
Ir wargingay užgimdams tikt Pumpurą rodo,
Iž potam tikray, kaip Dußei reik, priſižindęs
Auga be Rupesczû, kasdien iß Pumpuro kopdams.
Alle ſu wiena Diena Žiedélis dar neſirodo,
Bet reik daug Dienû, ik Pumpurs jo praſiluksztin',
Ir ſawo paſlėptą Grožybę wiſſą parodo.
O wey! ſilpnas Daikts wos wos žydėti pradėjo
Sztay, jau ir Wargai tůjaus ji prádedą ſtumdit'.
Žinnom' juk wiſſi, kaip mums Biedniems paſidáre,
Kaip mes Waikesczeis glupais dar budami žaidėm'
Ak! kur dingot', ak! jus jaunos muſû Dienélės!
Ruddenis ir Žiema Grožybes jusû ſudarke,
O mums Diedams jau Wainikką žilą nupyne.
Wey Brolelei! ſéną wėl Metą nulydėjom'
Ir wiſſokius jo Wargus taipjau nulydėjom'
Ką mums naujas Mets ir wėl atkopdama Sáulė,
Kad mus Swiete Diews laikys tolaus ſudawádys,
Dar ikßôl ne numánom', ir žinnoti ne galim'.

    Ant Laukai ßalti, kurriû mes Nuggarą minkßtą,
Waſara rėžem', ir Grudelius beginėdami barſtėm',
Dar ſu Ledais ir ſu Puſtynais miegt' uſſikloję,
Irgi ne rodo, ką mums Diews doſnings pažadėjęs
Ir ſurokáwęs yr, kaip més dar Swiete ne buwom'.
Bet pamatyſim', kad jau wėl ſu Padėjimu Diewo
Waſara rodiſis, ir més wėl Szillumą jauſim'.
Czėſo reik! to Czėſo tikt kantrey palukkėkim',
Ir ik' Dirwos wel ką dûs, palukėt' ne pailſkim'.

    O tu miels Diewe, tu dangißkas Geradėji,
Tu pirm Amžiû, kaip mes dar dumót' ne galėjom',
Jau ißmiſlijei, kaip kartą més praſidėſſim',
Kogi mums reikės, kad Swieſą czė pamatyſim'
Ir ſudawádijei kiekwieną Reikalą muſû.

530

535

540

545

550

555

560

565

570

Die Sorgen des Winters.

Wenn ihr die Steckenpferd' hinweggeworfen, und Puppen,
Euch bei drückender Noth abquält um was zu verdienen.

Wir armselig gebückten, zusammengeschrumpfeten Greise,
Haben fröhlich wie ihr umher gehüpft auf den Gassen,
Haben auch unseren Lenz hochwonnig gefeyert, wie ihr itzt!
Aber wir wähnten wohl nicht, erlebend den Herbst, den gebückten,
Alsobald von Kräften zu kommen und schnell zu veralten.
Ach, wie bald verblüh'n sie, die blühenden menschlichen Tage!

Jeglicher Mensch, sein Daseyn beginnend als Herr oder Bauer,
Zeigt sich, wenn er geboren, als ein' aufbrechende Knospe;
Bis er nachher, holdselig gesäuget an Brüsten der Mutter,
Ohne Sorg' aufwächst, empor aus der Knospe sich hebend.
Doch an einem Tag' ist nicht entfaltet, die Blüthe.
Nein, viel Tage bedarf's, bis völlig die Knospe sich lüpfet,
Und die verborgene Schön' aufprangt in herrlicher Fülle.
Doch kaum ist das Wesen, das schwache zum Blühen gekommen,
Siehe so fängt die Noth umher uns zu stoßen mit Macht an.
Wissen wir Alle doch wohl, wie's uns ergangen, den Armen,
Als wir einst unser Spiel einfältig als Knaben noch spielten.
Ach, wo seyd ihr hin, holdseligen Tage der Kindheit!
Herbst und Winter, sie haben des Frühlings Schöne vernichtet.
Und weißfarbig den Kranz um's Haupt der Greise gewunden!
Sieh, ein gealtetes Jahr überlebten wir wieder o Brüder!
Manches Elend zugleich ging mit demselben zu Ende.
Was annahend das Neue, was wiederum steigend die Sonne,
Uns für Schicksal bringt, wenn Gott uns fristet, das Daseyn.
Ahnten wir nicht bisher unkundig der dunkelen Zukunft.

Seht, die gefrorenen Felder alldort, deren lockeren Rücken
Wir aufritzten im Sommer, die Körner zu streuen im Eilschritt,
Deckten mit Eis sich und Schnee, sich wärmend darunter, zu schlafen.
Annoch verbergen sie uns, was Gott uns, der güt'ge, beschieden,
Und zusammengezählt eh' wir diese Welt noch gesehen.
Aber wir werden es schau'n, wenn wieder der Sommer aus Milde
Gottes uns grüßt und wir die erwärmenden Lüfte schon fühlen.
Zeit bedarf es; der Zeit laßt uns geduldig nur harren;
Nicht verlieren die Hoffnung, bis wieder die Felder was schenken!

O du freundlicher Gott, du himmlischer Segnungen-Spender!
Vor den Zeiten des Lebens, eh' wir noch zu denken vermochten,
Hat dein Rath verseh'n den Beginn und die Weise des Daseyns,
Was das Bedürfniß geheischt, wann unser Aug' an das Licht kommt;
Weislich auch fürgesorgt, was Jeglichem Noth ist zum Leben.

Tu Dienas Werksmū bey Džaugsmū musū paſtyrei,
Irgi nulėmei jau koznam Ilgummą Dienelū.
Sztay, wėl Cżėſui ſénojo puſib'iguſio Mėto,
Ir wiſſokios Prieſpáudos, ſu tawo Pagalba,
Jau nuſtdowijo, Bedżiùs mus ráudinę tankey. 575

Ak niekingi jús Džaugsmai ßiltôs Waſarelės!
Jus Zoleles blizganczos ſu ſawo Grózybėms!
O ir jús Paukßtélei ſu ſuldzeis Alaſeleis,
Ar kas dar daugiaus pas mus ſawo Waſarą ßwentėt';
Jus ne priwálet' rupėtis', pas mus atſilaukę, 580
Kaip maityſitės, ar kur Szetras ſawo ſutwerſit',
Ir ney art', ney ſėt' ney ką ſuwalyt' ne priwalet';
Ney Kittiems Darbùs atlikt' i Baudzawą rengtis'.
Mės jums Diews, taip dowitiſ' ir dirbt' ne paſtyrė,
Bet be Rupeſcziū jus iſſlaikyt' pażadėjo. 585
Mes grießni Grratos, mės bėdni Nabagelei
Rods Walnybės juſtėkôs paſidżàugti ne galim',
Ißgi mażū Dienū mùs ſkaudzos wargina Bėdos,
Ir ikki mirßtant muczit' muſu Duſias neſiláuja.
Taip, kaip żinnom', ir jau wėl puſibaiguſt Mėtą, 590
Tū po Welykū, Maiſto dėl, truſinėti pradėjom',
Ir daug Prakaito per wiſſą Waſarą miełą
D·rbdami nū karßtū Weideliū muſu nußlūſtėm',
Ir Zopoſteliui ką ſuſtrinkom' ir pakawójom'.

Taipgi dabàr jau Ruddeni ſu Swodboms nulydėję, 595
Ir kaimynißkay bey wieżlibay paſidżaugę,
Rupikimės Zopoſtą dar paſilikkuſi czėdit',
Ir kad ką gardzey paſkėpſim' ar iſſiwirſim',
Wis Rytojaus ir kittū Dienū paminnėkim'.
Mėſa dar ilgs Pażigys, ikki wėl Waſarelę ſuláukſim' 600
Ir ßwiežus Walgius į Pūdus kráudami wirſim'.
Nugi dabàr wėl ſkirkimės ir ſu Padėjimu Diewo
Stubbikimės ſawo Padarynes pamażi paſprowit';
Mės Sáulėle wėl Puſtynus prádeda gandyt'
Ir jau Wiewerſei linksmay lakſtydami czyyſt 605
Wey! Waſarele jau pamażi priſiartina miela,
Ir kas muſū Zopoſtams reiks wėl żada parupit'.

Bet be tawęs, tu dangißkaſis muſū Tetutti!
Nieks ne gal' mums tekt', ką miela Waſara żada.
Ką mums maczys Priprowos, ką muſū Truſelei? 610
Ar kad Sėtuwes iß naujus Noragus nuſipirkę,
Art' iſſitráukſim' ir Grudelius, kaip reik, paſiſėſim'?

Die Sorgen des Winters.

Alle Tage der Thränen und Freuden ja hast du ermessen,
Jeglichem vorbestimmt das Ziel und die Länge der Tage.
Siehe der Vierzeit=Lauf, des alten, verflossenen Jahres, [17])
Alle Bedrängniß und Noth, die oft uns Arme bedrückte,
Hat mit deiner Hülf' erreicht ihr mühsames Ende.

    Holde Freuden des Sommers, des lauen, wie seyd ihr vergänglich!
O ihr Blumen in Pracht erglänzend und jeglicher Schöne!
Ihr, mit lieblichem Sang begabt, ihr Vögel der Lüfte,
Oder wer sonst mit uns vergnügt den Sommer gefeiert!
Ihr bedurftet, als Gäst' uns freundlich besuchend, nicht sorgen,
Wie ihr nähren euch sollt, wohin eure Hütten erbauen.
Weder Pflug noch Sichel bedürft ihr zu säen und erndten,
Auch nicht habt ihr es Noth, in's Schaarwerk zu ziehen für Andre.
Denn Gott schuf, ihr solltet nicht also mühend euch plagen.
Sondern befreyt von Sorgen und froh erhalten das Leben.
Wir ein sündig Geschlecht, verwaiset und mühegeplaget,
Dürfen der Freyheit nicht, die euch beseeligt, uns freuen.
Von der Kindheit Tagen ja drücket die härteste Noth uns;
Höret bis an den Tod nicht auf uns zu quälen die Seele.
Also begannen wir auch das verflossene Jahr, wie es kund ist,
Uns nach Ostern zu müh'n sogleich ob dem Vorrath des Winters.
Viel ach, haben des Schweißes hindurch wir den Sommer, den lieben,
Emsig in Arbeit und Last von der Stirn uns, der heißen, getrocknet,
Bis wir den Vorrath endlich, den kleinen, gebracht in die Scheuren!

    Da wir jüngst den Herbst mit Hochzeitfesten gefeyert
Und nachbarlich uns vergnüget mit Tugend und Anstand,
Laßt was übrig blieb uns weislich gebrauchen den Vorrath;
Wenn wir was Köstliches heut' am Feuer uns sotten und sieden,
Denken, daß Morgen ein Tag nachfolgt mit mehreren Tagen!
Denn noch lang ist der Schritt bis hin zu dem Sommer, dem lieben,
Wo wir die frischen Gemüs' in den Topf uns legen zur Speise.
Scheiden nun laßt uns getrost, weil Gott es füget und freudig
Eilen das Feldgeräth' allmählig zu bringen in Ordnung.
Denn die Sonne beginnt den Schneehügel wieder zu schmelzen.
Und schon flattern die Lerchen in Lüften mit lieblichem Sange.
Sieh, der Sommer verheißt gastfreundlich den bald'gen Besuch uns;
Bothschaft sendend: er woll' aufs Neu' uns versorgen mit Vorrath.

    Doch ohne dich, o Väterlein, himmlisch dort Oben, ja kann uns
Was auch der Sommer uns holdankündend, verheißet, Nichts werden.
Aller Geräthe Behör, was wird uns helfen das Umthun?
Was der Saatkorb, dies Pflugeisen so theuer erkaufet! [18])
Was unser Ziehen in's Feld, der Körnlein höriges Ausstreu'n?

Wiſſab bus Niekai, ką weikſim' argi pradēſim',
Kad żegnojanti Rankelē tawo ne gelbės.
Tu mus iṡlaikiei per wiſſą praßókuſą Métą 615
Tu dar ir tolaus mus iṡplaikyti galēſi.
Ką mums Waſara důs, mes rods numanyti ne galim',
Bet tu jau żinnai, kiek mums reikės, ſurokáwęs.
Nes glupi Daiktai n'iṡmáno n' tawo Dawadą,
Ir tawo Miſlys néygi Bedugnei mums paſirodo, 620
Kad mes kartais pergilley paſidraſinę żurim'.
Taigi Tetutti! tolaus uż kożną Reikalą mu ů
Rupik tėwiṡkay, kad wėl jau Waſara raſſis
Ir mės wėley ant' Laukû truſinėdami wargſim'.

Die Sorgen des Winters.

Alles o wird zu Nichts, unser Thun und Beginnen, uns frommen,
Wenn deine Hand vom Himmel, nicht bei uns stehet mit Segen.
Dein war unser Erhalt durchs ganze, verfloßene Jahr hin.
Liebend wirst du, du kannst uns tragen in selige Zukunft.
Was uns der Sommer noch bringt, wie könnten wir's wissen? Doch dir ist's
Kund, wie Vieles uns Noth; du hast es zusammen gezählet.
Wir einfältige Wesen versteh'n nicht den Plan deines Hauses.
Deine Gedanken, sie sind — ein Abgrund unsren Gedanken,
Wenn wir zu tief bisweilen hinein uns erkühnen zu schauen.
Drum haushaltender Vater, für jeglich Bedürfniß der Zukunft,
Sorge mit Vaterherzen, wann wieder der Sommer herbeizieht,
Sorge, wenn spät im Gefild mühwaltend wir enden die Arbeit!

Anmerkungen zum ersten Gesange.

Die Ueberschriften der vier Gesänge sind von dem Verfasser bei jeder Jahreszeit durch ein unterscheidendes Hauptwort bezeichnet worden. So ist das Wort: Linksmybės (Freuden, Ergötzungen) für den Frühling sehr schicklich gewählt, weil die Schilderungen, wie die ganze Natur im Lenz zum fröhlichen Leben erwacht, den Hauptbestandtheil des Gedichts ausmachen. Jedoch erschöpfet dieser Ausdruck nicht ganz den Inhalt des ersten Gesanges, welcher nicht blos beschreibend, sondern auch unterweisend ist, indem der Dichter anmuthige Belehrungen über Feld- und Gartenarbeiten anknüpfet.

1) „Der schäumende Schnee", puttódams Sniegas, v. 4. Entweder von der Farbenähnlichkeit mit dem Meeresschaum also bezeichnet, oder weil im Frühling bei der vermehrten Sonnenhitze, sich auf der Rinde des Schnees ein wirklicher Schaum anzusetzen pflegt.

2) „Die summende Laute zu spielen", v. 22. Das im litthauischen Text befindliche Wort: Birbyni, ist eigentlich eine Flöthe oder Pfeife der Hirtenknaben aus Baumrinden verfertigt, auch bezeichnet es eine Rohr- und Halmpfeife. Der Dichter legt der Biene dies Flöthenspiel bei, weil das Zeitwort: birbynu (ich summe wie eine Biene) als ein, den Naturlaut nachahmendes Wort, im gewöhnlichen Sprachgebrauch vorkommt. Ich habe es aber nicht durch Flöthe übersetzen wollen, weil diese eigentlich Wamzdis heißt und von der Nachtigall v. 94. gebraucht wird.

3) „Aus der kalten Herberg' entschlüpft." Iß Gaspādōs kaltós, v. 46. Dies bezieht sich auf die Volksmeynung, daß der Storch beim Abgang des Sommers an einen entfernten Ort hinfliege, um seinen Winterschlaf zu halten. S. vierter Gesang: Die Sorgen des Winters, v. 28. „Wo der Storch seinen Schlaf hält."

4) „Einen Arm voll", v. 57. Das Wort Glėbis, was ein

Bündel Holz oder Heu im Arm getragen bezeichnet, ist hier, wo der Dichter Alles personifizirt, in seiner buchstäblichen Bedeutung beibehalten worden.

5) „Jurgutt! spann an! fahr zu! Platz, Platz da!" v. 107. Dieser Vers ist ins Deutsche fast gar nicht zu übersetzen, weil die litthauischen Worte: Jurgutt, Ju gutt! kinkyk, kinkyk, pavlûk, poplūk! ꝛc. ꝛc. eine Nachahmung der natürlichen Töne der Nachtigallstimme sind. Der Litthauer legt der Schwalbe, Lerche und anderen Singvögeln ähnliche, sinnvolle Redensarten in den Mund, die auf die Jahreszeit und die vorhandene Beschäftigung sich beziehen. So wird im zweiten Gesang der Wachtel Zuruf an die Erndtenden mehrere Male erwähnt.

6) „Schlicht, einer Bäuerin gleich, der gastlich besuchenden, singst du." V. 116. Diese Vergleichung spielt auf den Gesang der Dainos oder kleinen Volkslieder an, welche auf dem Wege zu gastlichen Besuchen von den Litthauerinnen angestimmt werden. Bei ihren gemeinschaftlichen Zügen zu den Hochzeitfesten, Kindtaufen und Erndte-Mahlzeiten hört man diese Lieder sehr häufig ertönen.

7) „Sohlengebinde nur trägt", V. 126. Die älteste Fußbekleidung des Litthauischen Volkes ist die Wyżą, eine aus Lindenbast geflochtene Sohle, die mit Bändern an den Fuß befestigt wird. Lepner macht davon in seiner Schrift: Der Preußische Litthauer, S 64. folgende Beschreibung: „Die Füße bewickeln die Litthauer beyderley Geschlechts mit Tüchern von Leinwand. Ihre Schuhe sind von gerissenen Rinden der Lindenbäume. Diesen Bast wissen sie artig wie Körbe zusammenzuflechten, auch mit schmalen Bändern auf ihre mit Tüchern dicht umwundenen Füße unter dem Schenkel zu befestigen, daß sie gar wohl halten, bequem zu gehen sind, auch vor Frost und Unflat wohl bewahren. Die Verfertigung solcher Sohlen versteht jeder Litthauer, ja auch die jungen Knaben. Die Weiber aber legen sich nicht darauf, es sey denn, daß sie aus Noth und Mangel ein Paar flechten." — Die Benennung: Paresken, welche man diesen Bastsohlen beilegt kommt wahrscheinlich von Pariszti, unterbinden, her und ist sehr bezeichnend. Einige verfertigen sich dergleichen Sohlen, die etwas gegen den Oberfuß umgebogen sind, aus Leder, und binden sie auf gleiche Weise fest. Diese werden zum Unterschied von Jenen Nagines genannt.

8) „Oder zur Theurung nur an den Erbsengericht du dich labest", V. 151. Das im Litthauischen befindliche Wort Szuppinis zeigt ein Nationalgericht der Litthauer an, was dieselben sehr lieben. Es besteht aus weißen, dickgestoßenen Erbsen, die mit Mehl und anderen Bestandtheilen zu einem Pudding bereitet und mit einem besonderen Aufguß gegessen werden. Um Fastnachtzeit ist in

vielen Haushaltungen die Gewohnheit in dem Erbsenkessel einen Schweinskopf zugleich mit abzukochen, wodurch der Szuppinis oder Erbsenpudding einen besondern Wohlgeschmack erhält.

9) „Mancher listige Dreh-Hals", V. 191. Im Litthauischen heißt Sukczus ein Verdreher, Ränkemacher, von sukti, drehen. Hier hat der Dichter wohl jenes Wort im ursprünglichen und buchstäblichen Sinn genommen, weil vom Erwürgen und Tödten die Rede ist.

10) „Da sie sich also besprachen, geschah' ein Wunder." V. 197. Dywŭ Dywai, eigentlich Wunder über Wunder. Der Ausdruck wird bei auffallenden Ereignissen als Ausruf der Befremdung und höchsten Verwunderung gebraucht; obgleich in der Begebenheit selbst nichts Wunderbares seyn darf.

Uebrigens erscheint die folgende Erzählung im Abstich gegen die vorhergegangene Schilderung und im geringen Zusammenhange mit derselben. Aber der Uebergang zum Folgenden wird durch die Absicht des Verfassers motivirt, das mäßige und genügsame Verhalten der Thiere den Schwelgereyen und Ueppigkeiten der Menschen entgegen zu stellen. Die beyden verächtlichsten Thiere aus dem Vogelgeschlechte, die Eule und die Fledermaus, müssen sogar den Ausschweifling im Genuß hier strafen, und das innigste Bedauern über die Thorheit der Menschen bezeigen.

11) „Was der Thor dort plaudert, der Schwätzer." V. 242. Der im Litthauischen gebrauchte Eigennahme: Blebberis, zeigt einen Schwätzer und Plauderer an. Solche von irgend einer tadelnswürdigen Eigenschaft am Menschen hergenommene Bemerkungen kommen in den folgenden Gesängen sehr häufig vor.

12) „Der Litthauer kluge Philosophen", V. 249. Dies Wort darf nicht in strenger Bedeutung, sondern vielmehr im halbironischen Sinn hier genommen werden; obgleich man nicht leugnen kann, daß es auch unter diesem Volke ausgezeichnete Köpfe und gründliche Denker giebt, (wie es selbst von der Familie unsers Dichters bekannt ist). Griechische Ausdrücke, wie Pilosopai, kommen übrigens bei älteren Schriftstellern der litthauischen Nation häufiger vor, als bei den Neuern. So gebraucht Waißnor die Wörter: κοινωνων προσωπολιψιν, φιλοσοφοι und einige andere, deren sich auch Bredke in seiner ersten Bibelübersetzung von 1580. bedienet hat.

13) „Bald gehet es wieder im Schritte:" V. 264. Das Bild ist von einem Reiter hergenommen, der auf einem stolzen Roß im Galopp einherjagt, bis er durch einen Sturz zu seinem Schaden belehrt wird, künftig im Schritt und bescheidener einher

zu reiten. Der stolze Diener, welcher hier gestraft wird, scheint bei einem Unteraufseher über die Bauern im Dienste zu stehen, weil er mit den Degen an der Seite erscheint. Sein Betragen verdient um so mehr Tadel, als er kurz zuvor mit Bastsohlen einhergegangen ist, und itzt den Kopf so hoch über die Anderen erhebet.

14) „Unsre Bäuerinnen die pflegen ꝛc." V. 284. Der Ausdruck: Lėlės, bezeichnet hier und in den folgenden Versen lebendige Puppen, oder Säuglinge. Der Dichter geht von dem Spiel der Töchter mit Puppen, wovon im Vorhergehenden die Rede gewesen ist, zu dem ernsteren Spiel mit Säuglingen oder zur Erziehung der Kinder bei den litthauischen Müttern über.

15) „Einst da wir auch nicht wußten das ABC noch zu singen," V. 307. Das hier vom Alphabet gebrauchte Zeitwort: czaußkiti, heißt eigentlich: helle singen wie eine Nachtigall, und deutet auf die klare Aussprache der Buchstaben hin, die sich bei Kindern erst spät findet. Daher habe ich das vom Dichter gebrauchte Bild nicht verwischen und das Wort nicht mit: hell, aussprechen, vertauschen wollen.

16) „Erstling du, der entarteten Menschengeschlechter." V. 322. Die folgende Erzählung, wo der Dichter einen Blick auf die erste Menschenfamilie wirft, ist nicht so abgerissen, als sie scheint. Der kurz vorher, V. 294., geäußerte Gedanke: „Niemand entstieg der Wiege, ohne zu weinen," führte den Verfasser auf die erste Menschenhaushaltung zurück, die schon bei der Erziehung der Erstgebohrenen mit so vielen Leiden angefüllt war. In dieser Hinsicht dienet das erste Geschlecht allen nachkommenden Geschlechtern zum Vorbilde, weil jede heutige Haushaltung mit allen Freuden und Leiden in jener ersten Menschen-Familie ihre treuliche Abbildung findet.

17) „Was auf dem Boden noch liegt ungekeimet, oder im Speicher." V. 366. Der deutsche Ausdruck: Speicher, entspricht nicht ganz dem litthauischen Wort: Kletis. Diese auch bei den Letten und Kuhren gewöhnliche Benennung zeigt ein besonderes Gebäude auf dem Hofe an, wo man Kleider, Betten, Putzsachen, aber auch Vorrathsmittel aufbewahret. Besuchende Gäste pflegen darin zu schlafen. Die für den Sommer aufbehaltene Aussaat wird ebenfalls darin verwahret. Reiche Haushaltungen haben besondere Gebäude zum Getreyde, Waschen, Brauen, Backen und dergl., die nicht weit von einander gebauet sind.

„Freylich, so redete Slunkis," V. 377. Sehr bezeichnend für die Sache, welche in den folgenden Versen getadelt wird, ist

zum ersten Gesange.

hier der Nahme Stunkis, welches einen trägen Schleicher anzeiget, von slenkiu, ich schleiche. In dem geschilderten Individuum ist die leibhaftige Trägheit abgebildet.

19) „Auf die Matte," V. 405. Demblus, eine aus Lindenbast geflochtene Decke, die Theils zum Einpacken der Waaren, Theils für arme Leute zur Lagerdecke dienet. Die Rinde des Lindenbaums scheint in der Urzeit den Völkern dieser Gegend den ersten Stoff zur Bekleidung des Körpers hergegeben zu haben, welches in der Fußbedeckung Wyża oder Pweske noch übrig ist. Die Thierkleidung hat späterhin jenes Materiale, wiewohl nicht ganz, verdrängt. Denn noch heutiges Tages verfertigt sich besonders der russische Litthauer Schuhe, Bettdecke, Brodtkorb, Strick und selbst Flöthe zum Spielen aus der Rinde des Lindenbaumes.

20) „Köstlich heraus ihn putzen", V. 433. Dies deutet auf die Gewohnheit hin, den Pflugstier, beim ersten Herausführen auf den Acker, mit Blumenkränzen und Bändern auszuschmücken.

21) „Daß der Blesse, der Schwarze, behülflich dir sind bei der Arbeit," V. 463. Der Stier bekommt nach den Farbenabstufungen auch einen anderen Nahmen: Żalis, heißt: der Rothstier; Kerßis, der Buntkopf; Laukis, der Blessigte (mit einem weißen Streif oder Fleck an der Stirn); Dwilis, der Schwarzkopf; Margis, der Streifling oder Buntgefleckte am Leibe u. s. w. Bei den anderen Thieren finden nach denselben Abstufungen andre Benennungen statt.

22) „Fettstücke zur Mahlzeit." V. 501. Was unter Abumynais zu verstehen ist, erklärt der Dichter im folgenden Verse durch die Redensart: Lad spirgini Spirgus, was im Deutschen nicht zu übersetzen ist. Denn nachahmend den zischenden Ton, den das Fett beim Feuer verursacht, sagt der Litthauer: spirginti Spirgus, wenn die, in sehr kleine Stücke zerschnittenen Streifen von Speck in der Pfanne gebraten werden. Daili Riekelei aber sind längliche Schnitte von feinen Fladen oder Kuchen aus Weizenmehl, die mit einem Aufstrich von Honig wohlschmeckend gemacht werden.

23) „Daß zu dem Hafer-Brey." V. 513. Neben dem Erbsen-Pudding, Szuppinis, haben die Litthauer noch ein anderes Nationalgericht aus Hafermehl, welches Kiselus heißt. Lepner beschreibet es also: „Sie nehmen Hafermehl, legen sauren Teig hinein, lassen das Mehl durch eine Siebe, kochen mit eingestreutem Salz davon einen dicken Brey, essen ihn warm und kalt, mit und ohne Milch. Dieses ihr Gericht nennen sie Kisseel, und halten

vnn selben so viel, als die Dänen von ihrer dicken Grütze, so ihnen mehr ist, denn eine Pastete." S. Theod. Lepner: Der Preußische Litthauer. Kap. IX. S. 82. In dem Wasserabguß vom Kisseel wird noch gwöhnlich Grütze gekocht; daher das Sprichwort: Das neunte Wasser vom Kisseel, für eine weithergesuchte Freundschaft.

24) "Geräucherten Keule und Streifen von Fett." V. 519. Kumpjei sind Theils Vorderstücke, Theils Hinterviertel von Schweinen, die durch Räuchern vor der Fäulniß bewahrt werden. Man nennet sie im gemeinen Ausdruck: Schinken. Das Räuchern des Fleisches und der Fische ist eine alte Gewohnheit, welche die Litthauer schon im heidnischen Zustande gekannt haben. Lassinni sind Streifen oder längliche Schnitte des geräucherten Speckes von den Rücken des Schweines. Die Speckseite aber heißet Paltis.

25) "Disteln und Nesseln sprießen und Rittersporn, Brand in Gewächsen." V. 552. Was unter den beiden letzten Ausdrücken dieses Verses zu verstehen sey, war mir zweifelhaft. Wahrscheinlich ist Sanawadai, eine andre Aussprache für Sinawadai, der wilde Rittersporn, sonst Ventinelei genannt. Unter Brantai kann der Verfasser wohl nichts anderes gemeynt haben, als den Brand im Getreyde, wofür der Litthauer sonst das eigene Wort: Rulė, hat. Von Germanismen ist leider, Donalitius Werk nicht frey, weil er in einer Gegend schrieb, wo der litthauische Dialekt stark mit deutschen Ausdrücken angefüllt worden ist.

26) "Zierlichen Binden am Fuß." V. 559. Da die alten Litthauer keine Strümpfe kannten, so gebrauchten sie statt derselben schmale Streifen von Leinwand, die um den Untertheil des Fußes gewunden und mit Bändern befestigt wurden. Seitdem die Strümpfe an die Stelle jener Binden (Autai) getreten sind, beschäftigen sich die litthauischen Frauenzimmer mit Verfertigung von zierlichen Strumpfbändern, in welche sie allerlei Blumen, Nahmenszüge und Verse künstlich einzuweben verstehen.

27) "Ja die Franzosen sogar nicht dürften uns ferner verachten." V. 564. Auffallend scheint hier die Erwähnung eines Volks, dessen Sprache und Sitte von der Litthauer Sprache und Sitte so himmelweit verschieden ist. Allein, wie so oft in der Welt die entgegengesetzten Aeußersten sich berühren, so haben sich auch in Litthauen, durch Einwanderung von französischen Kolonisten, wenigstens in einigen Gegenden, die entferntesten Sitten mit einander verschmolzen. Unter den französischen Ankömmlingen sind größtentheils Franzosen aus der Schweiz zu verstehen. Denn als im Anfange des 18ten Jahrhunderts, durch die wüthende Pest

faſt zwey Drittheile der Bewohner Litthauens hingerafft worden, ließ der erſte König, Friedrich 1., und ſein Nachfolger, Friedrich Wilhelm I., das Land durch fremde Koloniſten aus der Schweiz und aus verſchiedenen Gegenden Deutſchlands wieder bevölkern. Schon früher waren die Hugonotten eingewandert, aber größtentheils in die Städte Preußens, beſonders in Königsberg. Es iſt möglich, daß auch von dieſen franzöſiſchen Ankömmlingen Einige ſich nach Litthauen verbreitet haben.

Anmerkungen zum zweyten Geſange.

Der Dichter hat dieſem Geſang die Ueberſchrift: Arbeiten des Sommers, gegeben, weil ſeine Hauptabſicht darin iſt, die Feldgeſchäfte der Landleute nach der Reihefolge zu ſchildern; daher er von der Düngerfuhr um Pfingſtenzeit anhebet, und mit Vollendung der Erndte um Michaelis ſchließet.

1) „Die Göttin des Todes." V. 37. Giltinè; dieſes Wort ſchreibt ſich aus dem vorchriſtlichen Zeitalter her. Bei den heidniſchen Bewohnern Litthauens war Giltinè eine ſtrafende Gottheit, die durch plötzliche Todesfälle, Peſt und anſteckende Krankheiten die blühenden Geſchlechter hinraffte. Daher noch heutiges Tages der Litthauer bei gewaltſamen Todesarten oder anderen Unglücksfällen die Redensart hören läßt: Giltinè ſukka, Giltinè ſmaugia, die Todesgöttin würget. Unſer Dichter gebraucht den Ausdruck auch von der Sichel, welche die Blumen dahin mähet. V. 350.

Giltinè ſu Dalgiù nëy ſèna gremzdama Barzdą.
Und der Tod mit der Senſ' hinſchor wie den alternden Bart ſie.

Und Mielke ſchließt die Fabel von der Fliege und der Mücke mit dem Ausruf:

    Wey! Zmones jús, kurrie lëbáujat
    Lyg ka:p ſzittůdu elgiaties,
    Ir jús umay, jey ne paliaujat
    Papjáuti buſit Giltinės.

    O Menſchen, die ihr ſchwelgend praſſet,
    Ihr ſeyd den beyden Thieren gleich.
    Bald, wenn ihr ſolches Thun nicht laſſet,
    Hinwürgt die Todesgöttin euch!

2) „Spielt an dem blauen Gewölbe des Himmels." V. 51. Ob hier von Saitenspiel oder von Scherz und Kurzweil die Rede ist, dürfte zweifelhaft seyn, indem das Wort, zaisti, sowohl vom Spiel auf Instrumenten, als vom Scherzen gebraucht wird. Letztere Bedeutung scheint indessen den Vorzug zu verdienen, weil in dem zaidzia zugleich eine Anspielung auf das Funkeln und anmuthige Farbenspiel der Sonne enthalten ist.

3) „Sein zugemessenes Feldstück." V. 104. Das im Text befindliche Wort, Murgas, ist gleich dem Ausdruck, Ubas, aus dem Deutschen gebildet worden. Ein Morgen Landes enthält bekanntlich 300 Ruthen, und eine Hufe 30 Morgen. Jeglicher Dorfschaft wurde bei dem ehemaligen Schaarwerk nach der Einwohnerzahl, sowohl bei der Düngerfuhr, wie beim Heu- und Getreide-Mähen, ihre Anzahl von Morgen zugewiesen, die sie zu bearbeiten hatte.

4) „Der Amtsrath, welcher dem Schaarwerk geboth." V. 140. Der Pächter königlicher Ländereyen in Litthauen, welcher die Benennung, Amtsrath, Amtmann, Oberamtmann, Kammerrath und dergl., führte, konnte ehemals, weil die Dorfschaften ihm als sein Dienstgesinde bei den Feldarbeiten zugewiesen waren, wegen dieser Verfassung, in ein patriarchalisches Verhältniß mit diesen, seinen Dienstleuten, treten. Er war gleichsam der Vater in der Mitte seiner Hausgenossen, dem sie freudig gehorchten, und ihn segneten, wenn er ihre Sprache redete und sie leutselig behandelte. Viele Nahmen solcher ehrwürdigen Väter ihrer Dorfschaften und Amtsbezirke, werden noch heutiges Tages bei den litthauischen Familien mit Ehrfurcht und Liebe genannt. Dagegen haben andere sich durch tyrannische Behandlung und verachtung der litthauischen Sprache ein Denkmal der Verabscheuung in den Herzen der Nachkommen gestiftet. Sie hatten es oft mit den Gemeinden dergestalt verdorben, daß Dragonaden befehligt werden mußten, um die Dorfschaften zu dem Frohndienst mit Gewalt zu zwingen.

5) „Das Schaarwerk plaget." V. 148. Der Litthauer benennet das Schaarwerk mit einem merkwürdigen Ausdrucke, Baudziawa, die Plage, Strafe; denn das Zeitwort, báusti, wovon sich jenes Hauptwort ableitet, heißt: züchtigen, strafen, plagen. Daher das Wortspiel, Báudziawa baudzia. So rächet sich die Sprache des Volks, selbst in der Benennung an der Ungerechtigkeit der Sache. Der Verlust so vieler Tage für die Beackerung des eignen Feldes, die lange, oft Meilen weite Reise, die unhumane Behandlung zur Stelle, die oft zwecklose Rückkehr, wenn das Schaarwerk wegen nachtheiliger Witterung abgesagt ward —

Alles dieses machte den besagten Frohndienst zu einer drückenden Last. Mit Recht bedient sich also der Littheuer der Redensart: In die Plage gehen, für: in das Schaarwerk ziehen.

6) „Ein hungriger Magen doch schreyet." V. 166. Man hat oft, sogar in Schriften, behauptet (wie der Verfasser der Wanderungen durch Preußen. B. 1. S. 197.), daß die Litthauer für Seele und Magen nur ein Wort, Duszia haben. Dies Urtheil rührt von der Unbekanntschaft mit der litthauischen Sprache her, die für das Wort, Magen, den eigenthümlichen, uralten Ausdruck: Skilwis, hat. Männer, die blätternd in Rubigs Wörterbuch, die Redensart, Duszią apsunkinti (das Prinzip des Denkens und Empfindens hemmen), durch: den Magen beschweren, übersetzt, gelesen hatten, machten den voreiligen Schluß, daß die Sprache noch sehr roh und ungebildet seyn müßte, die Magen und Seele als gleichbedeutende Wörter gebrauchet. Eine gleiche Unkunde würde derjenige verrathen, der aus der griechischen Redensart: τα σπλαγχνα αγανακτει, das Eingeweide zürnet, den Schluß folgern wollte, die Griechen hätten für Eingeweide und Seele nur Ein Wort gehabt. Schon Lepner macht in seinem Preußischen Litthauer, S. 93., die richtige Bemerkung: „Durch Dusze, die Seele, verstehen sie das Herz, und Alles was man inwendig empfindet."

7) „Allerley Halbbier." V. 198. Ein ursprüngliches und den Litthauer eigenthümliches Getränk ist der Alus, welcher unten beschrieben wird. Die beyden hier genannten Arten: Puspywe, Halbbier, und Skinkis, Tafelbier, sind viel schlechter, als der Alus. Erstere, wie schon der Name anzeigt, kommt dem Getränke gleich, was die Deutschen Halbander oder Kovent nennen. Beydes, sowohl Name als Sache, ist ehemals den Litthauern unbekannt gewesen; denn Lepner erzählt a. a. O. S. 90. ein merkwürdiges Beispiel von einem Reisenden, der bei seiner Frage nach Pywa oder Bier, in Litthauen nicht verstanden wurde, sondern zur Antwort erhielt: Wir haben kein andres Getränk, denn Alus. Die zweyte Art der hier genannten Getränke, Skinkis, ist noch geringer und schwächer als Halbander oder Tafelbier, denn es bestehet in dem dritten oder letzten Aufguß auf die Gerste, woraus Bier und Halbbier verfertigt wird. Man bereitet den Skinkis auch auf eine andere Weise, indem man ein kleines Brod in Stücken zerbricht und kochendes Wasser darauf gießet. Nach der Abkühlung wird in einem anderen Gefäße Hefen dazu gethan, um die Flüssigkeit zum Gähren zu bringen. Auf diese Weise erhält man ein etwas säuerliches Getränk, was in der Hitze kühlend ist, und im Sommer bei der Erndte von den Litthauern gerne getrunken wird. Die Russen, auch die Vornehmen unter ihnen, sind große Liebhaber davon, und nennen es Quaß. Die deutsche Benennung, Semper oder Schemper, die man

heutiges Tages höret, war schon den alten Preußen bekannt, und scheint von dem Götzen Zembaris, oder Erdgott, sonst Pargubrios genannt, sich herzuschreiben, weil die alten Geschichtschreiber melden, daß zu dem Fest dieses Gottes ein besonderes Getränk gebrauet worden ist.

8) „Wenn sie gesäuerte Rüben ꝛc." V. 250. Wiederum ein eigenthümliches Gericht der Litthauer, von ihnen Baarz oder Barßzei genannt. Dieses bestehet aus rothen Rüben, die im Herbst abgekocht, kleingehackt, und in besonderen Gefäßen eingesäuert werden. Man hat noch eine andre Art rother Rüben, Burrôkai (im Deutschen, Wrucken) genannt. Diese werden aber nicht, wie die Baarzen, im Herbst eingesäuert, sondern wenn sie aus der Erde genommen sind, in Kellern oder tiefen Gruben (Rusis) vergraben, um sie den Winter über vor Frost zu sichern. Im Frühling öffnet man diese Gruben, nimmt die Rüben heraus und säuert dieselben unabgekocht und unzerhackt ein, weil sie sich auf die Weise im Sommer besser halten. Auch aus den Blättern der erstgenannten Rüben verfertigt man ein saures Gericht, Plik-Barßzei, genannt. Vielleicht lassen sich die Namen einiger preuschischen Gegenden: Plik-Barthen, Kapustigal (Kumstland) Bethen, Pobethen (Rübenland) und andere aus der litthauischen Sprache erläutern, die überhaupt für die preußische Geschichte merkwürdige Aufschlüsse liefert.

9) „Und für den Winterbedarf in Haufen zu setzen gebietet." V. 270. Das Heu wird nicht in die Scheuren unter Dach gebracht, sondern bleibt auf den Wiesen stehen. Man verfertigt ein Fußgestell (Rost) zwey bis drey Fuß von dem Boden erhaben, worauf das Heu bis zu einer ansehnlichen Höhe hinaufgestapelt wird. Solcher Heu-Pyramiden sieht man in Wiesenländereyen der Niederung (z. B. in der Graffschaft Rautenburg) zu vielen Hunderten stehen, bis sie im Winter von den Käufern aus höheren Gegenden weggeführt werden. Das Gestell, worauf das Heu gelegen, bleibt für den künftigen Herbst auf der Wiese stehen, und heißet Kupwë a. Der deutsche Ausdruck: Käps, den man oft im gemeinen Leben höret, ist aus Kuppetos entstanden.

10) „An Aussaat mehr zu gewinnen." V. 297. Das Wort Pasêlis (von sêju, ich säe aus) bezieht sich auf die besondere Gewohnheit litthauischer Eigenthümer, ihrem Großknecht, neben dem Lohne, oder statt desselben, ein Stück Feldes zu überlassen, was der Knecht zu seinem Ertrag mit Aussaat und Erndte bestellen kann. Besonders ist dies der Fall, wenn ein Schwiegersohn in das Haus genommen wird, der keinen Lohn erhält. Lepner schreibet hiervon S. 28. folgendes: „Es haben aber die Litthauer-Wirthe einen sonderlichen Brauch, ihre Töchter zu versorgen. Denn wenn der Va-

ter stehet, daß ihm zu seinem Ackerbau oder Schaarwerkdienst ein Arbeiter fehlet, so nimmt er einen Schwiegersohn ins Haus, und schaffet sich ruhige Tage. Denn ein Schwiegersohn muß wie ein Knecht arbeiten, und bekommt dafür keinen Lohn, als nur Kleider, und etliche Räume Feldes, Hafer und Lein darauf zu säen. Oefters halten sie Söhne bei sich und nehmen die Braut ins Haus. Die Schwiegertochter (Marti) muß gleich einer Magd arbeiten, und bekommt dafür nur ein Stück Feld, Lein darin zu säen. Davon bespinnet sie sich, ihren Mann und ihre Kinder. Je mehr die Litthauer Arbeiter im Hause haben, je besser stehet es um sie. Man muß sich aber wundern über die Eintracht dieser Leute. Bei den deutschen Bauern und anderer Gelegenheit Leuten gehet solches nicht an. Da kann selten ein Vater mit dem Sohne und seiner Schwiegertochter ohne Zank beisammen wohnen. Solche Beschaffenheit hat es nicht, wenn der Litthauer einen Eydam ins Haus nimmt. Unter ihnen blühet die Eintracht und der Gehorsam." Diese Beschreibung erinnert an jene Patriarchenwelt, wo Jakob um die Rahel im Hause Labans für einen Theil der Heerde sieben Jahre lang diente.

11) „Seit der Litthauer Stamm sich mit deutschem Geschlechte vermischte." V. 308. Der Zeitpunkt dieser Verschmelzung deutscher und litthauischer Familien, kann erst in die Mitte des achtzehnten Jahrhunderts gesetzt werden. Die erste Generation der Eingewanderten nach den Jahren 1709. und 171 . blieb noch ganz unvermischt; in der zweyten Generation aber verlohr sich die Abneigung, und litthauische Familien fingen an, sich mit den Deutschen zu verheyrathen. Jedoch geschahe solches nur in den Gegenden, wo die deutsche Ansiedelung am stärksten war, nähmlich bei Insterburg und Gumbinnen. In andern Gegenden, bei Tilsit, Ruß, Memel und an den Ufern des Kurischen Haffs, wohnen die Litthauer größtentheils noch heutiges Tages unvermischt, und reden nur die litthauische Sprache.

12) „Bunte Marginnen." V. 311. Die Marginne (von Merga, die Jungfrau) ist ein Nationalkleid des weiblichen Geschlechts, besonders der unverheyratheten Frauenzimmer. Es besteht aus rothgestreifter Wolle oder Seide, hängt von der linken Schulter bis zu den Füßen herab, indem der rechte Arm unbedeckt bleibt, und wird an den Hüften mit einem Gürtel zusammengefügt. In vielen Gegenden hat die deutsche Tracht dies ursprüngliche Nationalkleid der Litthauer schon verdrängt, und die kurzen Weiberröcke eingeführt, die bloß von der Hüfte bis zum Schenkel reichen; indeß ist doch die rothgestrüfte und gewürfelte Farbe der Marginnen beibehalten worden. Die Kupfer, welche in der wirthschaftlichen Naturgeschichte von Bock, T. 1. S. 158. 160. 162., geliefert sind,

stellen nicht die alte Nationalkleidung, sondern die heutige, nach der deutschen Sitte veränderte, Tracht der Litthauerinnen dar.

13) „Ging alle Tugend auch des Litthauer Volkes verlohren." V. 315. Bei den Litthauern ist eigentlich kein besonderes Wort für Tugend und Laster vorhanden. Wiezlibummas, was hier im Text gebraucht wird, bezeichnet das honestum et decorum der Lateiner. Uebrigens ist der hier geäußerte Gedanke sehr richtig und durch die Erfahrung bestätigt, daß sich die Sitten der Litthauer durch Vermischung mit Deutschen, Franzosen und anderen Fremdlingen verschlimmert haben. Schon Lepner klagt in seinem Preußischen Litthauer, und die achtungswürdigsten Geistlichen mit ihm noch heutiges Tages: daß litthauische Wirthe, von der Zeit an, wo sie sich deutsch zu kleiden und deutsch zu sprechen anfangen, in Liederlichkeit und Ausschweifung verfallen. Ein ehrwürdiger Staatsbeamter, der einen großen Theil seines Lebens unter dem litthauischen Volke zugebracht, der Geheime Rath Gervais, schreibt in seinen lehrreichen Notizen von Preußen, T. 1. S. 19. „Manche Untugenden und Laster sind den Litthauern erst durch die fremden Ankömmlinge bekannt geworden (wohin wohl der Brandtweingenuß und das Laster der Unkeuschheit gehören, denn für Beydes hat der Litthauer in seiner Sprache keine Nahmen. Die Benennung, Brangwynas, zeigt offenbar die deutsche Erbschaft an). In Ansehung der Gutmüthigkeit hat sogar der Litthauer entscheidende Vorzüge vor dem sonst guten Salzburger. Wenn dieser mit dem Entschluß, einem Freunde aus der Noth zu helfen, noch lange nicht fertig ist, so hat der Litthauer seinen Entschluß schon längst ausgeführt. Auch Deutsche können auf seine Gutherzigkeit rechnen, wenn sie nur in seiner Sprache mit ihm reden." S. 55. „Man wird überhaupt selten bei den Litthauern so viel von Ausschweifungen wider Zucht und Ehrbarkeit hören, als bei den Deutschen, und in ganz litthauischen Gemeinen verhält sich die Zahl der unehelichen Kinder, gegen die in den deutschen, wie 1 zu 9 oder 10. Man kann den Unterschied in einem Dorfe, wo nur lauter Litthauer wohnen, sehr bald bemerken. Es giebt noch verschiedene ganz litthauische Dörfer, wo man den Bauer weit folgsamer, gutdenkender findet, wie in solchen, wo er mit Colonisten zusammenwohnt. Von manchen Widersetzlichkeiten würden die Litthauer abgehalten worden seyn, wenn sie nicht größtentheils mit Nassauern, Franken, Pfälzern und Schweitzern zusammen lebten, die einen auffallenden Hang zur Widersetzlichkeit äußern; von jeher Aufhetzungen zu stiften gesucht haben, und in dieser Rücksicht wirklich als die Verführer des Litthauers zu betrachten sind."

14) „Zum Aust-Mahl gebeten." V. 353. Nach vollendeter Heu- oder Getreide-Erndte wird ein Fest veranstaltet, worauf sämmtliche Nachbarn zusammengebeten werden, die einander gehol-

sen haben. Denn es ist eine schöne Sitte unter diesem Volke, sich wechselseitig in Feldarbeiten beizustehen, wenn Einer früher verrichtet hat, als der Andere. Zur Belohnung wird ein Gastmahl gegeben, welches die Benennung, Talka, führt. Ueberhaupt h ißt Talka, jegliche Mahlzeit nach einer vollendeten Arbeit, wozu viele Hände erforderlich gewesen, denen man keine Bezahlung in Geld dafür bietet. Auf diese Weise giebt es Talkos verschiedener Art, als: Korn-Talken, wenn der Roggen abgehauen worden; Flachs-Talken, wenn der Flachs gebraacht ist. Auch wenn ein Gebäude mit Hülfe der Nachbaren ist aufgerichtet worden, findet ein solches Gastmahl statt.

15) „Aber die Bauern, die lernen von ihnen sich gleichfalls betrügen, lachend schon weidlich zum Spiel." V. 389. Das Kartenspiel ist den alten Litthauern gleichfalls unbekannt gewesen, wie sie denn auch kein Wort in ihrer Sprache dafür haben. Noch heutiges Tages sind die Karten bei den Litthauern wenig beliebt. Gervais im ersten Th. seiner Notizen, S. 73., sagt: „Beim National-Litthauer bemerkt man gar keinen Hang zum Spiel; wenigstens spielt er gar nicht Karten. Bei den Zusammenkünften unterhalten sich die Litthauer mit Gesprächen, vorzüglich mit Gesängen, wozu sie sehr aufgelegt sind. Ihre Lieder, Dainos, deren Inhalt gemeiniglich aus kleinen Familien-, Liebes- und Wirthschafts-Geschichten bestehen, verfertigen sie sich selber."

16) „Wenn man den Auft-Kranz bringt." V. 401. Wenn die letzte Korngarbe gebunden ist, treten die Mägde zusammen und flechten einen Kranz aus Kornähren mit Feldblumen untermischt, der Plonis heißet. Der Vorbinder trägt diesen Kranz, der auf sein Haupt gesetzt worden, zur Bauerhütte voran, und die ganze Gesellschaft folgt ihm mit lautem Gesang von Erndteliedern nach. Vor der Thür wird er dem Eigenthümer mit einem Glückwunsch übergeben, und dieser hängt den Kranz im Zimmer bis zur folgenden Erndte auf. Die Hausgenossen aber besprizen die Feldarbeiter (wiewohl oft mehr als es nöthig ist) mit Wasser, wahrscheinlich zum Zeichen der Abkühlung nach der überstandenen Hitze und Last auf dem Felde.

17) „Ihre Götzen sich selbst aus hölzernen Blöcken erschufen." V. 430. Die Litthauer hatten vor dem christlichen Zeitalter dieselbe Religion, als die heidnischen Preußen; denn die mehresten Götternamen jener, von den deutschen Orden vertilgten, Einwohner haben sich noch in der litthauischen Sprache aufbehalten. Ihre drey Hauptgötter, Perkun, Pikoll und Potrimp wurden unter der heiligen Eiche zu Romove verehrt, woselbst auch ihr Oberpriester, Criwe Criwaito, wohnte. Dieses Romove lag an dem

Ausfluß der Dubissa in den Memelstrom, und ist mit jenem alt-preußischen Romowe oder Rykajot bei Schippenbeil nicht zu verwechseln. S. Kolajowiz Histor. Lithianiae. T. I, C. 2. p. 28.

18) „Nach der Ordnung das Sommergetreide." V. 455. Das im Text befindliche nůlatav bezieht sich auf die gehörige Zeit und Reihefolge, wenn jede Getreide-Art geerndtet werden muß. Die Erinnerung, „Ar ne geray moki nau?" weiset auf den ersten Gesang zurück, V. 369. „Reget die Hände gehörig von einer Arbeit zur andern!" und auf die darauf folgenden Belehrungen über die Bestellung des Ackers, bis zu Ende des Gesanges.

19) „Ledige Körbe." V. 460. Kaszeles sind eigentlich längli-che, geflochtene Schachteln, oder Behälter zu Mundvorath auf Rei-sen. Man flechtet sie aus Linden-Rinde, oder auch aus biegsamen, dünnen Stäben und Ruthen. Durch den gewölbten Deckel geht an beyden Enden eine Schnur oder ein Riemen, damit das Gefäß über die Schultern gehängt und von dem Fußgänger oder Reiter bequem getragen werden kann. Der im gemeinen Leben gewöhnliche deut-sche Provincial-Ausdruck, Lischke, ist nicht litthauischen, sondern slavischen oder gothischen Ursprungs.

20) „Den Flachs zu zieh'n und zu röffeln." V. 466. Bei der Flachsbereitung, die eine Arbeit des weiblichen Geschlechts ist, verfahren die Litthauer auf folgende Weise: Wenn der Flachs aus-gezogen ist, kommt er auf die Röffel, damit die Saamenkapseln an eben Halmspitzen abgerissen oder geröffelt werden. (Linnus karkſt'.) Die Röffel besteht in einem starken Kamm von hölzernen oder eiser-nen Zacken, die auf der Röffelbank oder auch an einen starken Baum befestigt sind. Mit beyden Händen werden die Flachsstauden befaßt, kräftig auf die Zacken geschlagen und durchgezogen, damit die Kno-ten sich ablösen. Nach dem Röffeln bindet man den Flachs zusam-men und weicht ihn auf eine Zeitlang tief ins Wasser ein, welches man Rethen nennet. (im rkt') Nach der Rethe kommt er auf die Spreite, indem er auf der Wiese dünn ausgebreitet wird, wo er drey bis vier Wochen in der Sonne liegen muß. Hat er seine Zeit abgelegen, so wird er bei trocknem Wetter aufgenommen und zur Brache gefördert. In den Brachstuben muß er stark gedörret wer-den, damit die hölzernen Theile unter der Brache in Stücken zer-springen und sich vom Hardel (dem Gefäser des Flachses) gehörig absondern. Hierauf wird das gebrachte Material im Hause ge-schwungen, d. h. mit kleinen, von hartem Holz verfertigten Schwung-messern, der Länge nach geschlagen, damit die Schwingelheede sich absondere, die wenig zu brauchen ist. Endlich kommt es auf die grobe und zuletzt auf die kleine Hechel, nach welchen mühsamen

Vorbereitungen es erst als Knockenflachs zum Spinnen tauglich geworden ist.

21) „Auch franzöſiſch zu ſprechen." V. 477. Die eingewanderten Franzoſen und ihre Kinder miſchten litthauiſche Wörter in ihre Sprache ein, ſo daß ſie halb franzöſiſche, halb litthauiſche Redensarten bildeten; wie mon Tew's, mein Vater; Ordre důti, Befehl geben, und dergl. Eben ſo lernten auch die Litthaner bei Verheyrathungen mit franzöſiſchen Familien gewiſſe Redensarten ihrer Nation, die ſich weiter verbreiteten. Jedoch waren dieſe Erſcheinungen nur vorübergehend. Denn heutiges Tages, wo die franzöſiſchen Familien in Litthauen ganz ausgeſtorben ſind, hört man auch wenig oder gar keine franzöſiſche Wörter mehr gebrauchen. Der einzige franzöſiſche Ausdruck, welcher geblieben iſt, und deſſen ſich auch Donalitius bedienet hat, iſt das Wort Urdeli= Befehl, welches ſeine franzöſiſche Ableitung von l'Ordre zu deutlich beurkundet.

22) „Wiſſet ihr doch wie die Schwämme herrlichen Wohlſchmack geben." V. 504. Die Litthauer ſind große Liebhaber von Schwämmen, indem ſie ſich ganze Fuder davon aus den Wäldern holen. Außer den eilf bis zwölf Gattungen, welche Donalitius hier namhaft gemacht hat, giebt es noch eine Menge Andrer, für welche beſondre litthauiſche Namen ſtatt finden. Einige Arten, als die Grybai, Riežen, Kélmuczei, Stoblinge, Bobauſys, Gelböhrlein, (eigentlich Alt=Weiberohren) u. A. kochen die Litthauer ab und ſalzen ſie für den Winter, in hölzernen Gefäßen, ein. Man bedienet ſich derſelben als koſtbarer Leckerbiſſen auf der Tafel, und gebraucht ſie auch zum Abmachſel für andere Speiſen. Die Steinpilzen, Barawykai, pflegen die Litthauerinnen in den Ofen zu ſchieben, um ſie, gleich dem Backobſt, zu dörren, damit ſie ſich beſſer aufbewahren laſſen.

23) „Wachtmeiſter und Kämmerer." V. 543. 544. Der Wachtmeiſter oder Landreiter war bei der ehemaligen Verfaſſung, als die Domainen=Aemter auch die Land=Polizey ausübten, nächſt dem Amts=Herrn der erſte Polizey=Officiant, welcher die Befehle des Beamten in dem Bezirk auszuführen hatte. Von dieſem iſt der Kämmerer, Pakamort, (welcher Ausdruck gar nicht zu überſetzen iſt, und durch den Ausdruck: Kämmerer, wenig erſchöpft wird) unterſchieden. Der Pakamor iſt gewöhnlich ein Kölmer, oder ein kölmiſcher Gutsbeſitzer, welcher für die Pflichten, die das Amt ihm übertragen hat, gewiſſe Vorrechte vor Andern, z. B. der geringeren Zinszahlung, genießet. Ihm liegt es ob, die herrſchaftlichen Befehle und Briefſchaften oft Meilen weit bis zu einem anderen Pakamor zu befördern, der alsdann ein Gleiches zu thun, verpflichtet iſt. Im ſechszehnten Jahrhundert, wo in Litthauen nur das einzige Amt

Insterburg vorhanden war, befanden sich in diesem weitläuftigen Bezirk dreyzehn Schulzen-Aemter, die gleichfalls so weitläuftig waren, daß Ein Schultheiß 70 bis 80 Dörfer unter seiner Aufsicht hatte. Jedem Schultheiß standen zwey Packmore zur Seite, welche die herrschaftlichen Befehle in den Dörfern ausführen und die Abgaben einfodern mußten. Wegen Vergrößerung der Dörfer wurden im Jahre 1603. die Schulzenämter verkleinert, und mehrere sogenannte Kaufschulzen angestellt, so daß nur 10 bis 12 Dörfer unter Einem Schultheiß und zwey Pakamoren standen. S. Instruktion für die Schultheißen und Willkühr des Amts Insterburg, gegeb. am 5. Mai 1604. In einem Artikel dieser Instruktion, welche überhaupt für die damalige Landesverfassung Litthauens merkwürdige Aufschlüsse liefert) wird der Schultheiß berechtigt, einen Wirth, wegen unordentlicher Lebensart, von dem Erbe zu stoßen, und solches einem Andern zu ertheilen. Als hierauf für Litthauen im Jahre 1727. eine eigene Kriegs- und Domainen-Kommer zu Gumbinnen gestiftet wurde, erlitten auch die Schulzenämter eine Umwandlung, und erhielten diejenige Verfassung, welche bis auf die letzten Kriegszeiten, als die Franzosen in unser Land einfielen, fortgedauert hat. Uebrigens dürfte die Benennung, Pakamore, wohl deutschen Ursprungs seyn, und von Packkammerbothe herkommen. Dieser war verpflichtet, die Pakete und Briefschaften in Empfang zu nehmen und durch seine Unterbothen an Stell' und Ort zu fördern. In dem General-Post-Reglement, Berlin, den 2. May 1720. heißt es: „Der Packkammerbothe soll die ankommenden Pakete selbst in Empfang nehmen und nach einer verflossenen Stunde durch die Packkammerknechte so schleunig als immer möglich bestellen lassen." S. Leben und Thaten Friedrich Wilhelm I, T. 2. S. 514.

Anmerkungen zum dritten Gesange.

Die Ueberschrift: Ruddenio Gerybes, des Herbstes Spenden, bezeichnet den segnenden Charakter dieser Jahreszeit, die ihr gefülltes Fruchthorn auch über die litthauische Fluren reichlich ausschüttet. Wenn der Verfasser uns im vorigen Gesange den Landmann mitten unter seinen Feldarbeiten froh beschäftigt darstellte, so führet er uns hier, bei der Schilderung des Herbstes, in die innere Haushaltung des Litthauers ein, um uns sein wirthschaftliches Thun bei Zubereitung des Wintervorraths, vorzüglich sein Betragen bei den Gastmählern sehen zu lassen. Reichlicher, als in andern Gesängen, spendet der Dichter die heilsamsten Lehren über sparsame Haushaltung, Nüchternheit, Zucht, fromme Sitte der Väter und andre häuslichen Tugenden aus, wodurch sein eigener biedre, kindlich-fromme und redliche Charakter in wahrer Liebenswürdigkeit erscheinet.

1) „Siehe, da reitet geschmückt der Gastumbitter zur Thür ein." V. 83. Der Gastumbitter, Kwėsŷs (von kwėsti, die Gäste einladen) im Deutschen Platzmeister genannt, erscheinet gewöhnlich auf einem stattlichen Roß (Zirgas) das mit Bändern und grüner Raute geschmückt ist, so wie der Reiter selbst einen Flitterkranz am Huthe und Blumensträußer an Brust und Armen trägt. Nach alten Herkommen hat das Roß die Ehre, seinen Reiter bis in die Wohnzimmer der Wirthe, und selbst der anständigen Gutsbesitzer zu tragen, wo der Gastumbitter vom Pferde eine kurze Rede hersagt, die gemeiniglich in vielen Glückwünschen (Labos Dienos) von den Brautleuten, deren Eltern und der ganzen Freundschaft bestehet, und mit der Bitte beschließt, daß die ganze Familie, nach der Theilnahme an kirchlichem Gebet und Gesang, zum Hochzeitmahl erscheinen möge. Wenn der Dichter in den folgenden Versen von mehreren Kwėsleis redet, so sind darunter die Gesellen des Bräutigams zu verstehen, die gleich den Brautjungfrauen die Ehrenbezeigungen gegen die Gäste verrichten müssen.

2) „Aber ein hoher Kranz, die Zierde der Jungfrau'n." V. 106. Die Wörter: Wainikkas (ein hoher Kopfaufsatz mit einem Rautenkranz) Rykas, ein Weiberhuth (eigentlich ein Aufsatz von feiner Leinwand und von Spitzen über einen Biegel in Form eines Rades um den Kopf herum) Ploßte, ein Schleier oder Shawl, der von den Schultern vorne über die Brust bis zu den Knieen herabhängt, und andre hier genannten Kleidungsstücke sind mit deutschen Ausdrücken gar nicht zu geben; denn Kranz, Huth, Hülle, Schleyer, Leintuch und dergl. drücken die Sachen nur unvollkommen aus, wenn sie nicht durch Umschreibungen erklärt werden. Die Kupfer, welche Fr. Sam. Bock in seinem Versuch einer wirthschaftl. Naturbeschreib. Preußens, T. 1. S. 158-163. geliefert hat, stellen die Frauentracht schon etwas abgeändert dar; dagegen ist die beigefügte Beschreibung ziemlich umständlich, daher hier nur Folgendes: „Die Frauenzimmer kleiden sich in den verschiedenen Gegenden abwechselnd, und es läßt sich aus ihrer Tracht erkennen, in welchem Districte sie wohnen. Nur darin kommen sie alle überein, daß die Mädchen mit bloßen, geflochtenen Haaren gehen, und sich von den verheiratheten Frauen unterscheiden, die ihre Haare bedecken und mit Tüchern umschlagen. Um Tilsit und Ragnit tragen die Mädchen das Haar in zwey Flechten, oder achttheilig geflochtenen Zöpfen, die ganz enge um den Kopf geschlagen werden. Um die geflochtenen Haare legen sie ein buntes, und zur Trauerzeit ein schwar-

zes Band. Eine Braut aber unterscheidet sich durch einen Kranz von grüner Raute auf der linken Haarflechte, oder durch eine hohe, schwarz sammetne Haube, die oben mit einem Rautenkranz eingefaßt ist, in welchem Fall die Haarflechten oberwärts gebogen werden. Letzterer Aufsatz besteht eigentlich in einen, etwas über einen halben Fuß hohen, runden ausgesteiften Turban, der die Scheitel umgiebt, und an dem obern Ende mit Rauten und allerley Blumen verziert ist. Von dem ihm umgebenden Rautenkranz heißt dieser, perpendikulär aufstehende, zilinderförmige Aufsatz, Wainiktas. Unterschieden, und etwas sonderbar ist der Kopfputz der jungen Frauen, die nach der Hochzeit einen, aus Filz oder dicken, umgebogenen Drath verfertigten Huth, anlegen, der nicht so tief als der Männerhuth ist. Dieser ziegelförmige Aufsatz, den sie Rykas nennen, ist mit feiner, weißer Leinwand bezogen und oben mit Schnüren durchkreuzet. Einige haben an den Krempen eine gefaltete, herabhängende Umfassung, einige Zoll lang, wodurch zum Theil das Gesicht verdeckt wird. Vielleicht ist dieser Frauen-Aufsatz noch ein Ueberbleibsel von dem Kopfputz der alten heidnischen Preußen, welcher als eine Art des Kranzes über die Stirne beschrieben wird. Simon Grunov berichtet, wie er 1499 das Jungfer-Vorlein der Pogosania, einer angeblichen Tochter Widewuts, im Kloster zu Elbing gesehen habe. Aus der kurzen Beschreibung läßt sich folgern, daß solches eine Art gefalteten Frauenhuthes gewesen, der vorne mit einer Zierrath von eingefaßten Steinen, oder von Silber und Metall, versehen war. S. Preuß. Sammler, T. 2. S. 1241.

3) „Ein Faß mit köstlichen Alus." B. 167. Dieses ursprüngliche Nationalgetränk wird von den Litthauern noch heutiges Tages zu feyerlichen Gelegenheiten verfertiget. Es unterscheidet sich von dem Bier dadurch, daß es nicht aus Gerste, sondern aus einem Malz gebrauet wird, was halb aus Hopfen und halb aus Gerste bestehet, und viel gelinder als das Biermalz gedarret ist. Daher hat der Alus eine blaßgelbe Farbe, die fast ins Weiße fällt, aber einen lieblichen, süßen Geschmack, der sehr verführerisch ist und leicht berauschet. Der im vorhergehenden B. 113. erwähnte Meth (Middus) ist das zweyte ursprüngliche litthauische Nationalgetränk, welches schon die Namenableitung von Medus, der Honig, anzeigt. Es scheint jenes schon den Griechen, unter dem Namen, Hydromel, (τὸ ὑδρόμηλον, Dioscor. 5, 30. Plin. Hist. N. XIV, 27.) bekannte Getränk zu seyn. Es wird aus Honig und Wasser, besonders im Großherzogthum Litthauen, sehr stark verfertigt. Wenn der Meth ein hohes Alter bis von hundert Jahren erreicht, so übertrifft er noch den Ungarwein, und wird für eine stärkende Arzeney gehalten. Leider hat der unselige Brandt-

wein, welcher vor zweyhundert Jahren den Litthauern noch ganz unbekannt war, die erwähnten unschädlichen Nationalgetränke verdrängt, und sich besonders dadurch furchtbar verbreitet, das die Domainen-Aemter auf die Brau- und Brennerey, als einen Zweig des Einkommens, fundirt worden sind. In der Instruktion für die Schultheiße oder Willkühr des Amts Insterburg vom 5. May 1604, wo so viele Verordnungen über Getränke vorkommen, (z. B. Fol. C. daß bei Hochzeiten nur eine Tonne Bier, bei Kindtaufen eine halbe Tonne Bier ausgetrunken werden soll) wird des Brandtweins, als eines Verkaufsartikels in den Dorfschenken, gar nicht erwähnt; dagegen Fol. F. ausdrücklich verordnet, daß die deutschen Trendelkrämer und Schotten (oder Trödler und Verkäufer) außer dem Jahresmarkt, mit Brandtwein und kleinen Waaren sich nicht einschleichen sollen, sondern „solche Umstreicher mit Waaren Pferdt und Wagen aufgehalten und uffs Haus Insterburgk zur Rechtfertigung geschickt werden müssen." Seit der Einwanderung deutscher Kolonisten hat sich dieser Erwerbzweig furchtbar ausgebreitet. „Man findet fast in allen Städten der Provinz Litthauen," sagt der Verfasser der Notizen von Preußen, T. I. S. 186 u. 187, „das für den Litthauer so gefährliche Gewerbe der Brau- und Brennerey beinahe ganz allein in den Händen der Salzburger, die es mit außerordentlichem Glück betreiben." Die patriotischen Wünsche dieses edlen Staatsbeamten (der an einem andern Orte S. 40. den Branndtweinbrenner, nicht mit Unrecht einen vom Staat privilegirten Giftmischer nennet) daß die menschenfreundlichen Regierungen diesem fürchterlichen Zerstörer des Menschengeschlechtes, dem Brandtwein, durch ernstere Maaßregeln Einhalt thun mögen (weil das Lehren und Predigen dagegen nichts fruchtet) sind besonders itzt, da seit der allgemeinen Gewerbefreyheit jede nordische Stadt ein Brandtweinsladen zu werden scheint, am dringendsten zu beherzigen.

4) „Das Lied von der Hechel zu singen." B. 167. Die Litthauer haben nicht nur Dainos, oder Volkslieder für festliche Zusammenkünfte, sondern auch bei gemeinschaftlichen Arbeiten, z. B. beim Flachsbrechen und Spinnen. Daher ist Pászukkú Daina, ein Lied beim Hecheln des Flachses (wo man den Werg, Paszukkos, vom Flachs absondert). So giebt es Lieder bei der Quirdel, beim Fischen und andern Beschäftigungen. Auch Hausthiere pflegt man zu besingen; daher im folgenden Verse das Lied vom Hahn erwähnt wird.

5) „Im Litthauer Tanze." B. 183. Es läßt sich wohl denken, daß eine so sangreiche Nation auch ihre eigenen Nationaltänze haben muß. Wirklich unterscheidet sich der tanzende Litthauer merk-

lich von andern Nationen. Seine Bewegung hat nicht das Feyerlich-Ernste der polnischen und spanischen, auch nicht das Hüpfende der schottischen Tänze, sondern mehr das Schwebende der französischen Tänze. Seine Sandalen an den Füßen sind besonders den leichten Bewegungen günstig; daher die Litthauerinnen die mit hohen Absätzen versehene deutsche Fußtracht beim Tanzen abzulegen pflegen.

6) „Einen schwärzlichen Habicht." V. 237. Diesen Ausdruck, judas wanags, gebrauchet der Dichter im scherzhaften Ton, für wildes Geflügel überhaupt, da es wohl nicht gewöhnlich ist, den Habicht als Wildprett zu schießen. An verschiedenen Orten, wo Thiere mit Fleiß verwechselt werden, z. B. Kröten für Frösche, scheint der Verfasser dem naiv erzählenden Landmann zugleich eine Satyre auf den Genuß vieler eckelhaften Speisen durch einander, in den Mund legen zu wollen.

7) „Denn solche Kröten sind izund das köstlichste Labsal der Herren." V. 242. Unter Ruppuizes werden hier Schildkröten verstanden, die in England als Leckerbissen verzehrt werden. Die reichen litthauischen Beamten und Domainenpächter ließen sich nicht nur die kostbarsten Weine, sondern auch Leckerbissen mit großen Aufwand aus dem Auslande kommen, und führten oft ein lukullisches Leben. Daher der Verfasser an verschiedenen Stellen diese üppigen Schwelgereien bitter tadelt.

8) „Für den Winter nun räuchern die Wirthe schon viele der Keulen." V. 303. Wie die Litthauer ihr Gemüse durch Einsäuern, so suchen sie fast alles Fleisch durch Räuchern zum Aufbewahren für den künftigen Sommer geschickt zu machen. Selbst die Fische, Lachs, Aal, Flindern, werden durch den Rauch sehr wohlschmeckend erhalten.

9) „Wenn um Düngerfuhr-Zeit." V. 343. Der Litthauer bedient sich nicht der Zeitrechnung nach Monden in unserem Kalender, ob er gleich für jedem Monat einen besonderen Namen hat, z. B. Sultekis, der Birkenwasser-Mond, April, Lapkristis, der Blätterabschütteler, Oktober u. s. w. Er rechnet vielmehr im gemeinen Leben nach den Zeitpunkten der gemeinsamen Arbeiten im Jahr, und sagt daher z. B.: Mein Sohn starb in der Heu-Erndte, oder zur Düngerfuhrzeit. Auch hört man noch oft die Redensart: Per Maskolus, im russischen Kriege. Aeltere Leute sagen wohl gar: Mein Großvater war in der Schwedenzeit geboren, d. h. 1680. Meine Mutter starb 10 Jahre nach der Pest, d. h. 1720. u. s. w.

10) „Schlachte der Schaaf einen Theil, verschone den hornlosen Bock nicht!" V. 3. In der litthauischen Sprache wird für das Schlachten eines jeden Thiers auch ein besonderes Zeitwort gebraucht. Pamußti heißet, den Stier schlachten; papjauti, das Schaaf schlachten; skersti das Schwein schlachten, u. s. w. Der allgemeine Ausdruck für, schlachten ist mesineti, daher Mesininkas, ein Schlächter. Unser Dichter hat V. 297. vom Stier auch das Wort stekenu gebraucht, was sonst ungebräuchlicher ist.

11) „Deutsche Lieder zu singen." V. 383. Der Verfasser tadelt hier die schmützigen und unkeuschen Volkslieder der Deutschen, welche durch schlechte, umtreibende Fremblinge, die kein Vaterland lieben, am Meisten aber durch gemeine Soldaten auch in Litthauen verbreitet sind. In den ursprünglichen litthauischen Dainos herrscht durchaus ein reiner sittlicher Ton, der durch keine wollüstigen Anspielungen den keuschen Sinn des Volks beleidigt. Selbst die Liebe, die doch so oft der Gegenstand jener kleinen Volkslieder ist, wird stets als die ernste, wehmüthige Sehnsucht geschildert, die aus einem frommen und unverdobenen Herzen fließt. Gedichte im Geschmack des schaamlosen Grecourt, selbst die unzüchtigen Schilderungen eines Wieland und Göthe (in manchen Werken) würden daher in der Uebersetzung, bei dem unverdeutscheten Theil des Volks, keinen Beifall finden.

12) „Dieser Elennstiel auf kaltem Amboß geschmiedet." V. 472. Der Ausdruck Brêdkraunis (von Brêdis, ein Elenn und krauti auflegen, daher Kraunos, Messerschaale) bezeichnet ein Messer, dessen Stiel aus dem Horn eines Elennthieres verfertigt worden ist. Von diesem in Preußen einheimischen Thier siehe unten im vierten Gesang, Anmerk. 4, V. 115.

13) „Einen von ihnen den nennen die Schaarwerksleute Peleda." V. 489. Die Litthauer sind oft sehr erfinderisch in Beylegung von gewissen Nebenbenennungen, um theils die guten, theils die schlechten Eigenschaften eines Hauswirths zu bezeichnen. Mit der Länge der Zeit treten solche Nebenbenennungen nicht selten an die Stelle der wahren und Familien-Nahmen. So bedeutet hier Pèlèda, die Nachteule, Slunkis aber einen Schleicher.

14) „Denn es begann Naujatis mit sechs Gehülfen zu Dreschen." V. 550. Der hier gerügte Unfug scheint auf einem Vorfall an dem Wohnort des Verfassers selbst anzuspielen, wie denn überhaupt die in den vier Gesängen geschilderten Personen, nach der Ueberlieferung, Individuen aus der Umgebung des Dichters sind. Aber auch an anderen Ort hat man die Erfahrung, daß der erste Drescher, um zu zeigen daß er der fleißigste sey, durch ein plötzliches Getöse die Nachbaren zu erschrecken sucht.

15) „Klumpen, wie wir im Gespräch sie mit deutschem Ausdruck benennen". V. 574. Die Holzschuhe findet man viel seltener als die Bastsohlen; wie denn die Litthauer keinen Nahmen dafür haben. Erst durch die Franzosen und Schweizer wurden sie ihnen bekannt. Sie sind aber durch eine besondre Verordnung verbothen worden, weil ihre Verfertigung die Wälder beschädiget, indem oft junge Baumstämme dadurch zerstöret werden.

16) „Unsere ältesten Väter, die keine Schulen noch hatten." V. 582. Die Einrichtung der Landschulen im Preußischen Litthauen ist erst ein Werk des Königes Friedrich Wilhelm I. der um die Aufnahme dieses Landes unsterbliche Verdienste hat. Er reisete persönlich in Litthauen umher, besprach sich mit dem Pfarrer Engel in Szillen und D. Fr. Alb. Schulz, die kräftige Vorschläge thaten. Aber von Seiten der Landesbehörden wurden unendliche Schwierigkeiten in den Weg gelegt. Daher schrieb der König einst eigenhändig folgendes auf einen schwürigen Bericht zurück: „Dieses ist Nichts: denn die Regierung will das arme „Land in der Barbarey behalten. Denn, wenn ich baue und „beßere das Land und mache keine Christen, so hilft mir Alles „Nichts. Sie sollen sich mit rechtschaffenen Predigern zusammen„thun und zum Oberdirectorio muß ein Weltlicher seyn, der ein „Gottesmann — ist." Berlin d. 31. Jan. 1722. Durch mehr als 2 jährige rastlose Bemühungen und durch ein Geschenk von 50,000 Thalern brachte es dieser Monarch endlich dahin daß 1700 Schulen im Lande angelegt wurden. Daß heutiges Tages fast jeder Litthauer schreiben, rechnen und lesen kann, ist daher eine wohlthätige Frucht jener kräftigen Maasregeln Fr. Wilh. I. Segen seiner Asche!

17) „Daß sie die heiligen Tage schon früh entheiligen lernen." V. 594. Die Entheiligung des Sonntages ist ein Mißbrauch der in den evangelisch deutschen Landen auf eine furchtbare Weise eingerissen ist. In England, Schweden und andern protestantischen Ländern wird dieser gottgeweihete Tag, durch weise Verordnungen der Obrigkeit, noch in Ehren gehalten. Dagegen füllen sich bey uns alle Dorfschenken, Spiel= und Gasthäuser in Städten und die Hallen der Unzucht, mit Ausschweifungen aller Art an, gerade als ob dieser Tag dazu priviligirt wäre. Hier wird denn die Saat zu Criminalverbrechen und zu Krankheiten des Kirchhofs am reichlichsten ausgesäet. Denn wenn die Tage der größten Vergehungen aufgezeichnet wären, so würde man mit Erstaunen wahrnehmen, daß die größte Zahl derselben auf den Sonntag und den damit verschwisterten Montag fallen. Unser Verfasser legt an dieser und an mehreren Stellen die

Entweihung des heiligen Tages von den Litthauern nicht mit Unrecht den Deutschen bey: Denn man reise von einem Ende Litthauens bis zu dem Andern so wird man finden daß die Gasthäuser bis auf die niedrigsten Dorfschenken sich in den Händen deutscher Bier- und Brandtweinverkäufer befinden. Hier erhält der fromme und einfache Litthauer gewöhnlich seine deutsche Bildung. Ein auffallender Unterschied zeigt sich in den rein litthauischen Dörfern. Hier strömt Alles, Jung und Alt am Vormittage zur Kirche und der Abend wird mit Wiederhohlung der Predigt zugebracht. Es haben sich in dieser Hinsicht selbst gewisse Gesellschaften (der heiligen Brüder) gebildet, die zum Zweck haben, den furchtbaren Sabbatschändungen Einhalt zu thun. Denn in Städten sowohl als in Flecken, wo Deutsche wohnen, sind die Kirchen am Sonntage leer und die Gasthäuser bis um Mitternacht angefüllt.

18) „Zürnender wehen die Winde vom früher sich dunkelnden West her; fangen nach Norden allmählig schon an, sich zu dreh'n und nach Osten." V. 639. Der gewöhnliche Gang des Windes in Litthauen ist von Westen nach Norden und Osten. Der Nordostwind, wenn er im Winter lange anhält verursacht eine Verderben bringende Kälte und ist besonders nervenschwachen Personen sehr nachtheilig. Er wehete anhaltend in dem Jahr, als die Franzosen auf dem Rückwege von Moskau erfroren. Unser Verfasser ist auch ein sorgfältiger Witterungsbeobachter gewesen. Er hat sowohl Thermometer als Barometer mit eigner Hand verfertigt, von denen sich noch Einige in den Händen seiner Freunde befinden.

Anmerkungen zum vierten Gesange.

Um den Hauptinhalt dieses Gesanges kurz und mit einem Worte anzugeben, hat der Dichter demselben den Titel: Sorgen des Winters, vorgesetzt. Wir sehen hier nämlich den Landmann mit Sorgen beschäftigt, wie er sich vor Frost, Hunger und Blöße im Winter schützen und die Vorräthe für den Frühling und Sommer erhalten soll. Dabey findet der Verfasser häufig Gelegenheit, heilsame Lehren der Haushaltung, Lebensweisheit und Frömmigkeit einzustreuen.

1) „Siehe, da hob aus den Wolken die Wintergöttin ihr Haupt." V. 29. Die Wintergöttin ist eigentlich keine mytholo-

gische Gottheit aus dem Heidenthum der alten Preußen und Litthauer, sondern hier nur eine allegorische Person, weil Ziema im Litthauischen die weibliche Endung hat. Der Dichter stellt sie als eine Furie dar, Pikczurna V. 30. weil ihr Frosthauch alles Leben tödtet.

2) „Ziehen uns drepliche Kittel die kühlenden an." V. 68. Sowohl die Sommerkleidung als ihr Wintergewand pflegen sich die Litthauer selbst zu verfertigen. Die Männer tragen im Sommer einen weißen leinenen Kittel Trinyczei (von Trys und Nytys; daher Trinytis Drillig, wie Dwinytis Zwillig) aus dreplichen Garn gewebet. Die Frauen bespinnen und beweben ihr ganzes Haus mit solchen Zeugen. Trinycze ist auch eine Weiber=Juppe, oder Oberkleid, das von jungen Frauenzimmern von vorzüglicher Weiße im Sommer bei der Erndte getragen wird. Im Winter tragen die Männer Röcke aus wollenem Zeug, welche aus der Wolle der eigenen Hausschaafe verfertigt wird und in der Provinzialsprache Wand heißet.

3) „Hirt' und Hirtenknabe die scheuchend erheben den Wolfschrey." V. 94. Der vom Dichter gebrauchte Ausdruck allódami, bezeichnet das Geschrey, was erhoben wird, um den Wolf zu verscheuchen. Von dem Wolf selbst hat er das Wort tralaláuti V. 73. gebraucht, welches eine Nachahmung des heulenden Wolfgeschreys ist, was dieses Thier besonders im Winter hören läßet.

4) „Oder sie schießen sogar ein Elenn." V. 115. Das Elenn oder Elent, Ceruus Alces, ist nebst dem Uhr= oder Auerochs ein ursprünglich den preußischen Waldungen eingebornes Thier, von bräunlich grauer Farbe, das die Größe eines Pferdes erreicht, ein breites schaufelförmiges Geweih und einem herabhängenden Bart am Kinn hat. Dem weiblichen Thier aber fehlet, wie bey den Hirschen sowohl Geweih als Bart. Das Fleisch desselben ist wohlschmeckend und die Haut zu Kleidungsstücken sehr brauchbar, denn es übertrift an Dauerhaftigkeit die Häute der Hirsche und Rennthiere. Da in Preußen das Elent zur hohen Jagd gehört, so darf es nicht geschoßen werden und ist in der Kapornischen Heide, zwey Meilen von Königsberg oft zu sehen.

5) „Mancher Deutsche nicht nur herzog, unser Land zu bewohnen." V. 137. In manchen Gegenden sind ganze Striche in Anderen einzelne Dörfer von deutschen Kolonisten besetzt worden. So wohnen im Dorfe Ströpke ohnweit Darkehmen lauter Halberstädtische Kolonisten. Das Holzflößamt Klein= und Großnassauen hat von den angesiedelten Nassauern daselbst seinen Nah-

men. Die Aemter Georgenburg, Gerskullen, Grumbkowkaiten, Kattenau, Kiauten u. A. erhielten die mehresten Salzburger, deren Anzahl in Litthauen gegen 10,000 betrug. Ueber ihre Vertheilung in die Aemter und Städte, liefert Gervais in den Notizen von Preußen. Thl. 1. S. 204 — 207. ein genaues Verzeichniß. Außer diesen sind Dessauer, Anhalter, Würtenberger, Böhmen, Schweitzer und Franzosen in verschiedenen Gegenden angesiedelt worden. S. Bock wirthschaftl. Nat. Gesch. Preußens. Theil 1. S. 133.

6) „Was dem Krummholz gebührt." V. 154. Die Kriwule (von kreiwas, krumm) ein Amtszeichen des Schultheiß, ist ein krummer Stab, der gewöhnlich aus der Wurzel eines jungen Baumstammes besteht. Die Wurzel giebt den unteren krummen Theil, der Stamm den oberen, der gerade, aber nicht lang seyn darf wie die beystehende Figur zeiget. Will der Schultheiß die Dorfschaft versammlen oder einen Befehl ankündigen, so sendet er das Krummholz zu dem nächsten Nachbar und dieser muß es gleich weiter senden, bis es vom letzten Einwohner wieder zum Schultheiß zurückkehret. Dieses Amtszeichen steht in großer Achtung und keiner der Eigenthümer darf nach Umgang der Kriwule zurückbleiben. Daher kommen die Redensarten: į Kriwulę eimi, ich gehe ins Schulzenamt; iß Kriwulės pareimi, ich komme vom Schulzenamt. Dieser Gebrauch ist ohnstreitig eine uralte Sitte der heidnischen Preußen und Litthauer, die sich bis auf den heutigen Tag erhalten hat. Der Oberbefehlshaber Criwe, sandte seinen krummen Stab umher, wenn er das Volk versammlen wollte. Hieraus erhält die Stelle bey Dusburg Licht wo es heißt: Tantae fuit Auctoritatis (Criue) quod non solum ipse, verum et nuntius cum baculo suo, communi Populo in magna reverentia haberetur. S. Pet. de Dusburg Chronicon Pruß. P. II. c. 5. ed. Hartknoch p 79. Wahrscheinlich hat der Criwe von diesem Amtszeichen auch seine Benennung erhalten. Thunemann will diese zwar in seiner Schrift, Untersuchungen über die Nordischen Völker S. 79. von dem Gothischen: Grewe, ein Richter, herleiten, allein die Ableitung aus dem Litthauischen ist, wie Ostermeyer in seinem kritischen Beytrag zur Altpreuß. Religionsgeschichte S. 33. gezeigt hat, weit natürlicher und wahrscheinlicher.

7) „Königsbergs glänzende Gassen zweymal in Asche gelegt." V. 185. Die beyde Brände Königsbergs welche hier erwähnt werden, sind wahrscheinlich, der Brand von 1764 und 1769. In diesen Jahren scheint Donaleitis den vierten Gesang verfertigt zu haben.

Es sind zwar in früheren und späteren Jahren häufige Brände hieselbst gewesen, aber aus einem Briefe des Verfassers an einen Freund erhellet, daß er zwischen jenen Jahren mit dem letzten Gesang beschäftiget gewesen ist. Der Brand im Jahr 1764 war so fürchterlich, daß nach Liederts Bericht der neunte Theil der Stadt mit vielen Kirchen bey einem heftigen Sturm in Flammen aufging. S. Liederts brennendes Königsberg, S. 25. Das Feuer 1769 richtete durch Verbrennung von 143 Kaufmannsspeichern und vielen Wohnhäusern einen so großen Schaden an, daß der aus dem Schutt aufgeführte Damm, noch heutiges Tage der Millionendamm genannt wird.

8) „Wirst du nur kalte Schaale genießen?" V. 225. Es ist hier nicht das deutsche Gericht (aus einer Mischung von Bier, Wasser, Zitronen, Zucker und Zwieback) sondern die litthauische Kaltschaale gemeynt, welche aus einem Abguß von Sauerampf und gehackten Blättern der rothen Rüben bestehet. Hiezu wird saurer Rahm und etwas Eßig zugegossen, Alles wohl durchgerührt und als eine kühlende Flüßigkeit mit Löffeln gegessen. Auch bei der Tafel der Vornehmen in Samogitien wird diese Sommerspeise als angenehme Kühlung genossen.

9) „Mit dem Splitterholz, dem brennenden." V. 242. Statt des Lichtes bedienet man sich bey langen Winterabenden in einigen Gegenden des Splitterholzes. Man spaltet aus Fichtenholz was kiehnigt ist, feine lange Stäbe, die Skallen (Skallai, von skallu, ich spalte) heißen, legt sie auf eine hohe Vorrichtung und setzt sich bey dem hellbrennenden Splitter im Kreise herum. In Dörfern am Haf und auf der Nehrung ist diese Art das Haus zu erleuchten, jedoch nur bey armen und unbemittelten Einwohnern hauptsächlich in Gebrauch.

10) „Ists nicht genug daß ich euch herbringe die Füße der Raaben?" V. 294. Nach einer alten Verordnung mußten die Landbewohner jährlich zwölf Köpfe von Sperlingen und eine Anzahl Krähenfüße dem Amte einliefern, um diese (in andrer Hinsicht sehr nützliche Thiere) auszurotten. Es war daher erlaubt, daß jeder Wirth ein Feuergewehr im Hause halten konnte; wodurch nicht selten Schaden und Unglück angerichtet ward. Jene Verordnung ist indessen in neueren Zeiten wieder aufgehoben worden.

11) „Traun! viel Wunderdinge gescheh'n aus Mangel und Noth nur." V. 321. Alle nur etwas Aufmerksamkeit erregende Vorfälle heißen dem Litthauer Dywai, welchem Wort unser deut-

sche Ausdruck, Wunder, nicht ganz entspricht; hier bezeichnet Dywai plötzliche Unglücksfälle. Uebrigens ist die Bemerkung für die Menschenkunde sehr richtig: Die Noth ist zwar die Schafferin der Künste und Erfindungen, aber auch die Mutter vieler schweren Vergehungen, wodurch Anderen Unglück bereitet wird.

12) „Des Schaarwerks ganzen Bezirk." V. 330. Unser Dichter ist oft sehr glücklich in der Bildung neuer Wörter. So hat er auch hier ein Wort Wyzlaukis aus Wyża und Laukas zusammengesetzt, welches den Bezirk der Bastsohlenträger anzeigt, d. h. der Schaarwerksbauern, die gewöhnlich mit diesem Fußwerk angethan sind. So nennet er sie an anderen Stellen *wyzoti Nabágai* die bastsohlentragenden Armen.

13) „Betend ein Vater Unser für seiner Schätze Bewahrung." V. 379. Die Charakterschilderung in den vorhergehenden und folgenden Versen, welche einige besondere und höchst auffallende Züge hat, ist nach einem Original gezeichnet, was damals wirklich in der Person eines lebenden Mannes vorhanden war. So scheinen auch die andern handelnden Personen dieses Gedichts Charaktergemälde aus der Umgebung des Verfassers zu seyn.

14) „Stößt den geplageten Landmann hin und her." V. 410. Wem die Beschreibung dieser Quälereyen beim Schaarwerksdienst übertrieben zu seyn scheinet, muß bedenken, daß der Domainenbeamte damals zugleich die höchste Polizey-Person für die Dorfschaften seines Bezirks war, der Strafen nach Gutdünken verhängen konnte. In keiner Jahreszeit war der Einsaaße von dem Frohndienst frey. Im Frühlinge mußte er des Beamten Feld beackern, im Sommer Heu und Getreide einerndten, im Herbst das Korn ausdreschen, und im Winter mit seinem Angespann das Ausgedroschene nach der Stadt führen: Wie drückend dieser Dienst dem armen Volk geworden ist, hat sich sogar in seinen Gesängen kund gethan. Eine litthauische Daina hebt nähmlich also an:

  Kas nor Wargusi wargti,
  Ir Ażareliu braukti,
  Tekkek uż Nabagelį,
  Baudzauninko Suneli!

  Wer Elend will erkaufen,
  Und Brodt der Thränen essen,
  Die geh' zur Braut, und werde
  Des Schaarwerks-Sohnes Gattin!

15) „Der Saatkorb." V. 611. Sêtuwe ist ein aus Stroh oder Weidenreisern geflochtenes rundes Gefäß, was nur zum Säen gebraucht wird. Am oberen Rande ist ein Riemen von beiden Seiten befestigt, damit der Landmann ihn über die Schulter legen kann. Den vor sich herabhängenden Korb, welcher gewöhnlich sechs Metzen in sich faßt, hält der Säende mit der linken Hand fest, indeß er mit der rechten Hand, die Furchen ab- und aufwandelnd, die Körner ausstreuet.